高等职业教育课程改革项目研究成果系列教材

"互联网+"新形态教材

劳动教育教程
（数字版）

主　编　晏　然
副主编　谢　明　曾　莉　阳　帆
参　编　刘云韩　彭　可　杨倩赟
主　审　熊权湘

北京理工大学出版社
BEIJING INSTITUTE OF TECHNOLOGY PRESS

内 容 提 要

本书以中共中央、国务院《关于全面加强新时代大中小学劳动教育的意见》为依据，紧贴国家劳动教育方针，对劳动教育进行了系统论述，并配备了丰富的数字教学资源，具有树德、增智、强体、育美的综合育人功能。本书分为六个模块，包括探劳动之源、塑劳动之魂、养劳动之德、赋劳动之能、创劳动之新、循劳动之矩等内容。

本书可以作为高等职业院校学生的通识教材，也可以作为广大读者的参考读物。

图书在版编目（CIP）数据

劳动教育教程：数字版 / 晏然主编.--北京：北京理工大学出版社，2023.8
ISBN 978-7-5763-2805-9

Ⅰ.①劳…　Ⅱ.①晏…　Ⅲ.①劳动教育－教材　Ⅳ.①G40-015

中国国家版本馆CIP数据核字（2023）第159756号

出版发行 / 北京理工大学出版社有限责任公司		
社　　址 / 北京市丰台区四合庄路6号院		
邮　　编 / 100070		
电　　话 / （010）68914775（总编室）		
（010）82562903（教材售后服务热线）		
（010）68944723（其他图书服务热线）		
网　　址 / http://www.bitpress.com.cn		
经　　销 / 全国各地新华书店		
印　　刷 / 河北鑫彩博图印刷有限公司		
开　　本 / 787毫米×1092毫米　1/16		
印　　张 / 13	责任编辑 / 李慧智
字　　数 / 266千字	文案编辑 / 李慧智
版　　次 / 2023年8月第1版　2023年8月第1次印刷	责任校对 / 周瑞红
定　　价 / 52.00元	责任印制 / 施胜娟

Preface
前言

　　党的二十大报告指出，"坚持尊重劳动、尊重知识、尊重人才、尊重创造，实施更加积极、更加开放、更加有效的人才政策"，"在全社会弘扬劳动精神、奋斗精神、奉献精神、创造精神、勤俭节约精神，培育时代新风新貌"。劳动教育是新时代党对教育的新要求，是中国特色社会主义制度的重要内容，是全面发展教育体系的重要组成部分，直接决定社会主义建设者和接班人的劳动精神面貌、劳动价值取向和劳动技能水平，是大学生必须开展的教育活动。

　　劳动教育有助于学生理解和形成马克思主义劳动观，牢固树立劳动最光荣、劳动最崇高、劳动最伟大、劳动最美丽的观念；体会劳动创造美好生活，认可劳动不分贵贱，培养勤俭、奋斗、创新、奉献的劳动精神；具备满足生存发展需要的基本劳动能力，形成良好劳动习惯。

　　为使教材内容更好地符合高等职业院校劳动教育的本质特征，满足高等职业院校劳动教育的实际需求，引导学生正确认识劳动、热爱劳动、投身劳动，创造美好生活，实现人生价值，编者组织有关专家学者编写本书，全书共分为 6 个模块 16 个项目，模块一"探劳动之源"，包括了解劳动与劳动观、坚定劳动目标 2 个项目；模块二"塑劳动之魂"，包括弘扬劳动精神、践行劳模精神、培育工匠精神 3 个项目；模块三"养劳动之德"，包括了解劳动素养、提升劳动素养 2 个项目；模块四"赋劳动之能"，包括家务全能、守护校园、生产劳动 3 个项目；模块五"创劳动之新"，包括正确就业择业、提升创新创业素质、开展创新创业实践 3 个项目；模块六"循劳动之矩"，包括学习劳动法律、法规，签订劳动合同，保障劳动安全 3 个项目。本书设置了知识导航、课程引入、

课程导论

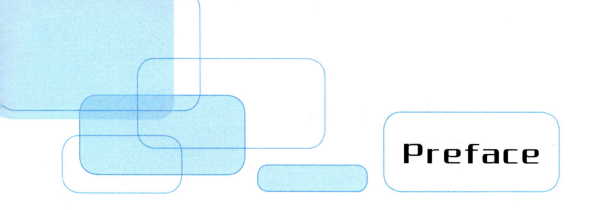

案例、延伸阅读、课堂小活动、话题讨论、实践课堂、思考题等环节，丰富了教学内容和形式，强化了树德、增智、强体、育美的综合育人功能。

本书由娄底职业技术学院晏然担任主编，娄底职业技术学院谢明、曾莉、阳帆担任副主编，娄底职业技术学院刘云韩、彭可、杨倩赟参与编写。具体编写分工如下：谢明负责编写模块一和模块二，阳帆负责编写模块三，彭可负责编写模块四，刘云韩负责编写模块五，杨倩赟负责编写模块六，曾莉负责微课视频的设计、制作。全书由娄底职业技术学院熊权湘主审。

本书在编写过程中，参考并借鉴了国内一些专家、学者的相关成果和网络资源，在此表示衷心的感谢。

由于编写时间仓促，编者水平有限，书中难免存在疏漏之处，恳请各位读者不吝指正，以便修订时完善。

编　者

Contents

目录

模块一

探劳动之源

知识目标：

1.了解劳动的意义和马克思主义劳动观的内涵。

2.掌握劳动教育的目的。

素质目标：

1.增强劳动意识。

2.培养正确的劳动价值观。

技能目标：

提升劳动技能。

课 程 引 入

劳动创造幸福　标准打造"羊倌"的美好生活

"羊倌"王会军（见图1-1）与羊羔亲密接触的样子，着实让人忍俊不禁。他举着一盆颗粒料，走到羊栏前，只要"咩"的一声，十几只羊羔就会齐刷刷聚集到他面前，前蹄踏在铁围栏上，长颈伸到饲料盆里，欢快地争食着。此刻，阳光从屋顶采光板洒进羊羔舍，照在身穿蓝色工服的王会军喜悦的笑脸上，以及身边柔软雪白的可爱羊羔身上。

图1-1　"羊倌"王会军

"林间小溪水潺潺，坡上青青草；野果香山花俏，狗儿跳羊儿跑；举起鞭儿轻轻摇，小曲满山飘。"穿过陇山东坡逶迤的林间小道，看着车窗外犹如《牧羊曲》中描绘的秀美景色，

8月13日上午，《中国消费者报》记者走进陕西省宝鸡市陇县城关镇北关村王会军的奶山羊养殖场崭新的羊羔舍，目睹了"羊倌"与奶山羊其乐融融的温馨一幕。

3年以来，奶山羊给王会军一家带来了劳动的快乐，随着奶山羊养殖技术的不断提升，也让全家人开始憧憬富裕后的美好生活。2018年以前，王会军是村里的山羊散养户，靠出售肉羊，一年收入8 000多元。"过去，每天上午赶着20多只羊到北坡山放牧，下午疲惫地吆喝着羊下山，晚上把羊圈在阴暗的土窑里。遇到雨天，羊饿了，还要赶羊到山上吃草，身心疲倦，也没挣上多少钱。"王会军说。

2018年，在当地政府惠农政策扶持下，个人投资9万元，政府补助18万元，王会军建起了规模化奶山羊养殖场。"现在奶山羊存栏数量130多只，泌乳羊60多只，一天产奶量150公斤左右，鲜奶收购价每公斤7元，政府补助每公斤1元，一天收入1 200多元。鲜奶、公羔羊、羊粪这3项的收入，一年下来可以有20多万元纯收入。"聆听"羊倌"的致富经，记者欣喜不已。

脱贫温饱易，稳定致富难。8月13日，记者见到了簇新敞亮的升级版羊羔舍。2020年，依照陇县制定的新奶山羊养殖技术规范，王会军投资9万元建立了一所羊羔舍。"老式羊舍，羊羔随母哺乳，成群羊羔挤在一起，有的能吃饱，有的饿肚子，营养不均衡；新式羊羔舍，分群喂养，20只羊羔在一个小格子中生活，采取定食定温定量原则，羊羔存活率大幅提高，从原先的不到80%提高到95%左右。一只2个月的公羊羔可以卖700元左右，7个月大小的母羊羔价格在2 000元上下。这笔账算下来，就知道新式羊羔舍的推行为农户带来了多大的收入增长。"陇县畜牧工作站站长边会龙对《中国消费者报》记者说。

回忆过去老式羊舍的养殖场景，跟奶山羊打了十几年交道的边会龙唏嘘不已。2012年，作为国内奶山羊养殖最佳优生区之一的关中陇县，当时全县羊羔成活率不到50%。"羊羔成活率搞不起来，一切都是零。"暗下决心的边会龙开始了艰苦的技术探索。2015年，陇县奶山羊规范化养殖技术体系逐渐完善。"农业技术只有先在养殖户中间试验推广，有了一定成效后，才会吸引众多的养殖户主动采用，再经过打磨规范成为地方标准，才能发挥惠农富农的技术引领效用。"边会龙对记者说。

项目一　了解劳动与劳动观

习近平总书记在全国教育大会上指出，要"培养德智体美劳全面发展的社会主义建设者和接班人"，要在学生中弘扬劳动精神，教育引导学生崇尚劳动、尊重劳动，懂得劳动最光荣、劳动最崇高、劳动最伟大、劳动最美丽的道理，长大后能够辛勤劳动、诚实劳动、创造性劳动。这些重要

微课：劳动与
劳动观

论述，高扬劳动教育的旗帜，丰富发展了党的教育方针，具有重大的时代价值和鲜明的现实针对性，对高校提出了加强劳动教育的新任务、新目标。

一、劳动的阐释

（一）劳动的本质

1. 关于劳动概念的几种提法

在马克思主义经典著作中，关于劳动的论述很多。从某种程度上说，马克思主义的整个思想体系是围绕着劳动问题展开的，《资本论》和很多手稿则是围绕"雇佣劳动""剩余劳动""自主劳动"等展开论述的。马克思将劳动定义为"劳动首先是人和自然之间的过程，是人以自身的活动来引起、调整和控制人与自然之间的物质变换的过程"。

《现代高级英汉双解词典》中对劳动的解释为"劳动是心或身之劳作"。劳动是指人们使用一定的劳动工具作用于一定的劳动对象，创造某种使用价值或效用以满足人类自身需要的有目的的活动。也有学者阐释，"劳动是人们为了满足物质、精神文化的需要，以及实现自身全面发展所进行的有目的的活动，是人能主动地、创造性地利用自然资源、社会资源和人类自身潜能与客观世界进行物质交换并创造精神文化产品的过程"。

简而言之，劳动是人们为了创造使用价值或效用以满足物质和精神需要而对体力与脑力的耗费。通俗地说，劳动就是以养活自己、照顾家庭、服务社会为目的的活动。

>> 案例

从外来工到全国劳模

"'非学无以广才，非志无以成学。'我深深体会到了知识改变命运。这是一个充满机遇的好时代，只要有梦想，只要够努力，每个人都能成为更好的自己。"近日，全国劳模尹利平（见图1-2）被广东省东莞市总工会聘为"职工书屋公益代言人"，她在活动现场的精彩发言让人们对这位外来工的成长故事有了更多好奇。

图1-2　尹利平

1977年10月，尹利平出生在湖南攸县的一个小山村，1996年中专毕业后来到广东省东莞市打工。她利用业余时间克服重重困难坚持学习，以优异成绩拿到了大专、本科文凭，还取得了中山大学与美国明尼苏达大学合办的高级管理人员工商管理（EMBA）硕士学位。

2012年起，她先后担任东莞市政协委员和广东省政协委员，提交了30多份有关民生的提案。

尹利平说，自己把人生中的每次经历都当作一份礼物和财富，"每个人在不同阶段都会经受一些风雨和挫折，需要借助一些方法应对压力、调适心态，蹚出一条路来"。

尹利平说，她想以真诚的态度、朴实的语言和真挚的情感来分享自己的成长经历、职场经验和个人感悟。即使一个人的起点再低，只要拥有成长型的心态和积极向上的进取心，就有很多机会能够改变自己的命运。

2. 劳动概念的内涵和外延

进入21世纪以后，随着劳动时代内涵的不断丰富，劳动的外延也在不断拓展。劳动的内涵就是它所含本质属性的总和，而其外延是适合"劳动"的某些对象的范围及性质。理解劳动的内涵和外延，有助于进一步了解"劳动"这一概念。

微课：劳动的内涵与价值

（1）劳动的内涵。我国宪法明文规定"公民有劳动的权利和义务"。这是要求每个有劳动能力的人，都要将劳动看成自己的光荣职责和神圣使命，必须以主人翁的态度对待劳动。

一般来说，劳动可分为脑力劳动和体力劳动两大类。劳动的成果是创造的物质财富和精神财富，所以体力劳动与脑力劳动统一在人的生产实践过程中，两者相互渗透，并没有明确的分割界限。

劳动精神作为一种意识活动，会反作用于劳动实践过程。一方面，劳动精神会激发人们投身劳动的热情；另一方面，在劳动精神的作用下，人们将克服劳动中的困难，培养不怕辛苦、敢为人先的毅力和品质。

随着时代的变迁，要牢牢把握劳动的内涵，因为劳动的外延是随着时代的发展而有所不同的，对"劳动"的认识也应该发展，应该跟上时代的要求。"劳动"这一概念应该是与时俱进的，随时代变化而具有不同时代特征。因此，要在当今时代背景下把握"劳动"这一概念。

（2）劳动的外延。劳动的外延是人类实践活动的一种特殊形式，多指创造物质财富和精神财富的活动。

"实践"一词也可指"劳动"。实践是指人能主动地改造客观世界的物质活动，是人所特有的对象性活动。人的实践活动具有自主性，人通过实践不仅能够认识客观规律，而且能够利用客观规律，使客观规律为人所用。在《中国大百科全书（哲学卷）》中，劳动被定义为"人类特有的基本的社会实践活动，也是人类通过有目的的活动改造自然对象并在这一活动中改造人自身的过程"。

延伸阅读

　　陶行知批评过去的教育以学校作为知识的唯一来源，将王阳明的"知者行之始，行者知之成"的观念奉为圭臬。陶行知也曾经相信这一思想，但后来发现，需要将王阳明的话"翻筋斗"，改为"行是知之始"，"行"才是知识的来源，也是创造的基础。陶行知在1931年曾对行动、知识与创造三者的关系进行了非常形象的阐述："行动是老子，知识是儿子，创造是孙子。"无论是获取知识，还是进行创造，前提是都必须行动，都需要做或实践，在实践中获得知识，然后进行创造。陶行知将行动放在首要位置，体现出他对实践的重视。

　　《左传·宣公十二年》中有句话："民生在勤，勤则不匮。"睿智的祖先很早就理解了"不匮"与"勤"的因果关系。人的辛勤劳动能产生大量的社会财富，是社会安定幸福的前提。改革开放以来，中国人民通过辛勤的劳动创造了巨大的财富。随着时代的变化，劳动的内涵和外延经历了巨大的改变，劳动的形式更加多样，如今，"五谷不分"不再是区分劳动的标准，办公室劳动、车间劳动、实验室研究劳动、图书馆写作都可以称为劳动……从某种程度上看，在学校努力学习也是一种劳动。劳动不仅是指一项意义重大的工作，日常清洁是劳动，制造工具也是劳动。

　　当今的知识经济时代与马克思所处的时代相比，劳动无论在内容和结构形式上都发生了重大变化，劳动的各个对象的性质也会有相应的扩展和改变。

　　1）劳动形式的单一性和多样性。劳动不是固定不变的，而是一个充满丰富内容的可变活动，它随着社会生活实践的发展而不断丰富。随着科学技术水平的提高，物质产品不再能完全满足社会需求，部分社会需求必须通过有形或无形的精神产品及其服务来满足。

　　2）劳动范围的区域性和全球性。随着经济全球化的发展，劳动已超出传统意义上一个企业、行业甚至一个社会、国家的范围，而具有世界意义。无论是劳动的创造还是劳动价值的实现，都因时代发展而具有全球性。生产一件商品的劳动是否为社会所需要、是否能创造并实现其价值，不再仅由一国市场决定，而是越来越多地由世界市场来决定。

　　3）劳动要素的整体性和分离性。劳动是一种现实性的活动，只有各种要素在劳动过程中统一起来，才会有整体的劳动过程。

　　在知识型经济条件下，劳动不再等同于一般劳动，知识劳动成为重要的劳动形式并影响整个劳动活动过程。它更多地表现为掌握了现代科技和劳动技能的劳动者，利用现代化的设备和技术体系，与劳动对象发生作用。知识经济条件下的劳动，劳动的主体和客体及工具出现了一定程度的分离，使创造财富的劳动过程变得有序而简化。但是需要注意的是，分离没有也不可能否定劳动的整体性，而是更加突出劳动的整体性，是劳动整体性与分离性的统一。把握劳动要素的整体性与分离性的统一，为认识和把握劳动与劳动结果的科学内涵奠定了理论基础。

4）劳动本质具有稳定性和发展性。"劳动是改造客观世界、引起物质变换的对象性活动，任何劳动都会产生一定的劳动结果；劳动是人类的本质活动，离开劳动，人类就不能生存与发展；劳动创造世界，劳动创造人本身。"对劳动的这些基本认识表明，劳动的本质具有稳定性，但在不同的经济时代和资源条件下，人类劳动的内涵和外延都会随之发生重大变化。在知识经济条件下，人类认识自然、改造自然的能力不断提高，科学技术发展迅速，赋予劳动本质以新的内涵。劳动的内容将会更加丰富多彩，形式也越来越富于变化，劳动者的流动性将会增强，体力支出将会减少，智力支出则会越来越多，劳动的世界性将把人类联结为一体，生产率也会越来越高，高效率人才的重要性会越来越突出，对人才的争夺也会越演越烈。劳动作为人们谋生的重要手段，也渐渐发展成人们生活的第一需要。

习近平总书记高度重视劳动精神，主要表现在对劳模精神的提倡和弘扬上。他指出，榜样的力量是无穷的，劳动模范是民族的精英、人民的楷模，要大力弘扬劳模精神、发挥劳模作用，劳动精神丰富了民族精神和时代精神，是我们极为宝贵的精神财富。由此可见，劳动精神对劳动实践活动具有重要的激励作用。只有以积极、昂扬、向上的精神状态投入劳动实践，劳动实践活动才富有朝气、活力和创造力。

》》案例

梦桃精神穿越时空——记"三秦楷模"

岁月峥嵘，总有一种精神熠熠生辉；时光荏苒，总有一种信念生生不息。

党的好女儿赵梦桃（见图1-3）离开我们已经几十年了，咸阳纺织业也经历了翻天覆地的变化，而"高标准、严要求、行动快、工作实、抢困难、送方便"的梦桃精神一直激励着无数一线工作者砥砺前行。

图1-3 赵梦桃

赵梦桃是原西北国棉一厂细纱车间的一名普通工人,进厂的11年里,她曾42次被评为劳动模范、红旗手,连续7年每月全面完成生产计划,并帮助13名工人成长为工厂和车间先进生产者。她创造的一套先进的"巡回清洁检查操作法"在陕西省全面推广。

时代变迁,赵梦桃小组的精神接力依然不辍。这背后是一代代组员长期的付出。

"进赵梦桃小组之前,总觉得能进小组很光荣;进入小组之后才知道,赵梦桃小组不光意味着荣耀,更意味着要比别人吃更多的苦、受更多的累。"赵梦桃小组第11任组长刘小萍深有体会地说。2003年,为了满足市场需求,企业技改频繁,一批高、密、细、薄织物成为主要生产品种。赵梦桃小组试纺135高支纱时,使用现有的摇车方法络纱时造成的断头率达90%以上,白花增多,产量下降,小组的生产管理和生产计划受到很大影响。而使用同样的摇车方法络45支纱时,断头率仅有5%。经过反复实验、分析、总结,赵梦桃小组创新性地推出"高支纱络纱方法",使60支以上的高难品种络纱断头率由50%下降到10%。新操作法在60支以上的高难品种上推广后大大提高了质量和效率,提高了产品市场竞争力。

赵梦桃小组第9任组长徐保凤至今难忘她刚进厂时的情景。当时,她练技术时感觉很不适应,便觉得委屈、辛苦。周围35 ℃左右的潮湿热气、不绝于耳的机器轰鸣声,还有直钻耳鼻的飞絮,感受可想而知。她的手也被纱线划破了,钻心地疼。种种困难让徐保凤常常半夜躲在被子里哭。她曾经想过放弃,但小组"大家庭"般的温暖让她最终留了下来。时光飞逝,光阴如梭。赵梦桃小组命名以来,已经走过了几十个春秋,先后经历了十几任新老组员的不懈征战。

2019年11月,习近平总书记对赵梦桃小组亲切勉励,希望大家继续以赵梦桃同志为榜样,在工作上勇于创新、甘于奉献、精益求精,争做新时代的最美奋斗者,把梦桃精神一代一代传下去。

"习近平总书记给我们的亲切勉励让我们感到格外振奋,这是对赵梦桃小组每个组员最大的精神鼓舞。作为新时代的纺织青年、梦桃精神的传人,我们一定不负众望,将梦桃精神继续传承好、发扬好,在平凡的岗位上做出不平凡的业绩。"赵梦桃小组现任组长何菲坚定地表示。

这是一条让人赞叹的光荣之路,从20世纪60年代初延续至今。串串足迹传颂着英雄劳模们接力奋进的动人故事,书写着梦桃传人们敬业奉献的精彩华章。

这是一座令人仰望的精神高地。多年来,组长换了一任又一任,高、严、快、实的优良传统和作风丝毫没有丢。

在喧嚣嘈杂的织机飞转轰鸣声中,在无穷无尽的纱海布浪里,吴桂贤、王西京、翟福兰、王广玲、张亚莉、韩玉梅、刘育玲、徐保凤、周惠芝、刘小萍、王晓荣、何菲,一代代梦桃传人始终将提高产品质量和挖掘生产潜力作为奋斗的方向,做表率、当先锋,带领小组成员一棒接着一棒跑,用热血和汗水谱写了感天动地的奋斗者之歌。

（二）中华优秀传统文化蕴含的劳动理念

（1）劳动创造了辉煌灿烂的历史，让每一个中华儿女无比骄傲与自豪。站在岁月的肩膀上回望，可以看到蜿蜒盘旋的万里长城，怀抱着祖国的大好河山，如一条巨龙守护着中国的心脏；可以看到金碧辉煌的故宫屹立于世界建筑之林，传承着中国几千年的历史；可以看到四大发明使古老的中国异彩纷呈，让国人更加聪颖；可以看到丝绸、瓷器远涉重洋，促进了国内外的交流发展。这一切都来自祖先的辛勤劳动，是劳动让祖国的历史如此辉煌，如此悠久。

（2）劳动创造了奇迹，让异想天开成为现实。《西游记》中的孙悟空，一个筋斗飞十万八千里，而今天，宇航员乘坐中国制造的神舟飞船遨游太空，圆了中国人的飞天梦！传说中有嫦娥奔月，今天，中国的"嫦娥一号""嫦娥二号"等先后畅游月球，圆了中国人的探月梦！三峡水电站、南水北调等一个个宏伟的治水治山工程，圆了中国人的兴利除患、驾驭江河梦。越来越多的中国车、中国桥、中国网站、中国制造让国人更加有底气，更加有信心，也正是因为中华儿女的辛勤劳动和不懈努力让中华民族许多美好的梦、神奇的梦，都能美梦成真。

》》案例

神舟飞船20年：中国载人航天工程从这里走向太空

1999 年 11 月 20 日 6 时 30 分，酒泉卫星发射中心，长征二号 F 运载火箭托举神舟一号飞船发射升空。大约飞行 10 分钟后，飞船与运载火箭成功分离，准确进入预定轨道。

次日凌晨 3 时，地面指挥中心向飞船发出返回指令。在绕地球运行 14 圈、遨游太空 21 小时后，神舟一号飞船于 11 月 21 日 3 点 41 分顺利降落在内蒙古中部地区的着陆场。

这是中国载人航天工程的首次飞行，标志着中国在载人航天飞行技术上有了重大突破，中国载人航天工程从这里开始走向太空。

神舟一号是中国载人航天工程发射的第一艘无人实验飞船，主要任务是利用长征二号 F 运载火箭首次飞行实验的机会，着重考核整个载人航天工程总体设计方案的可行性，重点验证飞船返回舱控制及回收技术，考核飞船系统与其他系统的接口关系，以最小配置突破飞船无人状态下的关键技术。

20 多年前神舟一号飞船的首飞成功，令国际同行刮目相看。

在恶劣的太空环境中，神舟飞船就是航天员的"安全之舟"。飞船研制团队要实现"上得去""待得住""下得来"，必须攻克多达 18 个重大技术难关，破解成百上千个技术难题。

载人飞船有 13 个分系统、600 多台设备、50 多万个软件程序、300 多根电缆、8 万多个接点，还有 300 多个协作单位，一个都不能出现问题，其难度之高，可以想象。

神舟飞船达到 8 吨级，创造了当时中国航天器重量的新纪录。长征二号 F 运载火箭不仅要把这么重的飞船送上天，还要确保航天员的安全，其可靠性高达 0.97，安全性高达 0.997。

另外，这次发射首次采用了在技术厂房对飞船、火箭联合体垂直总装与测试，整体垂直运输至发射场，进行远距离测试发射控制的新模式。

中国在原有的航天测控网基础上新建的符合国际标准体制的陆海基航天测控网，也在这次发射实验中首次投入使用。飞船在轨运行期间，地面测控系统和分布于公海的 4 艘远望号测量船对其进行了跟踪与测控，成功进行了一系列科学实验。

放眼全国，载人航天工程除 110 多个直接研制单位，还有 3 000 多个协作单位，涉及数十万人，带动众多学科领域齐头并进。工程首飞首胜，成为中国高科技事业跨越发展的标志之一，同时也是中国航天史上的重要里程碑。

从此，中国人开辟出一条属于自己的太空轨道。在随后的几年中，神舟二号、三号、四号无人实验飞船相继发射，为载人航天飞行奠定了坚实基础。天地往返、出舱活动、交会对接、航天员中期驻留，这一系列激动人心的太空活动彰显着中国载人航天的非凡速度。

在神舟飞船发射 20 周年之际，中国载人航天工程首任总设计师王永志写下了这样的寄语："20 年来，中国载人航天飞行任务接连成功，关键技术不断突破，应用效益日益显现，谱写了中国人探索太空的壮美篇章。未来，中国空间站（见图 1-4）必将为人类经济社会发展做出更多'中国贡献'，中国人探索太空的脚步必将迈得更大、更远。"

图 1-4　中国空间站

（3）劳动铸造了优秀的品质，让生活坚韧而有尊严。中华民族历来是勤劳的民族，中华民族的伟大复兴走的是与西方发达国家截然不同的发展道路，即紧紧依靠全民族的精诚团结与艰苦奋斗。正是凭着全体劳动者的辛勤劳动，中国创造了一个又一个举世瞩目的伟大奇迹。

中华人民共和国成立不久，中国人在一穷二白的基础上逐步建立了自己完整的工业体系。尤其是改革开放以来，中国经济多年保持高速增长，人民生活水平日新月异。中国的腾飞，离不开劳动创富。"神舟"系列宇宙飞船的成功发射、月球探测工程的开展、港珠澳大桥的建设和通行……在奋斗的过程中，我们的民族铸成了许多优秀品质。勤奋劳动、热爱劳动，以勤劳俭朴为荣、以好逸恶劳为耻等，这些精神绵绵不断、经久不衰，成为中国人最鲜明的内在素质，更成为引领全国各族人民走向更加美好幸福生活的"导师"。

>> **案例**

"劳动是一种尊严，也是最好的证明"

讲述人：湖南安邦制药股份有限公司公益文化部部长齐文英（见图1-5）

我三岁患病，双腿瘫痪，像正常人一样劳动对我来说似乎很遥远。出生在农村的我，刨过土、种过菜、拿过杆秤、卖过猪肉，很早就体会了生活的艰辛与不易。正因如此，我打小就有了读书改变命运的想法。

我花了整整20年，拄着双拐从小学读到研究生。小学六年，我每天要走五六里山路去上学。初中以后开始寄宿生活，一切都需要自己打理。

毕业后，从公司文员到部门负责人，我十年如一日地坚守岗位。劳动于我而言，是一种尊严，也是一种享受。

我所在的企业是一家有200多名残障员工的福利企业。公司老板在接管企业之初，动过开除残障员工的念头。一天中午，他到生产车间视察，看到很多操作工仍在岗位加班。他很好奇，问大家为什么不休息，但是没有一个人回答。陪同视察的秘书拿出纸笔，把问题写下来递给其中一个女孩。女孩用稚嫩的笔迹写下："我们想利用休息时间多包点货，多赚点钱，我们需要工作养家。"

图1-5　齐文英

　　这句话打消了老板开除残障员工的念头。在他的支持下，我们成立了"学习张海迪"组，我担任组长。为了帮助残障员工更好地适应企业管理，也让社会感知这个群体的特殊价值，八年来我坚持在做一件事，就是利用周末时间带着他们做公益。很多人问我："你是做财务的吗？""是搞计算机的吗？""是文秘吗？"我都会摇摇头："我是做公益的。"我始终相信，通过自己劳动挣来的生活是有尊严的，通过帮助别人而获得的快乐是最长久的。劳动于我们而言是最好的证明："我们不是社会的负担，我们也能靠劳动实现梦想和价值。"

　　（4）劳动是养活自己、服务社会的唯一途径。《孟子·尽心上》中说："穷则独善其身，达则兼善天下。"后人习惯将"兼善"改作"兼济"。思想史上流行的观点认为，"穷则独善其身，达则兼济天下"是作为中国文化精髓的"儒道互补"的体现：前半句显示出道家的豁达态度与出世境界，而后半句表达了儒家的理想主义和入世精神。其含义需要通过劳动才能最终实现，是劳动价值的重要体现。

　　一个人命运不济或遇人生逆境时，既不放弃自己，也不拖累他人，更不危害社会，而是通过自律劳动来修养品质、提升技能，将自己的小家经营好，实现个人的生存和发展；经历默默发光发热的成长过程之后，自身有足够能力时，由养活自己的劳动观向服务社会的劳动观转化，通过施他人以援手，付社会以贡献，实现个人的社会价值，整个社会才得以文明有礼，和谐有序！

二、马克思主义劳动观

　　劳动是马克思用以分析人类历史发展的核心范畴之一。人类历史是以人的物质劳动作为载体的历史，劳动在整个人类社会和社会历史的发展中处于关键性地位。在历史唯物主义的视域中，马克思对人类劳动的基本价值进行的分析主要表现为劳动创造世界、劳动创造历史和劳动创造人本身三大主张。

1. 劳动创造世界

　　马克思认为，构成人类赖以存在的现实世界的关键要素之一正是人的劳动，而且这种劳动是现实生活中的人的感性物质劳动，即作为人类实践活动最基本形式的"生产劳动"。马克思认为，这是区分人与动物的关键。"当人开始生产自己的生活资料，即迈出由他们的肉体组织所决定的这一步时，人本身就开始将自己和动物区别开来。人们生产自己的生活资料，同时间接地生产着自己的物质生活本身。"从这里可以看出，人类的生产劳动都是有意识、有目的的活动，试图创造出一个可以满足人类生活需要的物质世界。

微课：马克思主义劳动观

但是，在马克思看来，从事生产劳动的个体"并不是处在某种虚幻的离群索居和固定不变状态中的人，而是处在现实的、可以通过经验观察到的、在一定条件下进行的发展过程中的人"。这使劳动个体的生产劳动并不只是单一地生产出外部物质世界的现实性，而且生产出人类社会生活的现实性。因此，马克思历史唯物主义所理解的世界，本身是人类的现实生产劳动的结果，而不是与人类的现实生产劳动无关的抽象的外在实体。

正是通过劳动，人类和外部世界的关系才发生了根本性的转变，原先自在意义的自然世界逐渐成为自为意义的人类世界。在这一世界中，关键性的问题不再是通过劳动来解释或直观，而是改变或改造世界。作为人类最基本实践活动形式的劳动，不再只是单纯地依靠人的感性活动，而是将感性活动转变为人的现实社会活动。由此，马克思正式揭示了劳动的社会规定性，并从人与人的社会关系层面来理解和把握劳动，从而实现了历史唯物主义对之前一切旧唯物主义的根本性超越。

2. 劳动创造历史

在马克思看来，只有人类的生产劳动才真正构成人类历史的基础，才是解开人类历史发展秘密的钥匙。他说："人们为了能够'创造历史'，必须能够生活。但是为了生活，首先就需要吃、喝、住、穿及其他一些东西。因此，第一个历史活动就是生产满足这些需要的资料，即生产物质生活本身，而且这是人们从几千年前直到今天单是为了维持生活就必须每日每时从事的历史活动，是一切历史的基本条件。"因此，只有立足于生产劳动才能真正理解人类历史的发展，只有劳动人民才是历史的创造者，而人类创造历史的行动蕴含在日常生产劳动之中。马克思由此批判了各种独立于人的生产劳动之外的唯心主义历史观，并将劳动看作建立历史唯物主义的基石，人类历史发展的一切现实性都离不开人的劳动过程。对于马克思的这一伟大发现，恩格斯曾经鲜明地指出："历史破天荒第一次被置于它的真正基础上；一个很明显的而以前完全被人忽略的事实，即人们首先必须吃、喝、住、穿，就是说首先必须劳动，然后才能争取统治，从事政治、宗教和哲学等，这一很明显的事实在历史上的应有之义此时终于获得了承认。"总体来看，在马克思的历史唯物主义中，劳动被看作"一切历史的基本条件"和"人类的第一个历史性活动"，既是人类历史发展的事实起点，也是整个历史唯物主义架构的逻辑起点。马克思正是通过劳动来揭示物质资料生产的作用，发现了人类社会关系发展的客观规律性；并由此肯定了人的主体地位，继而发现劳动人民在历史发展中的伟大作用。而这正是马克思全面建立历史唯物主义两个理论的准备。

3. 劳动创造人本身

马克思深刻指出，劳动不仅创造出人类的物质世界和社会历史，同时还创造了人类自己。这是由于为了能够在对自身生活有用的形式上占有自然物质，人类必须使身上的自然力——臂和腿、头和手运动起来，而当人类通过这种运动作用于自身外的自然并改变自然时，也就同时改变了自身所处的社会生活及人类本身。因此，"劳动是整个人类生活的第一个基本条件，而且达到这样的程度，以致我们在某种意义上不得不说：劳动创造了人本身"。对此，恩格斯在《自然辩证法》一书中依据当时的科学研究成果，从人类起源的意义上论证了劳动在从猿到人的转变过程中具有决定性作用。这种决定性作用主要体现在两个方面：不仅在人类的起源意义上，是劳动创造了人本身，而且在人类的进化意义上，也是劳动创造了人本身。正是在改造世界的劳动过程中，人类才真正地证明自己是类存在物，而劳动就是人类能动的类生活。人只有通过作为类生活的劳动，"自然界才表现为他的作品和他的现实。因此，劳动的对象是人类生活的对象化：人不仅像在意识中那样在精神上使自己二重化，而且能动地、现实地使自己二重化，从而在他所创造的世界中直观自身"。总之，劳动不仅是人的本质规定，更是人类自身生产和再生产的创造过程。

>> 案例

老干妈的故事

老干妈一年能卖出 6 亿瓶，这是一个天文数字！其创始人陶华碧在 2018 年新财富 500 富人榜中以 90 亿元排名第 334。但是，你只看到老干妈和陶华碧的人前显贵，却不知道她背后经历的苦难有多么深重。

老干妈的创始人陶华碧出生于 1947 年，她是家里的老八，一出生就吃不饱穿不暖，每年只有过年时才能吃一顿肉。

在 20 岁时，命运出现了转折，她嫁给了地质队的一个会计，生活上衣食无忧。可是，不久丈夫患了重病，卧床不起。她既要赚钱为丈夫治病，又要抚养两个未成年的儿子，全家的重担落到了她柔弱的肩膀之上。

不久，丈夫不幸去世，留下他们孤儿寡母，为了孩子，她坚决不改嫁，独自一个人承担起抚养两个孩子的重任。

本以为孩子逐渐长大后她可以轻松一下，但是，在农村有两个儿子，就像有两座大山压着她，必须赚钱为两个儿子盖房子、攒聘礼，才能让两个儿子娶上媳妇。

为了挣钱，陶华碧忘掉了自己是一个女人，她干了男人都不愿意干的活。

为了挣钱，她在建筑公司背过黄泥巴，每次都要背 100 多斤，别人一天背十几趟，而她要背几十趟。

为了挣钱，她抢过铁锤，最小的都有近 20 斤，一般男人抢 4 个小时就受不了，而她为挣钱要抢十几个小时。

为了挣钱，她摆摊卖过菜、开过凉粉摊，还开过简易的饭店，可以说，为了挣钱养家，她干了力所能及和力所不能及的脏活、累活。

可以说，陶华碧前半生经历的所有苦难，是很多人难以承受的，在她人生最困难的时候，没有人伸出援助之手，她可以抱怨，她可以恨，恨老天对她不公平。但是，如果陶华碧那样做了，她就只不过是一个怨妇而已，就没有了现如今老干妈的辉煌。

那么，是什么支撑着陶华碧，让她没有被苦难击垮，反而逆袭创造了别人难以企及的成就呢？有人说是因为陶华碧有文化，能够起"老干妈"这样一个好的名字。的确，一个品牌名字起好了，就成功了一半。但是，"老干妈"这个名字的由来和陶华碧的文化没有一点关系，因为她没上过学，而且也只会写自己的名字。"老干妈"名字的真正由来只和两个字有关，就是"善良"。

1989年，42岁的陶华碧开了一家饭店，名为"实惠饭店"。听名字叫饭店好像很大，其实就是她用废弃的砖头、旧石棉瓦盖的简陋的棚子，棚子里面摆设也很简单，几张桌子、几把椅子，再加上一口锅和碗筷。饭店开张后，因为特别实惠，所以生意兴隆。

饭店旁边有一所学校，学生们经常来吃饭。陶华碧发现其中有一个孩子，不好好学习，还经常打架斗殴。陶华碧觉得这个孩子如果这样下去这辈子就完了。经过打听，陶华碧得知这个孩子家里很穷，父母没钱给他买午饭。为了有饭吃，这个孩子就在同学里面充当老大，这样一些有钱的孩子会主动"孝敬"他。陶华碧明白了，这个孩子不是本身愿意打架，而是为了生存。从此以后，这个孩子再来吃饭，陶华碧就不再收他的饭钱，而且对孩子嘘寒问暖，百般关心。渐渐这个孩子被陶华碧的良苦用心感动了。有一天，他吃饭后，突然忽然叫了陶华碧一声"干妈"。见有人喊"干妈"，孩子们就一起喊了起来，因为陶华碧并不是只帮这一个孩子，其他孩子如果衣服破了，她也帮着补，吃饭没有带钱，她就记账，也从来不催要。这些孩子的父母因为忙于生计，大部分都没有时间管他们，陶华碧对他们就像母亲一样，他们心里早就认可陶华碧为"干妈"。陶华碧已经快50岁了，有些人在喊"干妈"时又在前面加了一个老字，就这样，附近的人都知道有一个实惠饭店，实惠饭店有一个善良的"老干妈"。

有人说，老干妈之所以能成功与陶华碧把自己的头像印在上面有很大关系，因为这让很多人想起了妈妈的味道。他们觉得陶华碧非常懂得营销，是一个营销的天才。其实，更是无稽之谈了，陶华碧没有去学习过任何企业管理课程。

那么，陶华碧为什么会把头像印在瓶子上面呢？其实也是源于她的善良。

陶华碧觉得自己做产品质量永远是第一位，把头像印在瓶子上，就是给消费者一种承诺、一种安心。如果质量出现一点问题，所有的人都能认得出她。所以，把头像印在瓶子上，这对她是一种督促，更是源于她内心的一种善良。

格局决定一切成败：有很多人热衷学习经济管理，可是学习了那么多，自己的企业仍然经营不好，为什么？因为那都是"术"，他们没有抓住"道"。没有"道"，那些"术"都是无根之木、无源之水。

陶华碧没有"术"，她只用"善良"这个"道"，成就了今日的成功。

三、树立正确的劳动价值观

劳动是国家发展的动力，是民族复兴的基石。中华人民共和国成立后，党中央高度重视"五一"国际劳动节，通过表彰全国劳动模范和先进工作者，弘扬劳动精神，树立正确的劳动观和价值观。青少年时期是树立正确价值观的关键时期，作为学生，我们要从以下四个方面树立正确的劳动价值观念。

微课："五一"
国际劳动节的来历
和意义

1. 为建设社会主义、实现共产主义而劳动

无产阶级劳动观集中反映了无产阶级和广大人民群众的根本利益，它能够促进社会主义物质文明和精神文明建设的深入发展。我们应在工作实践中努力树立无产阶级的劳动观。我国已经走过了 70 多年艰难曲折而又光辉灿烂的道路，各方面都取得了巨大的成就。但我国是发展中国家，摆在面前的困难仍然很多，距离社会主义现代化建设目标的宏伟蓝图还差很远，距离实现共产主义的最终奋斗目标相差更远。我们的任务是艰巨的，还须付出比当今发达国家更加艰辛的劳动，才能缩短差距，逐步达到我们的理想境界。如何更加勤奋、科学、有效地通过我们的劳动，加速社会主义现代化建设，是摆在全国人民、特别是我们青年一代面前的严峻课题。

正因为如此，广大青少年要深学本领，为社会主义现代化建设勤勉劳动，为共产主义理想的早日实现贡献智慧和力量。

2. 尊重劳动人民

劳动人民是历史的创造者，是社会主义建设的主力军，是他们通过劳动创造了财富，推动了历史的发展。我们应牢牢树立尊重劳动人民的观念，加深对劳动人民的理解，培养与劳动人民的亲密感情。尊重劳动人民，要树立全心全意为人民服务的思想，培养与劳动人民同甘共苦的思想感情。现代著名作家赵树理，深入农村，与农民一起生活了十几年，虚心学习农民勤劳、善良、质朴的优秀品质，使自己的感情、衣食住行和言谈举止完全农民化。他就是怀着对农民群众的深厚感情，在深入体验生活的基础上写出了许多著名的反映农村生活题材的中长篇小说。高级农艺师、共产党员周君敏，不恋上海的繁华，大学毕业后扎根胶东山区，一干就是近 40 年，她生活俭朴、工作勤恳，如今已是 60 多岁的人了，仍为农村的果林建设忘我工作，为山区人民的致富流尽了汗水，也赢得了人民的尊敬和爱戴。这些老前辈，在与工农相结合的道路上，在全心全意为人民服务的思想作风上，为我们树立了光辉的榜样。

3. 珍惜劳动成果

珍惜劳动的成果是我国劳动人民的传统美德。今天我们不仅要继承和发扬它，还要世世代代传承下去。对劳动成果的珍惜，主要从保管、使用和爱护公共财物等方面着手践行。

所谓"珍惜"，就是将有益于人民、有益于社会的劳动成果当作珍宝一样爱护。因为每一项成果的完成，都需要花一些时间，流一些汗水，付出一些精力，有的甚至牺牲生命。我们日常生活中吃的、穿的、用的、住的都需要用劳动来创造，有些科研成果，往往要花费几年、几十年的精力，经历几十次、几百次的实验，才能取得成功。只要某种成果对人民有好处，无论它是普通的，还是特殊的，无论它是古人留下的，还是当代新发明创造的，无论它是自己的，还是别人的，我们都要对它细心保管，精心爱护，决不能让它随意流失、腐蚀和损坏，还要注意节俭使用，不能铺张浪费。

勤俭节约是中华民族的光荣传统。毛泽东同志说过："贪污和浪费是极大的犯罪。"为什么？贪污，即贪占了人民的劳动成果，是一种不劳而获的可耻行为；浪费，是对人民的劳动成果不珍惜的行为，同样是对人民的犯罪。中国共产党历来号召全党同志、全国人民勤俭办一切事业。对劳动成果用之得当，可以说是"勤俭节约"的一个重要方面。我国是个大国，人口众多，家大业大，但目前财力仍不够富足。因此，在社会主义建设的每一项事业中，都应当计划得当、科学设计、节约开支。即使一个家庭，在安排生活时，也要精打细算。

总之，勤俭节约这个问题，从大处说关系国计民生，从小处说是我们每个人应具备的文明行为。"爱护公共财物"，过去我们将它列为"五爱"之一（另外"四爱"是爱祖国、爱人民、爱劳动、爱科学），现如今又在宪法中规定公共财产神圣不可侵犯，强调了它是每个公民应尽的义务。公共财物是集体的乃至全民的共同的劳动成果，因此爱护公共财物又属于共产主义道德范畴。作为青年学生，应当怎样珍惜劳动成果呢？首先应当懂得，国家拨给我们的教育经费，是劳动人民辛勤劳动得来的；学校里的桌子、椅子、黑板、房舍等公共财产，都是工人师傅用血汗换来的；我们吃的每一碗饭、每一碟菜，都是农民伯伯起早贪黑耕种的。所有这些，我们都应注意珍惜、爱护和节约使用。在日常生活中，从点滴入手，从小事做起，爱护教学仪器，严格实验操作规程；爱护门窗玻璃，决不破坏公共设施；爱护图书资料，不能随意涂抹撕毁；爱护每株花草、每棵树木……节约每一滴水、每一粒米、每一张纸、每一度电……并要同一切破坏公共财物的行为做坚决的斗争，还要做到从思想上重视、在行动上落实。

课 堂 小 活 动

请搜索关于珍惜劳动成果的名言或名人事迹，并分享出来。

4. 积极参加劳动，养成劳动习惯

良好的劳动习惯主要表现在热爱劳动，习惯于劳动，适应于劳动，自觉自愿地参加劳动。良好的劳动习惯不是与生俱来的，而是在长期的社会实践中逐渐养成的。青年学生在思想品德等方面可塑性很强，应加强修养和学习，同样，在劳动习惯的培养和劳动观念的树立上也具有很强的可塑性，需要在实际的各类劳动中加以磨炼和培养。

（1）端正劳动态度。作为青年学生应努力树立正确的劳动观，将劳动看作锻炼自己、发挥自己才干的必要条件，看作不断完善自己理想人格的重要前提，只有这样才不至于将劳动看作额外的负担，而皱着眉头去被动地应付，劳动态度端正了，劳动积极性被调动起来了，劳动成为一种愉快的活动，它的经济效益和社会效益也会相应地提高。

（2）投身劳动实践。作为青年学生，应首先积极参加自己职责范围内的劳动和自我服务性质的劳动。从日常学习生活的值日（扫地、擦黑板、擦桌椅门窗等）劳动做起，从环境卫生的打扫做起，从提水洗衣寻找"乐趣"。作为青年学生，切不要自命不凡，误认为自己不是做"小事"的材料，大事做不来，小事不屑做，总想将来必定会成就一番所谓的"大事业"，结果到头来成了"拔一毛利天下而不为"的人，一个什么事也做不了的庸庸碌碌的人。生活中此类的教训不少，很值得人们引以为戒。

（3）养成劳动习惯。青年学生要在"全心全意为人民服务"的思想指导下，在"当人民的老黄牛"的吃苦精神的鞭策下，在众多的像雷锋那样的先进模范人物的英雄事迹影响带动下，积极主动地经常参加义务劳动，争做好人好事。如果一个人不经长期实践的锻炼，只愿偶尔做做样子，摆摆花架子给别人看，那么他为人做好事的心理素质、对消极舆论的承受能力都是靠不住的，更谈不上养成良好的劳动习惯。

》》案例

梁增基：黄土地上的育种人

在陕西省长武县流传着一句话："要吃粮，找老梁。"说的是长武县农业技术推广中心退休研究员梁增基（见图1-6）。鲐背之年的梁增基是广东人，大学毕业后一头扎进大西北黄土高原的山坳里，潜心于小麦育种的难题攻关，一待就是半个多世纪。由他培育出的7个小麦新品种先后通过国家或省级的审定，被大面积推广，推广后累计增产小麦25亿kg以上，增加经济效益40亿元以上。如今，已到鲐背之年的梁增基还成天"泡"在地里，和他的种子打交道，延续着他的"育种传奇"。

图1-6　梁增基

梁增基操着一口夹杂着广东口音的陕西话，乍一听不太好懂，但对于长武当地的农民来说，特别熟悉、特别亲切。这几天，梁增基正在地里忙着指导农民整理试验田，风很大，他的旧皮鞋上早已沾满了细细的黄土末，花白的头发梢、粗糙的黑脸庞也蒙着薄薄一层，但他顾不上掸一下，眼睛紧盯着锄头，怕碰伤了田里的麦苗。

秋收的季节刚过不久，冬小麦也冒出了头，已是高龄的梁增基却还是闲不住，成天拎着挎包和水杯往田里跑，一待就是一整天。女儿梁瑞芳笑着说，爸爸多年前就退休了，但他们愣是没感觉到，因为老人从工作到现在从没有放下过工作，也没有节假日，应该是退而不休，在家里坐不住，谁都挡不住他。

这样的工作状态已经延续了几十年。1961 年，从西北农学院毕业的广东青年梁增基被分配到西北腹地的长武县搞小麦种子培育工作。刚到长武县，他就被眼前的景象震住了，漫山遍野的沟壑，光秃秃的山坡，水土流失这么严重，怎么能长出麦子呢？

土生土长的长武县农民王连和回忆说，小时候，家里餐桌上只有榆树叶、红薯秧、窝窝头，就这还少得可怜，人们饿得发慌，上学的时候总是饿着肚子。

梁增基发现，在长武县，农民们种的大头是小麦，吃的大头却是高粱、糜子。小麦产量太低，亩产 50 kg 就算好收成。究其原因，是这里的小麦抗冻性和抗病性太差，一场条锈病就能让产量损失 70%。小麦的"抗冻"和"抗锈"成了梁增基的两块"心病"。

周而复始，年复一年，梁增基在地里整地划区、拉行开沟，将各式各样的品种撒进试验田，锄草、施肥，在小麦扬花抽穗时一株一株选、一棵一棵做记号。通过无数次品种杂交、摸索规律，梁增基终于取得了成功。在农民王连和的回忆里，从 1971 年往后，当地农民终于可以敞开肚皮吃白面馍了。"一亩地能打八九百斤（1 斤 =500 g）粮食，老百姓能吃饱而且有余粮，一家种一亩多地现在还有余粮呢。梁老师给长武人办了实事。"

农业专家评价说："梁增基不光让农民吃饱了饭，他更大的贡献是将小麦条锈病挡在了地处陕西最西边的长武，阻断了条锈病向东传播的通道。长武县形成了条锈病隔离带，守护着陕西的西大门，关中这几年粮食增产的效益是无法估量的。"

从一个吃着稻米长大的"岭南人"，到习惯了蒸馍、面条的"西北人"，梁增基在旱塬上的一个县级农技站扎根 50 多年，取得了多项重大科研成果，创造了黄土地里的育种奇迹。也曾有大城市的大单位要挖他，甚至专程派人到长武，把新房钥匙送到他家中，但梁增基拒绝了。他说，黄土地里的人生让他感到畅快，能看着麦苗蹭蹭长大，他就打心眼里高兴。

项目二 坚定劳动目标

一、中华人民共和国成立以来的劳动教育演变

美国匈牙利裔数学家乔治·波利亚（George Polya）曾说过，学习任何知识的最佳途径是由学生自己去发现，因为这种发现，理解最深，也最容易掌握其中的内在规律和联系。自我发现的过程，其实就是学生自己动手的过程，就是一种劳动教育。

微课：劳动教育的演变

曾经，"劳动教育"是培养"德智体美劳"全面发展人才的关键一环；然而，近些年来，无论是社会、学校还是家庭，都过于关注应试，让"劳动教育"逐渐淡出人们的视野。谈到"劳动教育"，对于现如今的学生而言，似乎都很陌生，在他们的思维里，学习是第一要务，别的什么都可以不干，只要好好学习就可以了。在新时代，让学生认识劳动、了解劳动的意义是非常重要的。

中华人民共和国成立以来，党和国家针对与时俱进的社会背景，提出了与之相适应的劳动教育的目的、任务与要求。早在1934年，毛泽东同志就将"教育与生产劳动联系起来"列为中华苏维埃政府文化教育总方针的主要内容，20世纪90年代，教育"必须与生产劳动相结合"的提法被写进《中华人民共和国教育法》。

1. 新民主主义社会向社会主义社会过渡时期（1949—1956年）

这一阶段开始注意根据工农业发展形势进行生产技术教育，初步建构了系统的生产劳动技术教育体系，但因超出了大多数学校的教学条件而无法真正实施。

2. 社会主义建设探索时期（1957—1977年）

毛泽东同志在《关于正确处理人民内部矛盾的问题》中明确提出，"我们的教育方针，应该使受教育者在德育、智育、体育几方面都得到发展，成为有社会主义觉悟的有文化的劳动者"，确立了培养劳动者的教育目标。

3. 改革开放后至21世纪前（1978—1999年）

党的十一届三中全会后，教育战线上对新时期劳动教育在全面发展教育中的地位等问题进行了深入讨论。1986年10月，国家教委副主任彭珮云提出德智体美劳"五育全面发展"的说法，五育并举的表述开始统一为"培养德、智、体全面发展的社会主义建设者和接班人"，这绝不意味着可以忽视美育和劳育，而是将其归到"德、智、体"中。

4. 全面建设小康社会以来（2000—2012年）

21世纪伊始，我国加快推进社会主义现代化新的发展阶段，劳动创造价值高度彰显，劳动光荣、创造伟大成为时代强音；新时期对劳动者的人本关怀成为中国共产党执政的重要价值取向。树立正确劳动观正确认识社会的劳动领域和劳动群体发展态势，由衷热爱与

尊重体力劳动和体力劳动者，为建构一个所有"劳动者参与发展、分享发展成果的"公平正义的社会而奋斗，成为当代劳动教育的重要目的之一。

5. 新时代以来（2012年至今）

劳动教育是新时代党对教育的新要求，是中国特色社会主义教育制度的重要内容，是全面发展教育体系的重要组成部分，是大、中、小学必须开展的教育活动。党的十八大以来，习近平总书记在多个场合、多次提及劳动和劳动者，尤其对劳动有多重要、如何对待劳动、树立什么样的劳动观念、弘扬什么样的劳模精神、如何关心和爱护劳动者、工会应该为劳动者做什么等多个方面都做出重要论述。崇尚劳动、让劳动者更光荣被提高到一个历史新高度。"德智体美劳"五育并举逐步向融合贯通方向大步发展。

新时代以来，实施劳动教育的重点是在系统的文化知识学习之外，有目的、有计划地组织学生参加日常生活劳动、生产劳动和服务性劳动，让学生动手实践、出力流汗，接受锻炼、磨炼意志，培养学生正确的劳动价值观和良好的劳动品质。

二、劳动教育的目标

1. 以劳树德：涵养劳动价值观

劳动不仅创造财富，而且造就美德。人无德不立，劳动过程本身是为人民服务的过程，也是立德和塑造人格的过程。

（1）劳动与平等。劳动没有高低贵贱之分，只要是靠自己的双手辛勤劳动，就是对社会有益的劳动，就是自我价值和社会价值实现的统一。通过接受劳动教育，可以纠正对劳动的偏见及狭隘的认识，反对不劳而获、坐享其成，不断拓宽劳动的内涵，创造更加平等的社会氛围。

微课：习近平新时代中国特色社会主义劳动思想

（2）劳动与团结互助。劳动具有社会性，处在一定社会关系中的人必然要通过劳动来实现人与人之间的联系。新时代的劳动教育，旨在培养大学生在劳动中认识到人的本质和劳动的本质，在团结互助中增强凝聚力和集体意识，高质、高效地完成劳动任务，实现劳动目标。

（3）劳动与人民服务。新时代的劳动教育，要树立为人民服务的价值取向。为人民服务，既是劳动的过程，也是劳动价值发挥和实现的过程。每一个劳动者，既是进行服务的主体，也是接受服务的对象。付出是收获的前提，收获是付出的结果，收获与付出始终相伴随、相统一。

2. 以劳提智：提升劳动技能水平

劳动创造体现出人类的智慧，同时人类的智慧也产生于劳动之中。人类智力发展的途径是实践。实践是认识的唯一途径，也是人类智力发展的唯一途径。

人类通过劳动探索自身和自然的发展规律后，对自然界进行改造，并在这一过程中实现智慧的增加。人类在劳动中，思维将更加活跃，从而不断地打破传统的、重复的、单一的体力劳动，使个体在整个实践过程中实现成长和自我价值的满足与提升。

新时代的劳动教育可以帮助青年学生更好地认清事物的本质，找到事物间的相互联系，发掘事物发展的规律，掌握解决问题的方法。

>> 案例

铁轨工匠信恒均：苦心钻研成"土专家"

信恒均（见图 1-7）所在的工段担任汉宜、宜万线 259 km 正级、108 条股道、266 组道岔的维修保养任务，拥有各种类型冲击镐 60 台、螺丝松紧机 30 台、内燃捣鼓机 8 台、发电机 25 台等价值 400 万元的机械设备。信恒均的工作就是维护、修理这些机具。

图 1-7　信恒均

在武汉铁路局荆门桥工段宜昌东线路车间里，信恒均和两个同事负责的维修工区放着近千个蓝色的盒子，盒子里全部是机械配件或零件，架子上都贴着标签，还印上了二维码，哪个零件是哪台机械用的都写得清清楚楚。由于对每个配件、零件都了如指掌，信恒均被工友们称为"机械的保姆"。

"修机械时全凭手感，你戴个手套，不方便，也不灵便；有时空间小了，螺丝都拧不下来，也上不去，要是我们爱惜自己的手戴手套，一天 20 双手套都不够换……"由于整天维修工具，跟机油、柴油打交道，下班后，信恒均得用鞋刷才能刷掉手上的油污。

由于手上总有油污，容易打滑，有时抬个东西，搬个机械，稍不注意就会受伤。信恒均一双粗糙的大手上伤痕遍布，仅仅左手就做过 4 次手术，至今无名指里埋的钢丝还没有取出来，无名指弯曲僵硬，右手中指的末关节也因受伤无法伸直。

由于喜欢机械，总在钻研机械，信恒均的发明创造就多了起来。

铁路秋季大修，每个区间的铁轨也只有 210 ～ 240 分钟的作业时间窗口，过了这个时间，铁轨必须放行，否则就会影响铁路通行，进而影响旅客出行。"每天进出宜昌东站的列车多达 188 趟，如何在有限的时间里尽快完成铁轨修复，除需要维修工精湛的维修手艺外，还需要像信恒均这样为维修师傅提供机具、维修机具的人。"宜昌东线路车间党总支书记张登清告诉央视网记者。

大修时，要将铁轨下的土深挖 1.5 m，架空铁轨后，挖出泥土，重新铺上防水垫、沙子，再铺上厚厚的石子。原来，一个班 100 人挖土、徒手准备 500 篮石头填到铁轨两侧需要 3 个多小时，自从信恒均发明了"卸砟神器"后，10 个职工只需要 1 个小时就能完成原来的工作量。目前，"卸砟神器"已经量产 6 台，在多个施工工地推广使用。

铁轨运载时间长了就会起皮，为保障铁路安全，需要用打磨机将铁皮打磨掉。一台进口的道岔翼轨打磨机售价12万元，还只能打磨铁轨内侧。信恒均反复琢磨，反复实验，通过改变砂轮片的构造、调整砂轮片的方向，利用旧打磨机组装出的打磨机，不仅可以打磨铁轨内侧，还可以打磨正面、外侧，购置材料及加工费不到5 000元。

类似的改良、发明创造还很多，20多年来，信恒均悉心钻研机械维修，先后完成各类技术改造项目36项，节约养护成本费用108万元、5 000多工时，累计为企业创造效益368万元，成为远近闻名的"土专家"。

3. 以劳育美：塑造劳动审美人格

美是人类的追求，是自由的创造，更是劳动的果实。劳动创造美，美根植于劳动之中。人在劳动中不断审视自身，对自身和世界有了更加深刻的认识，美也应运而生，人类通过劳动实践在社会的一切领域中都创造着美、产生着美，并不断地与社会发展相和谐。人在创造出来的美的产品中直观自身，从而产生更深刻的对美的追求，进而不断增强改造世界的愿景和实践。在新时代劳动教育和劳动实践当中，大学生应不断增强对美的鉴别能力，提升将美具象化的能力，进而提升自身的综合素质水平。

4. 以劳强体：实现劳动强健体魄

健康强壮的肌体是人类赖以生存的核心要素，也是人们参与社会交往与劳动的基础。劳动不仅能使个人的肌体得到锻炼，也能使人在劳动过程中释放内心的压抑等不良因素，使情绪得到释放和缓解。社会成员参与以劳动为基础的各项强身健体的活动，强健体魄的同时也能扩大社会交往，并不断提升专业技能和水平。良好的劳动习惯和合理的劳动安排，可以保证劳动个体积极、热情的生活工作状态，从而最大程度地激发创造力，并始终保持良好的身心状态。

1. 在新时代应该怎样做到珍惜劳动成果？
2. 你认为当前社会中存在哪些不正确的劳动观？你是如何看待的？

模块二

塑劳动之魂

知识目标：

1. 了解劳动精神、劳模精神、工匠精神的核心要义与当代价值。
2. 掌握劳动精神、劳模精神、工匠精神的重要内容与主要特点。

素质目标：

1. 具备弘扬劳动精神、践行劳模精神的意识。
2. 具备大国工匠的劳动素质。

技能目标：

具备劳模精神和大国工匠的劳动技能。

课 程 引 入

周树春：焊花飞溅写青春

"一点都不能差，差一点都不行"，这是中国十九冶职教中心教师、中冶集团首席技师周树春在他焊接世界里践行的工作准则。

全国五一劳动奖章、全国冶金建设行业技术能手、全国冶金建设高级技能专家、全国青年岗位能手、全国技术能手……多年来，周树春不断获得各种荣誉。不仅如此，作为焊接项目中国代表队主教练，周树春带领参赛选手连续参加三届世界技能大赛，取得了该项赛事中国首枚银牌、首枚金牌。

从入行时的茫然无措到现在的焊接之星，20 多年来，周树春用焊花书写着青春之歌。1974 年出生的周树春，在 18 岁时作为一名轮换工走进了父亲曾经工作的企业。上班第一天，面对自己从未见过的机械构件，周树春感到茫然无措。但性格质朴的他却不肯服输，暗下决心：无论多苦、多难、多累都不能退缩，一定要成为一名优秀的焊工。从此，焊枪成了他形影不离的"伴侣"，从来没有接受过专业学习的他勤勉努力，虚心求教，白天忙干活，晚上学理论，他发誓要做一名技术过硬、理论扎实的现代工人。多年来，他自学了

《管道焊接技术》《焊接热过程与熔池形态》等几十本专业书籍，写下读书笔记达数十万字。

功夫不负有心人，辛勤的耕耘终获丰厚的回报。周树春先后掌握了 12 种国际、国内前沿焊接技术，提炼总结出 13 种焊接操作方法。他不仅成长为公司的技术精英，而且在专业学术领域斩获颇丰。

熟悉周树春的人对他评价最多的就是："这是一个踏实勤奋、善于钻研、肯动脑筋的年轻人！"在许多施工项目中，都有他凭借精湛技艺攻坚克难的故事。

昆钢高炉焊接，作业面狭窄，焊口隐蔽，管道内空气流动性大。周树春主动请缨，大胆采用在管道中充氩气置换、隐蔽部位用镜子反射焊口的巧妙办法，一举攻克难关。300 多道焊口，检测合格率达 98%，展示了他独树一帜的精湛技艺。

邯郸高炉炉体风口大套焊接，坡口及工艺措施不当，接头产生了严重层状撕裂。他仔细分析接头产生层状撕裂的原因，运用"Z 因子"控制原理，编制了炉皮与风口大套现场焊接工艺，严格按照施工工艺操作，成功地解决了焊接裂纹问题，挽回经济损失上千万元。

巴布亚新几内亚瑞木镍钴矿浆管道铺设，地形复杂，高温多雨，且是第一次焊接全球最大口径长输矿浆管道 X60 管线钢。周树春结合现场地质、气候条件，通过数百次的实验，精确计算出焊接电流电压、焊接速度、送丝速度、焊丝伸出长度等参数，成功创造出纤维素型焊条和药芯焊丝自保护焊下向焊的 X60 管线钢焊接新工艺，将矿浆管道每道焊口的焊接时间由 3 小时缩至 40 分钟，为顺利施工提供了坚强有力的技术支撑。

由周树春研发的 X60 管线钢焊接工艺填补了国内该类工程焊接技术的空白。经此工艺焊接的 6 000 多道焊口，经 X 射线探伤检测，合格率达 98.7%；经 12.3 MPa 水压检测，合格率达 100%。在巴布亚新几内亚国土蜿蜒的 66.9 km 的"银色巨龙"——镍钴矿浆管道，既是周树春焊接青春的光辉写照，更是中国焊工创造奇迹的见证。

"中国焊工，焊接世界"的口号响彻神州！

作为一名普普通通的中国共产党党员，周树春在平凡的岗位上，用勤勉敬业的态度、敢为人先的冲劲、大公无私的奉献演绎出了新时代工人党员的本色。

项目一 弘扬劳动精神

一、劳动精神的内涵与时代特点

1. 劳动精神的内涵

劳动精神是每一位劳动者为创造美好生活而在劳动过程秉持的劳动态度、劳动理念及其展现出的劳动精神风貌。劳动精神是全体劳动者共

微课：弘扬劳动精神

同的精神财富。劳动精神是对广大劳动者劳动实践的高度肯定与科学总结，也是人类为了自身的幸福而不懈努力奋斗的实践结晶。人民创造历史，劳动开创未来，劳动是推动人类社会进步的根本力量。

"劳动创造了人本身""劳动是唯一价值源泉""劳动创造财富、劳动使人幸福"等，积淀成为劳动者的精神力量。正是一代代劳动者的共同努力，创造了辉煌的人类历史，书写了人类家园的绚烂篇章。

习近平总书记强调，必须坚持崇尚劳动、造福劳动者。劳动是财富的源泉，也是幸福的源泉。人世间的美好梦想，只有通过诚实劳动才能实现；发展中的各种难题，只有通过诚实劳动才能破解；生命里的一切辉煌，只有通过诚实劳动才能铸就。全社会都要贯彻尊重劳动、尊重知识、尊重人才、尊重创造的重大方针，维护和发展劳动者的利益，保障劳动者的权利。要坚持社会公平正义，排除阻碍劳动者参与发展、分享发展成果的障碍，努力让劳动者实现全面劳动、全面发展。全社会都要热爱劳动，以辛勤劳动为荣，以好逸恶劳为耻。

劳动精神在理念认知上表现为全社会尊重劳动、崇尚劳动、热爱劳动，在行为实践上表现为劳动者辛勤劳动、诚实劳动、创造性劳动。两者构成劳动精神内涵的整体。

尊重劳动是指对劳动的认识，将劳动作为人类的本质活动，作为创造财富和获得幸福的源泉，尊重一切有益于人民、造福于社会的劳动者及其劳动价值；崇尚劳动是指对劳动的态度，认为劳动价值有大小，劳动分工无贵贱，劳动最光荣、劳动最崇高、劳动最伟大、劳动最美丽；热爱劳动是指对劳动的情感，焕发劳动热情，积极投身劳动，珍惜劳动成果，将劳动与实现自身价值紧密结合起来。尊重劳动、崇尚劳动、热爱劳动这 3 个层面涉及对劳动的理性认知、感性把握和内在情感，体现为从对劳动共通的社会认识到个人的品行追求这样一个由表及里、逐步内化的过程。

辛勤劳动是指勤奋敬业、埋头苦干，是劳动者应有的基本要求，是诚实劳动、创造性劳动的基础和保障；诚实劳动是指脚踏实地、恪尽职守，遵守法律法规和政策，遵循职业道德规范和工作标准，实事求是地认识和对待劳动过程及劳动成果，是辛勤劳动的升华，也是创造性劳动的前提；创造性劳动是指敢闯敢试、开拓创新，体现了体力劳动和脑力劳动、简单劳动和复杂劳动的结合，是辛勤劳动、诚实劳动的发展。

2. 劳动精神的时代特点

马克思主义劳动观认为，劳动是人的根本属性，劳动创造了人这个概念。人在劳动的过程中生产满足人类物质需求和精神需求的产品，极大地丰富了人类的物质生活和精神生活，改造了人的主观世界，使劳动现实化。在劳动价值论的指引下，通过中国特色社会主义的具体实践探索，最终构成了具有中国特色的社会主义劳动精神。它进一步引领人民群众在中国特色社会主义道路的建设过程中竭力前进，开始了新时代中国特色社会主义道路的探索。

改革开放以来，党带领人民在继承和弘扬伟大劳动精神的基础上，赋予劳动精神以新的时代内涵。改革开放进程中涌现的一系列时代楷模和榜样群体，在平凡的岗位上做出不平凡的事迹，都生动地展示着新时代的劳动精神。"雕刻火药的大国工匠"徐立平，在悬崖绝壁上书写精彩传奇的"当代愚公"黄大发，用生命叩响"地球之门"、让中国进入"深地时代"的战略科学家黄大年，勇担民族复兴大任的"天眼巨匠"南仁东，对党忠诚、心系群众、忘我工作、无私奉献的优秀县委书记廖俊波，爱生如子、甘做学生成长引路人的高校思想政治理论课教师曲建武……这些代表着当代中国精神高峰的时代楷模，在各自的岗位上心怀大我、至诚报国，书写了当代中国最美的时代华章。郭明义、沈浩、杨善洲、张丽莉、吴斌、高铁成……一个又一个"最美教师""最美司机""最美护士"在中国大地上接连涌现，他们用爱心和善行，用坚守和执着，在危急时刻做出英雄壮举，在生死关头展现人间大爱，彰显出当代中国劳动者的风采。他们爱岗敬业、淡泊名利、甘于奉献的劳动品格，他们求真务实、积极探索、勇于创造的劳动精神，他们自强不息、艰苦奋斗、顽强拼搏的劳动态度，都是中国人民在改革开放的伟大实践中展现出来的崭新精神风貌和高尚精神品格，是建设新时代中国特色社会主义、实现中国梦的强大精神动力。

（1）爱岗敬业、甘于奉献的劳动品格。爱岗敬业是社会主义核心价值观的重要内容，奉献是社会主义道德的鲜明特征。作为新时代劳动者，首先要做到的就是立足于自身的岗位，服务他人，服务社会。

（2）艰苦奋斗、勇于创新的劳动精神。革命战争年代，革命先辈爬雪山、过草地的"长征精神"，开垦陕北好江南的"南泥湾精神"；中华人民共和国建设初期的第一代劳动者，宁可少活20年，也要拿下大油田的"大庆精神"，战天斗地改造自然的"红旗渠精神"；在中华人民共和国建设初期一穷二白的情况下，大批海外学子心怀殷殷报国心，以钱学森、华罗庚、朱光亚等为代表的海外专家学者破除一切艰难险阻，怀抱对祖国的浓浓感情，纷纷归国效力，为新中国科技事业发展做出了突出贡献。到1957年，归国的海外学者已经达到3 000多人，约占中华人民共和国成立前全部海外留学生和学者的一半以上。他们中大多数人成为新中国各个领域科学技术发展的奠基人或开拓者，在那个激情燃烧的年代，带领着全国科研人员在极为困难的条件下自力更生、艰苦奋斗，创造了一系列举世瞩目的科技奇迹，更给后人留下了宝贵的精神财富。

>> 案例

铁人王进喜

1960年5月1日，天刚蒙蒙亮，王进喜（见图2-1）在井场上指挥工人放井架"搬家"，忽然一根几百斤重的钻杆滚下来砸伤了他的腿。王进喜痛得昏了过去。等他醒过来一看，井架还没有放下，几个工人在围着抢救他。王进喜急了，对大家说："我又不是泥捏的，哪能碰一下就散了？"说完，猛地站起来，举起双手，继续指挥放井架，鲜血从他的裤腿和鞋袜里浸了出来……

图2-1 铁人王进喜

　　油田领导和工人们把他送进了医院。可是在这热火朝天的会战中，他怎能安心住下来呢？一天深夜，王进喜深一脚、浅一脚地从医院回到钻井队，只见他手里拿着拐棍，腿上的绷带沾满了泥。大家赶快帮助他收拾床铺，让他休息。可是，还没有等安排好，王进喜已经挂着拐棍上井去了。

　　打第二口井时，王进喜的腿伤还没有好，成天拄着双拐在井场上来回指挥。一天，轰隆一声，钻机上几十斤重的方瓦忽然飞了出来：井喷的迹象出现了。

　　井喷就是埋藏在地层深处的水、原油和天然气，突然夹带着泥沙，在地层的高压下迸发出来。如不赶快压住，不仅井毁人亡，连那高大的井架也要被吞没到地层里去。在这万分危急的时刻，王进喜忘记自己的腿痛，立刻奔上前去。压井喷需要用重晶石粉调泥浆，井场上没有，他当机立断决定用水泥代替。一袋袋水泥倒进泥浆池，没有搅拌机，水泥都沉在池底。这时，王进喜奋不顾身，把双拐一甩，说了声："跳！"就纵身跳进了泥浆池，用自己的身体来搅拌泥浆。见此情景，几个年轻小伙子也跟着跳了进去。他们整整奋战了三个小时，险恶的井喷终于被压下去了，油井和钻机终于被保住了。而王进喜的手上、身上却被碱性很强的泥浆烧起了大泡，同志们把他扶出来时，腿疼使他扑倒在钻杆上，豆大的汗珠不停地从脸上滚下来。

　　王进喜哪里是在打井？他简直是在用自己的鲜血和生命换取石油！在战斗最紧张的日子里，他成日成夜地奋战在井场上，饿了，啃几口冻窝窝头，困了，倒在排好的钻杆上，盖件老羊皮袄，头枕钻头休息一会儿；天下雨了，他头顶雨衣不离开井场。为着一个宏伟的目标，他把自己的一切置之度外。他曾经写过这样一首诗来抒发自己的革命豪情："北风当电扇，大雪是炒面，天南海北来会战，誓夺头号大油田。干！干！干！"

　　有一回，他帮助一个井队制服井喷，在井场上两天两夜没有合眼，回到大队时，浑身上下都沾满泥浆，两只鞋用绳子绑着，已经分不清鞋和脚了。在吃饭时，吃着吃着，碗掉在地上，人却靠在墙边睡着了。工人们见他一天天消瘦，眼眶越来越深陷下去，都关切地要他注意休息，他却说："宁可少活二十年，拼命也要拿下大油田！"

　　井场附近的老乡们把这一切都看在眼里，并深深地被王进喜这种革命加拼命的精神感动了。他们向工人们夸赞说："你们的王队长可真是个铁人啊！"

从此，"铁人"这个光荣的名字很快便传开了。"向铁人学习！""发扬铁人精神！"响遍了整个大庆油田。

（3）勇于创新、敢于创业的劳动精神。时代在发展，在全球化竞争中，我们作为劳动者，除吃苦耐劳外，更需要勇于创新、敢于创业，在科技、军事及服务社会方面永立潮头，做强国富民的青年劳动者。在纪念五四运动 100 周年的大会上，习近平总书记褒奖的青年英杰，他们之中有展示中国硬核实力的北斗团队，有航天报国的嫦娥团队、神舟团队，20 岁出头的申一菲是中国 5G 技术最年轻的核心研发人员，比肩马斯克的舒畅成功地发射了第一枚民营火箭。他们在创新报国的道路上一路飞奔、创新，谱写出时代劳动者的最美青春！经过改革开放 40 多年的发展，中国涌现出一批又一批优秀的企业家。他们释放才能、发挥创造力，成为社会财富的创造者、创新活动的实践者，在市场经济中发挥了重要的作用，这早已成为人们的共识。而今天在经济发展新常态的时代背景下，转变经济结构、振兴实体经济，我们需要富有企业家精神的创新创业者。

》》案例

交大西迁背后的人和事

20 世纪 50 年代，一批交大人响应党的号召，"打起背包就出发"，从上海迁至西安。如今，西安交通大学已发展成为享誉海内外的著名高等学府，持续为西部发展、国家建设奉献智慧和力量。

2020 年 4 月 22 日，习近平总书记走进西安交通大学西迁博物馆，勉励广大师生弘扬西迁精神。《中国科学报》发表文章讲述了交大西迁背后的故事。

1955 年 5 月 25 日，时任交通大学校长的彭康向师生们公布了西迁的决定。

"心系祖国"的爱国精神

交大西迁之时，彭康已步入天命之年，却以非凡的毅力和卓越的领导力，完成西迁使命。在对迁校问题发表意见时，他开宗明义："我们这个多科性工业大学如何发挥作用，都要更有利于社会主义建设。""我们的国家是社会主义国家，因此，考虑我们学校的问题必须从社会主义建设的合理部署来考虑。"

短短数语，道出了老校长心系国家发展、为人民办好教育的真切情怀。而他的这种情怀，也在交大众多教职员工的身上得到了体现。

在迁校时，被誉为中国"电机之父"的著名电机工程专家、电机工程教育家钟兆琳已经 57 岁。他婉拒周恩来总理考虑他年龄比较大，夫人需要卧床养病，可不必去西安的照顾，孤身一人前往西安。他的感人事迹，在西安交大师生中口口相传，称颂至今。

在钟兆琳精神的感召和带动下，他所在系的绝大多数教师都迁至西安。

"艰苦创业"的劳动精神

当时西安的条件十分艰苦：马路不平、电灯不明、电话不灵，用水非常紧张。建校初期，野兔在校园草丛中乱跑，半夜甚至能听到狼嚎。冬天教室仅靠一个小炉子取暖，洗脸水得到工地上去端……虽然条件艰苦，但是大家都精神饱满，干劲十足。

总务长任梦林作为学校后勤事务的大管家，领衔承担新校建设任务。为了保证交大顺利西迁，他所率领的交大工作组与工地建设人员必须在一年的时间内，完成11万平方米的建设任务。当时，参加施工的有2500名工人，他们没日没夜地干，每天晚上加班，过春节也只休息三天，大年初四即照常施工。

据当时参加建设的基建科科长王则茂回忆说："那年冬天特别冷，经常风雪交加，地面积雪盈尺，气温低至零下15 ℃。施工组的同志们住在工棚，与工人同吃同住，同甘共苦，没有什么人叫苦，没有任何埋怨。大家从不考虑个人，只有一个共同目标，就是完成迁校任务，支援大西北。"

"无私奉献"的标杆精神

我国热力工程学界先驱陈大燮作为迁校带头人之一，卖掉了在上海的房产，义无反顾地偕夫人首批赴西安参加建校工作。

被学校授予"终身教授"的赵富鑫同样在1956年随校西迁，一去便扎根西安43年。他一生从事大学物理教学、研究近70年，为交大物理基础课程的改革与建设，以及中国大学物理教材的编订等做出了突出贡献。

二、践行劳动精神

1. 尊重劳动者，向优秀劳动者学习

劳动创造了世界，劳动让我们有了更加美好的生活，优秀劳动者以他们的出色劳动、艰辛付出，为我们诠释了劳动的价值和榜样的力量。

烈日下建筑工人的劳动，为我们建成了今天的高楼大厦，筑就了现代化的高速公路；计算机软、硬件工程师及通信工人使我们拥有了移动互联网，将大的地球变成了一个小的村落；也正是农业科学家和农民，让我们能够品尝丰盛的食物。新时代的中国，需要更多的普通劳动者涌现出来，成为家喻户晓的人物，从而营造一个积极向上、崇尚劳动、以劳动为荣的氛围，为社会传递朝气蓬勃的正能量，汇聚起经济社会发展的强大动力。

微课：劳动精神、劳模精神、工匠精神的统一

改革开放40多年的成就史，也是一部伟大的劳动史。只有靠辛勤而诚实的劳动，才能创造更多财富，国家才能繁荣昌盛，人民才能安居乐业。在这一过程中，到处都活跃着

劳动者的身影，都流淌着劳动者的汗水。所有创造物质财富和精神财富的劳动者，都是值得尊重的人。通过向全社会宣传劳动者的感人瞬间，让"劳动最光荣、劳动最崇高、劳动最伟大、劳动最美丽"深入人心，蔚然成风。我们通过学习模范，从自我做起，从身边事做起，从小事做起，必定能实现自我劳动意识的飞跃。在我们这个社会、我们这个时代，先进劳动者不断涌现，他们的业绩、精神和品质是取之不尽、用之不竭的力量源泉。大学生应积极从身边的劳动者身上获取前进的动力，做劳动精神的积极传播者和践行者。

2. 将劳动同实现个人价值及社会价值融合起来

我们要正确看待劳动与个人成长成才的关系，即通过劳动才能实现人生价值，付出了劳动必然会收获应有的人生果实。我们首先必须树立自食其力的思想，依靠自己的劳动所得来满足自己的生活，就是我们常说的自己养活自己。通过劳动满足我们的自身需要，实现自我温饱、他人尊重乃至自我实现。靠劳动养活自己和家人是伟大与值得尊敬的。同样，我们在岗位上投入更多劳动，就能实现自己更大的社会价值，我们作为劳动者应自觉弘扬劳动精神、工匠精神，开展劳动和技能竞赛，投身"大众创业、万众创新"的时代潮流。我们要充分挖掘创新创造潜能，以劳动创造助力改革，谱写新时代的劳动者之歌。这就是中国人常说的"穷则独善其身，达则兼善天下"。在困难的时候，通过劳动实现个人的独立，做一个受人尊重的劳动者，在此基础上，通过持续的自强不息，努力奋斗，实现更大的人生价值，为社会贡献更大的青春力量。

3. 参与志愿服务性劳动，提升劳动素养和劳动能力

志愿服务是指志愿贡献个人的时间及精力，在不求任何物质报酬的情况下，为改善社会、促进社会进步而提供的服务。青年大学生利用学习之余积极参与社会服务，既是很好的劳动体验，又是提升自身劳动素养和劳动能力的重要方式，有利于更好地接触社会、了解社会，为将来更好地服务社会做准备。

一方面，参与志愿服务活动帮助了他人、服务了社会，为社会提供了丰富的劳动产出；另一方面，随着社会的发展，人与人之间的联系更加多元，通过为社会和他人的服务对自己的劳动能力进行培养与提高，从服务社会和帮助他人中获得成就感与幸福感。这种自愿地、不计报酬地服务他人和参与社会公益事业的劳动，有助于传递社会关爱、弘扬社会正气，形成向上向善、诚信互助的良好社会风尚；更有助于个体劳动精神的养成。

志愿服务劳动是大学生参与社会实践、成长成才的重要舞台，是大学生关爱他人、传播青春正能量的重要途径。大学生志愿服务活动通过助力农村扶贫开发、城市社区管理、环境保护、大型活动、抢险救灾、社会公益等领域，做力所能及的事，结合自身的能力、专业、特长在实践中长知识、强本领、增才干，真正做到知行合一，将学问写在祖国大地上，将劳动同实现中国梦结合起来，通过积极参与教育、科技、文化、卫生、养老等帮扶

行动，通过参与城乡清洁、绿色出行、低碳环保、美化家园等活动，培养宝贵的劳动精神，提升自身的劳动素养和劳动能力。

实践课堂 **致敬劳动者主题摄影活动**

活动目的

体会劳动的辛苦，感悟劳动精神。

活动方式

寻找你身边的劳动者，拿起相机，拍下他们劳动的模样，记录劳动的感人瞬间。以"致敬劳动者"为主题，开展摄影活动，将作品展示出来，在班级范围内进行分享及评比。

项目二　践行劳模精神

一、劳模精神的内涵与特征

（一）劳模精神的内涵

1. 劳模的概念

微课：劳模和劳
模精神

劳模是劳动模范的简称。"劳"表示劳动，这是劳模的基本前提。"模"体现了一种"示范"和"楷模"的价值导向，一种可近、可亲、可信、可学的榜样作用。"劳模"是指在各个时期的生产劳动和建设中涌现出的劳动者的优秀代表，是在劳动中被效仿的标准和模范，是我国亿万劳动人民的模范群体。劳模是适应国家和时代的发展而产生的，是劳动群众的杰出代表，是最美的劳动者，是民族的精英、国家的栋梁、社会的中坚、人民的楷模，是党和国家的宝贵财富，是永远的时代领跑者。

劳模是在社会主义建设事业中成绩卓著的劳动者，经职工民主评选、有关部门审核和政府审批后被授予的荣誉称号。劳动模范可分为全国劳动模范与省、部委级劳动模范，部分市、县和企业也开展劳动模范评选。中共中央、国务院授予的劳动模范为"全国劳动模范"，是中国最高的荣誉称号。中国的第一次劳模表彰大会开始于1943年在陕甘宁边区召开的劳动英雄和模范生产者表彰大会。中华人民共和国成立后，继续沿用这种方式来调动群众的生产热情，因此，劳模表彰活动继续开展并形成了一套评选、表彰机制。到目前为止，中华人民共和国共进行了15次全国劳模表彰活动，有3万多人次荣获"全国劳动模范"或"先进工作者"称号。

> 案例

他们，用劳模精神绣好"城市管理之花"

每逢节假日，人们可以放下手上的工作享受假期。然而，有这样一群城市管理工作者，越是在这时越要坚守岗位默默奉献。记者聚焦了几位劳模，他们用忙碌的身影唱响了劳模精神之歌，用劳模精神绣出了美丽的"城市管理之花"。

守护 6.5 万盏路灯，他是城市的光明使者

2020 年，50 岁的周健是镇江市路灯管理处设施养护所的班长，负责市区 6.5 万盏路灯的维护。夜色降临、万家灯火点亮时，正是他和同事们坚守岗位的时候。路灯哪里不亮了、哪里线路有问题了，他们接报后都要第一时间赶到。

"几年前，镇扬汽渡那里的一盏高杆路灯坏了，影响车辆来往安全。那天下着大雪，我站在作业车上修理，距离地面 15 m，下来后全身都冻得麻木了。"他说，高空作业说不害怕不可能，但出于责任感，没有克服不了的困难。

周健数十年如一日兢兢业业奋战在维修一线，2020 年被评为镇江市劳动模范。

24 小时在线，守护城市固废处理终端

2020 年 2 月 14 日，一场大雪不期而至。为避免飞灰覆膜被伴雪而来的狂风吹开，镇江市环卫处固体废弃物管理所副所长崔阳带领灰渣处置场的工作人员迅速投入战斗，启动焚烧飞灰填埋应急预案。为确保飞灰密闭化填埋，崔阳一夜未眠。

这位刚被表彰为 2020 年镇江市劳动模范的"80 后"，自从进入灰渣处置场工作以来，表现出过人的指挥协调能力和吃苦耐劳精神。他带领队伍建立健全了处置场运行管理制度，改变场区通常观念中的脏乱面貌，推动场区运转进入正轨；他经常身先士卒，无论寒冬还是酷暑，战斗在一线，保障环卫作业"最后一公里"的畅通。

端午节期间，作为全市固废物处理的终端，处置场依然每天繁忙。填埋生活垃圾焚烧的灰渣窗口深达 30 多米，上面盖着黑色的膜布。每次覆膜作业，都需要穿上厚重的专业防护服，这样的天气一套程序做完，全身湿透。即便如此，有时也会接触到一些飞灰，导致皮肤过敏瘙痒，崔阳用自来水冲一冲，又重新投入工作，从不喊苦、喊累。

拓路踏歌，女压路机司机的铿锵人生

这天晚上，在二道巷附近的一处街巷改造现场，一名身材瘦小的女师傅正娴熟地驾驶一辆压路机在热气腾腾的沥青上碾压作业。沥青散发出的热气像一阵阵白烟，蒸腾出一股刺鼻的怪味，过往行人都捂住口鼻。女师傅汪双玲却气定神闲，紧盯前方。

汪双玲是镇江市政设施管理处女职工，也是全市建设系统唯一的女压路机司机。她爱这份工作，对这份苦、脏、累的活甘之如饴；她身材纤弱，却能轻松驾驭近 10 吨重的压路机；她十分爱美，可长发里常散发着柴油味；她讨厌雾霾，却在"重度雾霾"的

工作环境中坚守二十几载。她负责为市区主次干道"抚平创伤"，是全国住建系统的劳动模范。

"马路天使"工作环境的恶劣是常人难以忍受的。压路机的驾驶室高高在上，没有后视镜，必须打开两边窗户以便观察，冬天寒风刺骨，夏天如同蒸笼。由于车内不能装空调和电风扇，而沥青摊铺时地面温度达到 170 ℃，往往安排在晚上气温较低时作业。

"最对不起的就是女儿，爱人因为工作经常出差，女儿从小学开始就经常晚上一个人在家。"被问及这么辛苦的工作怎么能坚持这么多年，她说："最开心的是经常被人认出来，'你不是开压路机的吗？'而且看到一条条修补平整的道路，心中还是很有成就感的。"

2. 劳模精神的概念

劳模精神从根本上来说是一种精神，通过劳模展现，既体现了劳动的本质，又体现了劳模的先进性，是推动劳动向前发展的精神力量。劳动模范之所以光荣而又伟大，不仅在于他们是社会主义建设中的杰出人物，为促进我国经济发展和人民幸福做出了卓越贡献，而且在于他们的优秀品质和思想行为中体现出的一种崇高的精神，即劳模精神。

党的十八大以来，习近平总书记多次就劳模精神发表重要讲话，系统阐明新时代劳模精神的历史源流、嬗变轨迹和生成逻辑，构建了新时代劳模精神的理论基石、历史逻辑、时代内涵和实践价值，继承并丰富了马克思主义的劳动观，深化并发展了劳模精神的中国属性、科学内涵、时代品格、实践价值和弘扬路径，为弘扬新时代劳模精神提供了有力的思想武器，具有重要的理论价值和实践意义。

总而言之，劳模精神是形成于中国共产党团结带领人民进行革命、建设和改革的历史时期的，以劳动模范这个群体的模范行为、优秀品格和高尚情操为基本内容，在建设社会主义现代化强国和中国特色社会主义进入新时代的历史实践中不断丰富、发展的先进思想与精神，其实质和核心是强烈的主人翁意识与责任感，并在平凡的岗位上艰苦奋斗、无私奉献的精神。劳模精神是对 5 000 年中华民族精神的传承和延伸，是对中国工人阶级优秀品格的诠释和彰显，是社会主义核心价值观的生动实践，它成了新时代我国社会主义精神文明的代名词之一，宣扬着无产阶级政党的社会价值旨趣。

>> 案例

"两弹"元勋邓稼先

邓稼先（见图2-2），1924 年出生于安徽怀宁县一个书香世家。翌年，他随母来到北京，在担任清华、北大哲学教授的父亲身边长大。他 5 岁入小学，在父亲指点下打下了很好的中西文化基础。1935年，他考入志成中学，与比他高两班，且是清华大学院内邻居的杨振宁结为最好的朋友。邓稼先在校园中深受爱国救亡运动的影响，1937年北平沦陷后秘密参加抗日聚会。在父亲安排下，他随大姐去了大后方昆明，并于1941年考入西南联合大学物理系。

图2-2　"两弹"元勋邓稼先

1945年抗战胜利时，邓稼先从西南联合大学毕业，在昆明参加了共产党的外围组织"民青"，投身于争取民主、反对国民党卖国独裁的斗争中。翌年，他回到北平，受聘担任了北京大学物理系助教，并在学生运动中担任了北大教职工联合会主席。抱着学更多的本领以建设祖国之志，他于1947年通过了赴美研究生考试，于翌年秋进入美国印第安纳州的普渡大学研究生院。

由于他学习成绩突出，不足两年便修满学分，并通过博士论文答辩。此时他只有26岁，人称"娃娃博士"。

1950年8月，邓稼先在美国获得博士学位9天后，便谢绝了恩师和同校好友的挽留，毅然决定回国。同年10月，邓稼先来到中国科学院近代物理研究所任研究员。此后的8年间，他进行了中国原子核理论的研究。1954年，邓稼先加入了中国共产党。

1958年秋，第二机械工业部（简称"二机部"）副部长钱三强找到邓稼先，说国家要放一个"大炮仗"，征询他是否愿意参加这项必须严格保密的工作。邓稼先义无反顾地同意了，回家对妻子只说自己"要调动工作"，不能再照顾家和孩子，通信也困难。从小受爱国思想熏陶的妻子明白，丈夫肯定是从事对国家有重大意义的工作，表示坚决支持。从此，邓稼先的名字便在刊物和对外联络中消失，他的身影只出现在严格警卫的深院和大漠戈壁。

邓稼先就任二机部第九研究所理论部主任后，先挑选了一批大学生，准备有关俄文资料和原子弹模型。1959年6月，苏联政府中止了原有协议，中共中央下决心自己动手，搞出原子弹、氢弹和人造卫星。邓稼先担任了原子弹的理论设计负责人后，一面部署同事们分头研究计算，自己也带头攻关。在遇到一个苏联专家留下的核爆大气压的数字时，邓稼先在周光召的帮助下以严谨的计算推翻了原有结论，从而解决了中国原子弹实验成败的关键性难题。数学家华罗庚后来称，这是"集世界数学难题之大成"的成果。

邓稼先不仅在秘密科研院所里费尽心血，还经常到飞沙走石的戈壁实验场。1964年10月，中国成功爆炸的第一颗原子弹，就是由他最后签字确定了设计方案。他还率领研究人员在实验后迅速进入爆炸现场采样，以证实效果。他又同于敏等人投身对氢弹的研究。按照"邓－于方案"，最后终于制成了氢弹，并于原子弹爆炸后的 2 年零 8 个月实验成功。这同法国用 8 年、美国用 7 年、苏联用 4 年的时间相比，创造了世界上最快的速度。

1972 年，邓稼先担任核武器研究院副院长，1979 年又担任院长。1984 年，他在大漠深处指挥中国第二代新式核武器实验成功。翌年，他的癌症扩散已无法挽救，他在国庆节提出的要求就是去看看天安门。1986 年 7 月 16 日，时任国务院副总理的李鹏同志专程前往医院，授予他全国五一劳动奖章。同年 7 月 29 日，邓稼先去世。他临终前留下的话仍是如何在尖端武器方面努力，并叮咛："不要让人家把我们落得太远……"

（二）劳模精神的特征

1. 劳模精神的本质特征

（1）工人阶级的优秀品格的体现。工人阶级是我国的领导阶级，是中国共产党最坚实可靠的后盾，代表了先进生产力和先进文化的前进方向。劳动模范和先进工作者作为工人阶级和劳动群众的优秀代表，是祖国和人民的骄傲，是最美的劳动者，党和国家始终维护人民当家做主的地位，全心全意依靠工人阶级。2013 年 4 月 28 日，习近平总书记在同全国劳动模范代表座谈时明确指出，坚持和发展中国特色社会主义，必须全心全意依靠工人阶级、巩固工人阶级的领导阶级地位，充分发挥工人阶级的主力军作用。2015 年 4 月 28 日，习近平总书记在表彰全国劳动模范和先进工作者大会上再次强调，在当代中国，工人阶级和广大劳动群众始终是推动我国经济社会发展、维护社会安定团结的根本力量。

劳动模范作为我国工人阶级中最闪光的一个群体，他们身上凝聚的劳模精神始终体现着我国工人阶级的优秀品格。

1）劳模精神体现了工人阶级的先进性。在中国共产党领导中国人民革命、建设和改革的各个历史时期，我国工人阶级都是勇挑重担、建功立业、开拓创新的时代先锋和行动楷模。他们在任何时代都是辛勤劳动、诚实劳动、创造性劳动的有功者，推动着国家富强与民族进步。劳模精神作为劳动模范的核心要素和行动指南，是支撑时代前进的强大精神力量，充分体现了工人阶级的先进性，推动了工人阶级的成长进步。

2）劳模精神彰显了工人阶级强烈的主人翁责任感。劳动模范先进的思想和优秀的品质是时代的产物，他们所拥有的高度的主人翁责任感是自这个阶级出现就与生俱来的，是劳模精神的内在本质。正是因为他们自觉的、高度的主人翁责任感，使他们将国家的富强和民族的复兴作为自己的责任，以极大的热情投入各项事业中，努力进取、勇于创新、艰苦奋斗、淡泊名利、无私奉献，将个人理想与国家理想、个人梦与中国梦融合在一起，为中华民族的伟大复兴奋斗终身。

（2）伟大的中华民族精神的传承。习近平总书记在第十三届全国人民代表大会第一次会议上，重新定义中华民族的伟大精神，阐述中华民族是具有伟大创造精神、伟大奋斗精神、伟大团结精神和伟大梦想精神的民族。这"四个伟大精神"精准而深刻地描绘出中国人独有的气质和禀赋，即富于创造、崇尚奋斗、团结一心、追求梦想。创造给予我们奇迹，奋斗给予我们机会，团结给予我们力量，梦想给予我们希望。它们是支撑我们中华民族创造伟大历史、不断向前发展的精神底气，而劳模精神就是对它的一种传承与发展。

一方面，劳模精神中强烈的主人翁意识和责任感、艰苦奋斗和勇于创新的品质特征，就是中华民族伟大创造精神和伟大奋斗精神的直接体现。中国人民是具有伟大创造和伟大奋斗精神的人民，而作为人民群众杰出代表的劳动模范就更具有这种优秀的精神品质。时代楷模南仁东用20多年的时间艰苦奋斗、坚持创新，建造了中国探测太空的"天眼"——球面射电望远镜FAST；造林英雄杨善洲退休后艰苦奋斗、义务造林，绿了荒山却白了头发。他们是劳模精神的承载者，是伟大创造精神和奋斗精神的传承者，深刻阐释着中华民族的优良传统。另一方面，劳动模范之所以拥有爱岗敬业、争创一流、淡泊名利、甘于奉献的精神，就是因为他们有着伟大团结精神和伟大梦想精神。回顾中国改革开放40多年来取得的巨大成就，中国港、中国路、中国桥，这都是怀揣伟大梦想的人民才能造成的，梦想是引领我们向前发展的动力，但发展的根本还是要各族人民团结一致、同心同德。有梦想、能团结才能形成守望相助的大家庭，才能铸牢中华民族共同体意识。新时代进一步弘扬和践行劳模精神，要在每个人的心里都种下团结与梦想的种子。

（3）改革创新的时代精神凝结。时代精神是一个国家及民族在新的历史条件下形成和发展的思想观念、价值取向与精神风貌的总和，是一种体现国家和社会发展方向，反映民族特色和时代潮流的集体意识，在国家整体发展战略中占据着重要地位。当今我国时代精神的核心是改革创新，它贯穿改革开放的全部实践，体现在时代精神的各个方面。改革开放进程中涌现出来的一系列时代楷模和榜样群体，都生动地展示着以改革创新为核心的时代精神。

劳模精神是改革创新的时代精神的有力彰显。劳模精神是一种人文精神，代表的是一个时代的价值观、道德观与世界观，展示的是一个时代的民族思想与情愫，是时代精神的典型化、人格化。一方面，作为一种文化，劳模精神不是定格的，而是能动的、实践的、发展的，随着社会主流价值、国家意识形态、社会生活的变迁而不断演变发展；显然，与革命战争时期发展生产支援战争的劳模精神相比，新时代劳模精神的科学内涵更为丰富与多元，但是都离不开时代的主流价值——改革创新。另一方面，劳模在实践中体现出来的具有个人特质的精神品质，代表了社会先进生产力的发展方向，引领着时代的进步潮流，凝结着改革创新的时代精神，丰富和发展着时代精神的内涵。

鹿新弟：带着梦想的柴油机医生

"也许在别人看来，机器是死的，总是发出刺耳的噪声。但是我认为，它是活的，是有灵性的，那些所谓的'噪声'是最动听的音乐。"

"对待机器就应该像对待自己的孩子一样，要摸透它的'脾气'。"

坚守一线工作几十年来，鹿新弟对他的"孩子"总是温柔以待，靠着耐性、执着与勤奋，他逐渐摸透了"孩子"们的脾性。他像一位资深的医生，诊断技术炉火纯青，"孩子"们有个"头疼脑热"，他总能轻而易举地察觉出来，因此被亲切地称为"柴油机医生"。

阴错阳差，陷入"柴油机"的"音乐"陷阱

1984 年，鹿新弟来到道依茨一汽（大连）柴油机有限公司技工学校学习钳工。3 年后，他以专业第一名的好成绩顺利毕业，并被分配到公司研发部。"我本身是学钳工的，对柴油机和搞研发实在不懂，当时特别郁闷。"但是，因为成绩太突出，公司不想错失人才，要求他必须去研发部实验室。

鹿新弟决定先去研发部实验室试试，然而，仅仅一周后，鹿新弟的想法发生了翻天覆地的变化，"这辈子就是这儿（研发部）了！"鹿新弟兴奋又坚定地说。谁承想，导致他做出这一重大决定的东西不是别的，而是不怎么讨人喜欢的柴油机"噪声"。

"发动机的声音真是太动听了！它是活的！而且既能烧机油，又烧柴油。"就这样，鹿新弟与柴油机结下了不解之缘。

为了能尽快摸透发动机的"脾气"，鹿新弟绞尽脑汁地琢磨、研究发动机的方方面面，曾写了 10 年的工作日记，"参加工作后的前 10 年，我每天回家都会写工作日记，总结白天遇到的问题及学到的新知识"。而此后，鹿新弟也会每周在家里的小黑板上记录一周的工作总结。

工作初期，鹿新弟还非常幸运地被委派到大连油泵油嘴厂研发部，进行了为期一年的系统化、理论化学习。可是当他再次回到自己的岗位工作时，却发现什么都不会，凭着一种不服输的"钻"劲儿，他每天晚上等同事们都下班回家了，就回到车间不断尝试调试机器，认真琢磨了整整一年后，他对各种操作了如指掌。

在长达几十年的工作中，凭借对机器声音的敏感与狂热，鹿新弟可以做到仅通过声音就诊断出故障原因。"听得多了，自然就能分辨出来哪个零部件会发出什么样的声音，而一旦听到声音跟平时不一样了，就说明出问题了。"鹿新弟说。

为了使故障排查更加精准，他还独家创造了"看、听、摸、闻、问、测量"六步维修法，准确率高达 99%，被当之无愧地称为"柴油机医生"。

目前，鹿新弟完成了技术创新成果几百项，创造了巨大的经济效益，其中多个项目荣获国家、省、市技术创新优秀成果奖，拥有多项国家专利及"鹿新弟技能大师工作室""鹿新弟劳模创新工作室""鹿新弟专家培训工作室"3个工作室，并曾连续5次获得"第一汽车集团公司十佳创新方案奖"。

2. 劳模及劳模精神的时代特征

（1）劳模的时代特征。在中国共产党革命、建设、改革的历程中，不同时代的劳动模范反映了不同时代的劳动模范特征。劳模所处时期按照时间顺序大体可分为革命斗争时期、社会主义建设初期、中国特色社会主义建设时期三个时期。革命斗争时期主要体现出能手加英雄的"革命型"劳模特征；社会主义建设初期体现出苦干加实干的"老黄牛型"劳模特征；中国特色社会主义建设时期体现出科技加创新的"创新型"劳模特征。

1）革命斗争时期的"革命型"劳动模范。以张富清、黄继光、邱少云、杨根思、罗盛教、赵占魁为代表的一大批战斗英雄，不怕牺牲、艰苦卓绝、舍身为国、浴血奋斗在朝鲜战场，中国人民第一次将世界头号强国逼到了谈判桌前，因而极大地激发了中国人民的爱国主义精神。

①张富清，男，汉族，1924年12月出生，中共党员，陕西汉中人，原西北野战军359旅718团2营6连战士。在解放战争的枪林弹雨中九死一生，先后荣立一等功三次、二等功一次，被西北野战军记"特等功"，两次获得"战斗英雄"荣誉称号。1955年，张富清退役转业，主动选择到湖北省最偏远的来凤县工作，为贫困山区奉献一生。60多年来，张富清刻意尘封功绩，连儿女也不知情。

2018年年底，在退役军人信息采集中，张富清的事迹被发现，这段英雄往事重现在人们面前。老英雄张富清60多年深藏功名，一辈子坚守初心、不改本色，事迹感人。在部队，他保家卫国；到地方，他为民造福。他用自己的朴实纯粹、淡泊名利书写了精彩人生，是广大部队官兵和退役军人及全国人民学习的榜样，2019年9月17日，国家主席习近平签署主席令，授予张富清"共和国勋章"。

②黄继光，男，汉族，中共党员，1931年出生，四川中江人，1951年3月参加抗美援朝战争，生前是中国人民志愿军步兵第135团2营6连通讯员。1952年10月20日，上甘岭战役中，他在多处负伤、弹药用尽的情况下，用自己的胸膛堵住敌人正在喷射火舌的枪眼，壮烈捐躯，年仅21岁。中国人民志愿军政治部给他追记特等功，追授"特级英雄"荣誉称号。朝鲜民主主义人民共和国最高人民会议常任委员会授予黄继光"朝鲜民主主义人民共和国英雄"称号和一级国旗勋章、金星奖章。当选"100位新中国成立以来感动中国人物"。

③邱少云，男，汉族，中共党员，1926年7月出生，1949年12月入伍，四川铜梁人，生前是中国人民志愿军第15军29师87团9连战士。1952年10月，他在靠近敌前沿阵地的草丛中潜伏时，为避免暴露任凭烈火烧焦身体而一动不动，直至壮烈牺牲。朝鲜民主主义

人民共和国追授他金星奖章、一级国旗勋章。被中国人民志愿军总部授予"一级英雄"荣誉称号，并追记特等功。当选"100 位新中国成立以来感动中国人物"。

④杨根思，男，汉族，中共党员，1922 年出生，1944 年入伍，江苏泰兴人，生前是中国人民志愿军第 20 军 58 师 172 团 3 连连长。在小高岭战斗中，他率部接连击退美军 8 次进攻，最后只剩他一人时，毅然抱起炸药包与敌人同归于尽。朝鲜民主主义人民共和国追授他英雄称号和金星奖章、一级国旗勋章。中国人民志愿军总部为他追记特等功，授予他"特级英雄"荣誉称号，并命名其生前所在连为"杨根思连"。当选"100 位新中国成立以来感动中国人物"。

⑤罗盛教，男，汉族，1931 年 4 月出生，1949 年 11 月入伍，湖南新化人，生前是中国人民志愿军第 47 军 141 师直属侦察连文书。1952 年 1 月，正在练习投弹的他，为救跌进冰窟的朝鲜少年崔莹，因体力消耗殆尽英勇献身。被朝鲜民主主义人民共和国授予一级国旗勋章和一级战士荣誉勋章。被中国人民志愿军总部追记特等功，并授予"一级爱民模范"荣誉称号。当选"100 位新中国成立以来感动中国人物"。

⑥赵占魁，男，汉族，1896 年出生，中共党员，山西定襄人。原陕甘宁边区农具厂工人，被毛泽东同志称为"中国式的斯达汉诺夫"，在高达 2 000 ℃的高热熔炉面前，他每时每刻都认真工作着，毫不懈怠，始终"冲锋在前，退却在后"。赵占魁在工作上不怕艰苦繁重，始终站在最前面，做得最多、最好，但他从来不自夸、不贪功，每遇论功行赏时总是让开，认为那是大家努力的结果，他说，为革命多做些工作，是自我牺牲精神的应有体现。他从来不计较个人的待遇与得失，克己奉公，朱德称赞他是用革命者态度对待工作的"新式劳动者"。赵占魁于 1939 年被边区政府评为模范工人，1941 年，被选为边区参议会候补议员；1942 年，边区总工会在工厂开展"赵占魁运动"，号召全边区工人向赵占魁同志学习；1943 年，被评为边区特等劳动英雄，成为边区工人的一面旗帜；1950 年 9 月被授予"全国劳动模范"称号。中华人民共和国成立后，赵占魁先后担任西北总工会、陕西省总工会副主席，继续为社会主义建设做贡献。

2）社会主义建设初期的"老黄牛型"劳动模范。以雷锋、申纪兰、王进喜、时传祥、张秉贵、焦裕禄为代表的一大批普通劳动者，在艰苦的环境中练就了坚毅品质和勤劳品格，继承了艰苦朴素、无私奉献、开拓进取的优良传统。他们甘愿做中华人民共和国建设发展的"老黄牛"，"老黄牛精神"成为中华人民共和国成立到改革开放前期的中国劳模精神的时代内核，激励和鼓舞着中国人民独立自主、艰苦奋斗、自力更生，在社会主义建设初级阶段的各方面都发挥了极大作用，构筑了一座座不朽的精神丰碑。

①雷锋，男，汉族，中共党员，1940 年 12 月出生，湖南望城人，1960 年入伍，生前是原工程兵工程某团汽车连班长。雷锋同志是一个普通战士，他没有身居高位，也没有轰轰烈烈的业绩，只是用自己极为平凡的言行，努力做好自己的本职工作，关爱国家、集体和他人，将有限的生命投入无限的为人民服务之中。1962 年 8 月执行运输任务时不幸殉职。国防部命名他生前所在班为"雷锋班"。

1963 年 2 月，总政治部发出了宣传和学习雷锋同志模范事迹的通知，毛泽东同志作了

"向雷锋同志学习"的题词，《前进报》社和总政宣传部相关人员整理出版厂了《雷锋日记》。他荣立二等功 1 次、三等功 2 次，全军挂像英模，当选"100 位新中国成立以来感动中国人物"。雷锋忠于党和人民、舍己为公、大公无私的奉献精神，立足本职、在平凡的工作中创造出不平凡业绩的"螺丝钉精神"，苦干实干、不计报酬、争做贡献的艰苦奋斗精神激励了一代又一代中华儿女。

②申纪兰，女，汉族，1929 年 12 月出生，中共党员，山西平顺人，1946 年 10 月参加工作，1953 年 8 月入党，曾任山西省长治市人大常委会副主任、平顺县西沟乡西沟村党总支副书记、西沟金星经济合作社社长。中华人民共和国成立以来，她带领西沟村人不断探索山区发展道路，发展农、林、牧、副生产，治山治沟、兴企办厂，逐浪市场经济大潮，奋力建设小康新村，使西沟村的发展始终走在山西前列；为了维护中国妇女劳动权利，最早倡导男女同工同酬，并写入宪法。申纪兰连续当选 13 届全国人大代表，荣获改革先锋、全国劳动模范、全国优秀共产党员、全国道德模范、全国三八红旗手标兵等荣誉称号。2009 年，她当选"100 位新中国成立以来感动中国人物"。

2018 年 12 月，党中央、国务院授予申纪兰同志改革先锋称号，颁授改革先锋奖章。2019 年 9 月 17 日，国家主席习近平签署主席令，授予申纪兰"共和国勋章"。

③王进喜，男，汉族，1923 年 10 月出生，中共党员，甘肃玉门人，中华人民共和国第一批石油钻探工人，全国著名劳动模范。

1938 年，15 岁的王进喜进入玉门石油公司当工人，中华人民共和国成立后历任玉门石油管理局钻井队队长、大庆油田 1205 钻井队队长、大庆油田钻井指挥部副指挥。他率领 1205 钻井队艰苦创业，打出了大庆第一口油井，并创造了年进尺 10 万米的世界钻井纪录，展现了大庆石油工人的气概，为我国石油事业立下了汗马功劳，成为中国工业战线一面火红的旗帜。王进喜以"宁可少活二十年，拼命也要拿下大油田"的顽强意志和冲天干劲，被誉为"油田铁人"。

④时传祥，男，汉族，1915 年 9 月出生，中共党员，山东齐河人，北京市崇文区（今属东城区）清洁队青年班班长。时传祥出身于贫苦农民家庭，于 1949 年进入崇文区清洁队。他对整个清掏区的情况了如指掌，百十斤重的粪桶每天要背近百桶，却以"宁肯一人脏，换来万户净"的高尚境界赢得社会各界尊重。他干工作从不分内分外，见墙头倒了就主动砌好，见厕所没挖坑带上工具就给挖好；作为全国著名劳动模范、第三届全国人大代表，受到了国家领导人亲切接见。时传祥带出思想过硬、业务一流的青年班，他倡导的"工作无贵贱、行业无尊卑"的为人民服务思想得以经久传承，在他去世后几十年间环卫行业不断涌现出先进人物和劳动模范。

⑤张秉贵，男，汉族，1918 年 12 月出生，中共党员，北京人，北京市百货大楼售货员。他是 20 世纪 50 年代至 80 年代我国商业系统最著名的全国劳动模范，刻苦练就售货"一抓准"和算账"一口清"的绝活，发明"接一问二联系三"的工作方法，始终坚持"一团火"的服务精神，没怠慢过任何一位顾客，被亲切誉为"燕京第九景"。党和国家多次授予张

秉贵崇高的荣誉称号，他先后被评为北京市劳动模范、全国群英会代表、特级售货员、全国劳动模范、北京市优秀共产党员等。1988 年，北京市百货大楼在大门广场处为其竖立半身铜像，陈云同志亲笔为其题词"'一团火'精神光耀神州"。2009 年，张秉贵光荣入选"100 位新中国成立以来感动中国人物"。

>> **案例**

他在哪里都闪光——记新时代"雷锋"郭明义

图 2-3　新时代"雷锋"郭明义

如果说，每天要你凌晨 4 点半起床，步行穿梭在全长 40 多千米的矿山作业，每天至少走 10 千米，你能坚持几天？

如果说，抢救一个病人需要输血 800 毫升，20 年来，你能无偿献血挽救几个危重病人的生命？

如果说，你曾经做过这样的好事，你能坚持做多少次、多少年？

……

有一个人连续 15 年做到了上述的一切，向人民做出了一个个掷地有声的回答。他就是鞍钢集团矿业公司齐大山铁矿生产技术室采场公路管理员郭明义（见图 2-3）。从他身上，人们看到了一个活着的雷锋，一个叫得响、信得过、靠得住的共产党员。

从小视雷锋为偶像的郭明义，15 年来，上班走过的路程累计长达 6 万千米，相当于走了 4 次红军长征路；20 年来，他累计无偿献血 6 万毫升，相当于自身血量的 10 倍，至少挽救了 75 名危重病人的生命；16 年来，他先后资助 180 多名特困学生，不仅把工资捐了，还把各级组织给他的奖金、慰问金、奖品、慰问品都捐了……

"如果你是一滴水，你是否滋润了一寸土地？如果你是一线阳光，你是否照亮了一分黑暗？如果你是一颗粮食，你是否哺育了有用的生命？如果你是一颗最小的螺丝钉，你是否永远坚守在你生活的岗位上？"这是郭明义最喜欢的《雷锋日记》中的一段话。

毫无保留的奉献理念，带给了郭明义无穷的力量、快乐和自豪，激励着他数十载践行雷锋精神，尝试他所能想到、能做到的一切有利于社会、有利于人民的有意义的事情，用生命的点点滴滴诠释了奉献、坚韧、无畏、高尚、永恒的人生追求。

⑥焦裕禄，男，汉族，1922 年 8 月出生，中共党员，山东淄博人，1946 年入党。在担任兰考县委书记期间，兰考遭遇严重的灾荒，全县的粮食产量下降到历史的最低水平，在

除"三害"的斗争中，为了取得经验，焦裕禄同志亲自率领干部、群众进行了翻淤压沙、翻淤压碱、封闭沙丘实验，总结出了整治三害的具体策略，探索出了大规模栽种泡桐的办法。他深入基层调查研究，在来到兰考一年多时间里，拖着患有慢性肝病的身体，跑遍全县 140 多个大队中的 120 多个。他身先士卒，带领全县人民封沙、治水、改地；他带头查风口、探流沙；他带头蹚着齐腰深的洪水察看洪水流势；他率领干部顶风冒雪访贫问苦，为群众送救济粮款。他经常肝痛得直不起腰，但仍用手或硬物顶住肝部，坚持工作下乡，直至被强行送进医院。1964 年 5 月 14 日，他被肝癌夺去了生命，年仅 42 岁。他临终唯一的要求是"把我运回兰考，埋在沙堆上。活着我没有治好沙丘，死了也要看着你们把沙丘治好"。以焦裕禄为代表的劳模们艰苦创业，用忘我的劳动热情和无私的奉献精神感染着当下社会中的每一个人。正是在这一大批活生生的英雄模范人物精神的激励、带动下，我国社会的经济复苏了，中国人的精神面貌得到了进一步的提高。

3）中国特色社会主义建设时期的"创新型"劳动模范。随着社会主义精神文明建设的发展、深入，社会对劳动价值的评判，已从"出大力流大汗、苦干加巧干"向知识型、创新型、技能型、管理型方向转变，劳模也逐渐多元化，各行各业涌现出了一大批先进典型和英雄模范，在尊重劳动、尊重知识、尊重创新的时代背景下，知识分子劳模比例开始大幅提升。伟大的事业需要伟大的精神力量，改革开放和现代化建设光荣而艰巨的任务需要全国人民以坚定的信心和旺盛的热情投身到建设中国特色社会主义事业中，以钟南山、包起帆、樊锦诗、王启民、鲁冠球为代表的一批劳模改革创新、勤勤恳恳、任劳任怨，为国家经济发展、国防建设贡献力量，展现了劳模的时代风采和形象，鼓舞和激励全国亿万劳动者为改革开放和社会主义现代化建设事业再创伟业、续写辉煌。

①钟南山，男，汉族，1936 年 10 月出生，中共党员，福建厦门人，中国工程院院士，著名呼吸病学专家，中国抗击非典型肺炎的领军人物。曾任广州医学院院长、党委书记，广州市呼吸疾病研究所所长、广州呼吸疾病国家重点实验室主任、中华医学会会长。现任国家呼吸系统疾病临床医学研究中心主任、国家卫健委高级别专家组组长、国家健康科普专家。钟南山长期从事呼吸内科的医疗、教学、科研工作，重点开展哮喘、慢阻肺疾病、呼吸衰竭和呼吸系统常见疾病的规范化诊疗，以及疑难病、少见病和呼吸危重症监护与救治等方面的研究。1995 年和 2003 年，钟南山两次被评为中国全国先进工作者（全国劳模），并荣获全国五一劳动奖章；2004 年，被评为"感动中国 2003 年度"十大人物之一；2009 年 9 月 10 日，被评为"100 位新中国成立以来感动中国人物"。

延伸阅读

人民至上、生命至上

钟南山出生于医生之家。父亲钟世藩毕业于北京协和医学院，是著名的儿科专家；母亲廖月琴，同样毕业于北京协和医学院。

"我读小学时身体比较弱，听说通过锻炼可以使身体更强壮，所以就喜欢上了踢球、跑步。"1955 年，在广东省的一次田径运动会上，读高三的钟南山在 400 米项目上打破当时的全省纪录，并在之后的全国比赛中获得第三名。

也是在这一年，钟南山在报考大学时决定学医。"跟爸爸讨论了半天，他说学医的话，不单是自己身体要好，而且要帮别人身体也健康，我于是决定读医学。"

1955 年，钟南山考入北京医学院，走上从医道路。"我非常佩服运动员的拼搏精神，其实我们搞医疗也一样，不到最后，不能放弃。"钟南山说。

从此，"不到最后不放弃"厚植于钟南山医生心中。

在抗击非典的过程中，钟南山"把最危重的病人送到我这里来"那句话，落地有声、铿锵有力。

②包起帆，男，汉族，1951 年 2 月出生，中共党员，浙江宁波人，教授级高级工程师，华东师范大学国际航运物流研究院院长。包起帆是伴随改革开放成长起来的中国工人的缩影。包起帆研发新型抓斗及工艺系统，推进了港口装卸机械化，被誉为"抓斗大王"。包起帆参与开辟了上海港首条内贸标准集装箱航线，参与建设了我国首座集装箱自动化无人堆场，积极推进了我国首套自动化程度最高的散矿装卸设备系统的研发，领衔制定了集装箱 –RFID 货运标签系统国际标准。他与同事们共同完成了 130 多项技术创新项目，其中 3 项获得国家发明奖，3 项获得国家科技进步奖，43 项获得省部级科技进步奖，36 项获得巴黎、日内瓦等国际发明展览会金奖，授权国家和国际专利 49 项。他连续 5 次获得全国劳动模范，2 次获得全国五一劳动奖章。他是党的十四大至十七大代表。2009 年，包起帆被评为"100 位新中国成立以来感动中国人物"。2018 年 12 月，党中央、国务院授予包起帆同志改革先锋称号，颁授改革先锋奖章，并获评"港口装卸自动化的创新者"。2019 年 9 月，入选"最美奋斗者"个人名单。

延伸阅读

最美奋斗者——包起帆

包起帆是一名从码头工人成长起来的工程技术人员，40 多年来，他始终牢记邓小平同志"上海工人阶级要成为中国工人阶级领头羊"的要求，秉持"创新就在岗位，始于足下"的理念，用非凡的创新业绩与改革开放同命运、共成长。

20 世纪 70 年代末，改革开放的春风给码头修理工包起帆带来了半工半读学文化的机会，他把学到的知识用于工作岗位，发明了"起重机变截面卷筒"，使钢丝绳的损耗从过去一个月换 3 根减少至三个月换 1 根，码头上 20 多台起重机改造后效果很好，得到前来技术交流的日本钢丝绳专家高度评价，认为这是个了不起的发明，在日本是可以申请专利的。"专利"这个新鲜词打开了包起帆的视野，增强了他搞发明的兴趣和信心。

20 世纪 80 年代初，包起帆结合生产实际，开展木材抓斗、生铁抓斗、废钢抓斗及工艺系统的研发，创造性地解决了一批关键技术难题，实现了港口装卸从人力化迈向机械化，杜绝了重大伤亡事故。这些成果不仅在全国港口推广，还在铁路、电力、环卫、核能等 30 多个行业广泛应用，并出口 20 多个国家和地区，创造了显著的经济和社会效益，他也由此被誉为"抓斗大王"。

20世纪90年代是国企改革的攻关期，此时包起帆被任命为龙吴港务公司经理。为扭转企业困局，他又开始了产业创新，创造性地提出中国港口内贸标准集装箱水运工艺系统的理念，并靠自主创新，解决了设备、工艺、单证、计算机系统等一系列技术难题，于1996年12月开辟了中国水运史上首条内贸标准集装箱航线。这一创新使我国内贸件杂货水上运输不再仅依赖散装形式的破冰之举，自此开辟了内贸水运的崭新天地。截至2017年，我国内贸标准集装箱港口年吞吐量已突破9 218万标箱。

2004年起，他提出创意并主持建设了我国首座集装箱自动化无人堆场、世界上首台全自动桥式抓斗卸船机、全自动散货装船机和我国首台全自动散货斗轮堆取料机，开中国港口自动化的先河；他主持了外高桥四期至六期集装箱码头建设，以现代物流理念规划码头布局，建立新型的集装箱港区功能模块横断面布置模式；率先实现双40英尺（1英尺＝30.48厘米）集装箱桥吊在港口的应用，为上海港成为世界第一大港提供了强大的技术支撑。

近年来，包起帆在市政府参事这个决策咨询岗位上继续创新，从2013年起，他组织国内近百位专家学者，围绕长江口疏浚土综合利用、横沙生态陆域形成等关键技术开展研究，率先提出"新横沙"概念，引起领导和社会的极大关注和认可。他前瞻性地提出了新横沙生态成陆推进的方案和时序，科学论证了以-5米等深线为新横沙生态成陆边界，科学筹划新横沙生态成陆的时间跨度，未来30年可形成一张480平方千米的土地"白纸"，以供子孙后代描绘。

40多年来，包起帆在同事们的帮助下完成了130多项技术创新项目，其中3项获国家发明奖，3项获国家科技进步奖，44项获省部级科技进步奖，36项获巴黎、日内瓦等国际发明展金奖。包起帆的创新业绩在国内外发明界传为佳话。

③樊锦诗，女，汉族，1938年7月出生，中共党员，浙江杭州人，曾任敦煌研究院院长，现任敦煌研究院名誉院长、研究馆员，敦煌学专业博士生导师，第八至第十二届全国政协委员，自1963年北京大学毕业后已在敦煌研究所坚持工作40余年，被誉为"敦煌女儿"。樊锦诗主要致力于石窟考古、石窟科学保护和管理，2007年11月被聘任为中央文史研究馆馆员；2018年12月，党中央、国务院授予樊锦诗同志改革先锋称号，颁授改革先锋奖章，并获评文物有效保护的探索者；2019年9月，习近平总书记签署主席令，授予樊锦诗"文物保护杰出贡献者"国家荣誉称号，获2019年第七届"中华之光——传播中华文化年度人物"奖和"最美奋斗者"称号；2020年5月，被评为"感动中国2019年度人物"。

④王启民，男，汉族，中共党员，1937年9月出生，浙江湖州人，曾任大庆石油管理局勘探开发研究院院长，管理局局长助理，大庆油田有限责任公司总经理助理、副总地质师。20世纪60年代，他提出的"高效注水开采方法"，打破了当时国内外普遍采用的"温和注水"开采方式，开创出中低含水阶段油田稳产的新路子。

20世纪70年代，他主持进行的"分层开采、接替稳产"开发实验，使水驱采收率提高了 10% ～ 15%。20 世纪 90 年代，他组织实施的"大庆油田高含水期稳油控水系统工程"结构调整技术，创立了油田高含水后期"控液稳产"的新模式，多次获国家科技进步奖，被中国石油天然气总公司党组授予"新时期铁人"荣誉称号。2018 年 12 月，党中央、国务院授予王启民同志改革先锋称号，颁授改革先锋奖章，并获评科技兴油保稳产的大庆"新铁人"。2019 年 9 月，国家主席习近平签署主席令，授予王启民"人民楷模"国家荣誉称号。

⑤鲁冠球，男，汉族，1945 年 1 月出生，中共党员，浙江省杭州人，曾任浙江万向集团董事局主席兼党委书记，中国乡镇企业协会会长，浙江省企业联合会、企业家协会会长，中共十三大、十四大代表和九届全国人大代表。鲁冠球于 20 世纪 70 年代末期创建了万向集团，他将当时的一个生产农业机械的小作坊，发展成为中国第一个为美国通用汽车公司提供零部件的 OEM，成为美国通用汽车公司的配套产品，万向在中国成了一块举世瞩目的世界名牌。2009 年荣获"全国劳动模范"和"全国五一劳动奖章"，2018 年 10 月，被中央统战部、全国工商联推荐为改革开放 40 年百名杰出民营企业家。2018 年 12 月，党中央、国务院授予鲁冠球同志"改革先锋"称号，颁授改革先锋奖章，并获评乡镇企业改革发展的先行者。2019 年 9 月，他获得"最美奋斗者"荣誉。

课堂小活动

请你查询关于不同时代劳动模范的故事，分组讨论，集中分享。

伟大的事业需要伟大的精神，伟大的精神推动伟大的事业。无论文明进步到何种程度，无论财富积累到何种地步，劳模和他们身上所体现出来的精神都是我们永不褪色的骄傲。

（2）劳模精神的时代特征。习近平总书记指出，长期以来，广大劳模以平凡的劳动创造了不平凡的业绩，铸就了"爱岗敬业、争创一流，艰苦奋斗、勇于创新，淡泊名利、甘于奉献"的劳模精神，丰富了民族精神和时代精神的内涵，是我们极为宝贵的精神财富。这些重要论述精辟地概括了劳动精神的科学内涵，深刻揭示了新时代劳模精神的实质特征，同时是对劳模精神时代价值的充分肯定。

话题讨论

有人说，随着新的时代到来，劳动模范的内涵也发生了变化，以前的劳动模范身上体现出来的精神就不必提倡了。你是怎样认为的？说出你的想法，并与同学交流。

微课：新时代的
劳模精神

1）爱岗敬业，争创一流。爱岗敬业，争创一流，体现广大劳模恪尽职守、创先争优的职业道德及高度的历史使命感、责任感。

爱岗敬业是中华民族的传统美德，是职业道德的基石，是社会主义职业道德所倡导的首要规范，是社会主义核心价值观的重要内容。爱岗敬业就是要勤勤恳恳、兢兢业业、忠于职守、尽职尽责地工作。爱岗敬业是对劳动者提出的最基本、最起码、最普通的道德要求，还是实现职业目标的重要内容，也是事业成功的必要因素。

争创一流是当代劳模具有竞争力、战斗力和爆发力的精神源泉。争创一流就是要树立自信心、提振精气神，以"敢为人先、追求卓越"的精神状态高起点谋划、高标准定位、高质量落实、高效率推进，做到谋划上胜人一筹、行动上快人一步、措施上硬人一度。

》》案例

"干就干一流，争就争第一"——"大国工匠"许振超的筑梦之旅

"干就干一流，争就争第一。"这是青岛前湾集装箱码头有限责任公司固机高级经理、中华全国总工会原副主席（兼职）许振超的"座右铭"。

1974年，只有初中文化的许振超来到青岛港当了一名码头工人。那时，港口装卸作业方式很落后，体力劳动繁重、工作环境艰苦。"当时，我经常一边工作，一边思考：难道码头工人就不能摆脱这种出大力、流大汗的命运吗？"许振超回忆说。

慢慢地，青岛港进口了一些现代化机械设备，但由于工人们不了解使用和维护技术，设备经常出现故障，有的用了不到一年就损坏了，还有的酿成了事故。

"缺少知识误人误事，唯有知识才能改变命运。"这一信条很快占据了许振超的头脑。此后，许振超身上不离"两件宝"——笔记本和英汉小词典，刻苦自学桥吊核心电路等知识，其中不少是英文资料。

1984年，青岛港组建集装箱公司，许振超因肯钻研、技术好被选为第一批桥吊司机。经过苦练，他成功练就了"一钩准"等"绝活"，带出了"王啸飞燕"等一大批具有社会影响的"绝活"品牌。

2003年4月27日夜，许振超带领桥吊队的工友们仅用6小时15分钟，就完成了"地中海法米娅"轮3 400个标准箱的装卸，创出了每小时单机效率70.3自然箱和单船效率339自然箱的世界纪录。

此后5年，许振超带领桥吊队先后7次打破集装箱装卸世界纪录，使"振超效率"享誉全球。在练"绝活"之余，许振超还在岗位上勇于创新。他经多次实验，在冷藏集装箱上加装了节电器，全年节约电费600万元；他领衔组织实施了轮胎吊"油改电"等技术改造，填补了国际空白，年节约资金2 000万元以上，噪声和尾气污染接近于零……

如今的许振超仍经常在青岛港为他设立的"许振超大师工作室"里，和新一代码头工人，围绕自动化集装箱码头技术开展以高效服务为目标的创新。"我们不要'差不多'！要干就尽力追求完美，争取世界领先！"他说。

2）艰苦奋斗，勇于创新。艰苦奋斗，勇于创新，体现了广大劳模吃苦耐劳、坚忍不拔的作风和强烈的开拓意识。他们勤于学习，善于实践，积极掌握科学知识，努力增强核心技能，主动应对各种挑战。

艰苦奋斗是新时代中国劳模精神的本色。新时代劳模凭借艰苦奋斗的价值追求，锐意进取、奋发有为，攻破了一个又一个阻碍实现中国特色社会主义现代化建设的难题，取得了一个又一个惊叹世界的成就。劳模秉承艰苦奋斗的优良作风，在工作中忘我劳动、开拓创新、奉献集体，表现出崇高的美德和精神风貌。新时代中国劳模精神之所以能够继续发挥其号召力、感召力和影响力的作用，就是因为劳模精神中包含着长期以来具有的、始终如一的艰苦奋斗精神因素，并成为当代中国劳模精神最稳定和永恒的本色。

勇于创新是新时代中国劳模精神的核心。中国共产党第二十次全国代表大会指出，必须坚持科技是第一生产力、人才是第一资源、创新是第一动力，深入实施科教兴国战略、人才强国战略、创新驱动发展战略，开辟发展新领域新赛道，不断塑造发展新动能新优势。新时代中国劳模充分发挥先锋模范作用，不断钻研科学技术，全面提升勇于创新的本领，锐意进取、勇于创新，不断增强善于创造的能力，为中国特色社会主义现代化发展建设做出了突出贡献。勇于创新、善于创造已经成为当代中国劳模精神的关键内容和核心内涵。提倡勇于创新、善于创造的劳模精神是实现中华民族伟大复兴的现实需要。

案例

王选：高科技应"顶天立地"

距北京大学西门不远的北大档案馆，曾是"748工程"会战组所在地。1979年7月，我国著名科学家王选曾带领科研团队在这里日夜奋战，终于用自主研发的我国首个汉字激光照排系统输出了第一张完美的报纸样张。

"高科技应做到'顶天立地'。"这是王选一生奋斗的信条。"顶天"即不断追求技术上的新突破，"立地"即将技术商品化，并大量推广应用，而"顶天"是为了更好地"立地"。

20世纪70年代，中国出版业仍是铅字排版和印刷，为改变落后状况，1974年，我国设立"汉字信息处理系统工程"，简称"748工程"。正在北大任助教的王选看到了巨大可能，他通过分析比较，决定跨过当时国外流行的第二代、第三代照排机，直接研究世界尚无产品的第四代激光照排系统。历经艰难，1979年，我国首个汉字激光照排系统研制成功。

北大计算机科学技术研究所教授、王选夫人陈堃銶介绍，在原理性样机做出后，有人劝王选不要做下去了，"但王选说，应用性研究如不做成商品，对社会就没有价值，所以他一直极力将成果转化为商品，与产业相结合"。

在艰苦研制条件下，王选团队不仅攻克汉字字形信息的计算机存储和复原输出的世界性难题，还在20多年间持续创新，与多个协作单位联合攻关，紧跟市场需求，先后研制出 8 代汉字激光照排产品，使中国传统出版印刷行业得到彻底改造，"告别铅与火，迎来光与电"。

至 20 世纪 90 年代初，国内 99% 的报社、90% 以上的出版社和印刷厂使用了王选团队研制的汉字激光照排系统。我国书刊平均出版周期从 300 多天缩短到 100 天左右。

在王选院士逝世的 12 年后，他曾带领的北大计算机科学技术研究所在跨媒体智能识别技术等多方面取得系列新成果，而在汉字激光照排系统技术基础上发展起来的方正集团也成为中国信息产业龙头企业之一。

"王选精神在传承。"北大计算机科学技术研究所所长郭宗明说，"他提出的'顶天立地'产学研结合模式是我们一直追求的发展之路。"

3）淡泊名利，甘于奉献。淡泊名利，甘于奉献，体现了广大劳模任劳任怨、不计得失的模范行动，体现了工人阶级的价值取向和大公无私、不怕牺牲的高尚情操。淡泊名利是当代中国劳模精神的境界，涵养着当代中国劳模精神。名利反映的是一个人的劳动成果和贡献得到社会公认，并获得相应的物质报酬。正确的名利观会影响和铸就高品位与高格调的人。新时代，我们仍然必须倡导劳模保持的安贫乐道、甘于寂寞、淡泊自守、不求闻达的豁达态度，学习、继承老一辈劳模体现的谨守本分、淡泊名利的精神境界。

甘于奉献是当代中国劳模精神的底色。无论是中华人民共和国成立前党对劳动英雄和先进工作者的表彰宣传，还是中华人民共和国成立后对劳模精神轰轰烈烈的弘扬，都重点强调了劳模尊重劳动、奉献担当的浓厚意识，肯定了劳模顾全大局、默默奉献的可贵品质。时空变幻，劳模精神的内涵在变，但劳模甘于奉献的追求没变。甘于奉献已经成为中国劳模精神最鲜明的标识，镌刻着劳模为党和人民贡献一切的光荣而不朽的印记。甘于奉献是当代中国劳模精神内涵中最亮丽的底色。

>> 案例

袁隆平：不曾停歇的"90后"

2019 年 9 月 17 日，习近平总书记签署主席令，授予 8 人"共和国勋章"，袁隆平名列其中。

就在这一天，在距离北京 1 600 多千米的湖南省衡东县的一片稻田里，袁隆平拿着一株水稻仔细观察后，面带笑意地说："开花开得很好。"这片稻田是第三代杂交水稻试验田，目前处于扬花期，田中的双季晚稻有望突破亩产 1 000 千克大关。

"荣誉是对我们成绩的肯定，但我们不能躺在功劳簿上，还得继续干活。只要能解决老百姓的吃饭问题，个人的荣辱得失又算得了什么？搞科研的人要有使命感，有胸襟。"在中华人民共和国成立 70 周年之际获得国家最高荣誉，袁隆平向记者表示，"这对我既是鼓舞也是鞭策，希望在原有的基础上更上一层楼"。

在获得"共和国勋章"的前一天，袁隆平出现在湖南农业大学2019级新生开学典礼上，引发全场沸腾，学生们激动不已地喊出："袁院士才是我们该追的'星'！"

在开学典礼上，袁隆平在讲话中再次提到了他多次谈及的两个梦想："第一个梦是追求水稻的高产梦，第二个梦是杂交水稻覆盖全球梦。"为了实现这两个梦想，袁隆平不曾停歇。

1974年，袁隆平科研小组培育的第一个强优势高产杂交水稻破土而出。多年来，袁隆平领衔的科研团队通过形态改良和杂种优势利用相结合的技术路线，成功破解水稻超高产育种难题，不断刷新亩产产量。目前，超级稻计划的五期目标已经全部完成，分别是亩产700千克、800千克、900千克、1 000千克和1 100千克。

据统计，从1976年到2018年，杂交水稻在全国累计推广面积约85亿亩（1亩≈667平方米），增产稻谷8.5亿吨。每年因种植杂交水稻而增产的粮食可以多养活约8 000万人口。

"我们国家人口多、耕地少，保障国家粮食安全，唯一的办法就是提高单产。高产对于我来说，是一个永恒的主题。"袁隆平告诉记者。

不仅让中国人吃得饱，袁隆平还希望全世界人民都能够远离饥饿。他曾笑称，自己愿做太平洋上的海鸥，让杂交水稻技术越过重洋。

《杂交水稻简明教程》这本袁隆平写于1985年的书，经联合国粮农组织出版后，目前已发行到40多个国家，成为全世界杂交水稻研究和生产的指导用书。据湖南省农业农村厅统计，截至2018年年底，杂交水稻已在海外40多个国家成功实验示范，在10多个国家大面积推广。2018年，海外杂交水稻推广面积超过700万公顷（1公顷=10 000平方米）。

二、践行劳模精神

（一）争做"四有"新人

1. 有理想

理想是人生的奋斗目标，是民族前进的精神动力。没有理想就没有希望，没有希望就没有实现理想的力量。坚定的理想信念，是人生的精神动力，是做好工作、克服困难、开拓创新的力量之源。中华人民共和国成立70多年来，在不同时期、不同岗位涌现出的劳模身上，总是有一种坚忍不拔、不畏艰险、顽强拼搏的可贵精神，并善于将自己的事业追求和人生理想转化为现实。

中华人民共和国成立初期是一个物资匮乏、环境艰苦的年代，正是一批又一批劳模前赴后继，执着于民族昌盛、国家富强的远大理想，影响和带动千千万万劳动者投身社会主义建设事业，才为我们今天实现科学发展、跻身强国之林打下了坚实的基础。现代社会充满竞争，也充满诱惑和浮躁，人们的价值观念多元而又多变。践行劳模精神，就是要学习劳模淡泊以明志、宁静以致远的优秀品格，将为理想而奋斗当作人生快乐的源泉，用高尚的理想和情操充实自己的精神世界，努力实现人生理想，实现人生价值。

劳模努力自学成才，坚持岗位成才，无论身处顺境、逆境，都牢牢把握自己，以服务他人、攻坚克难为乐，将自己的生存发展与人类个体、群体、整体，与自然万物的和谐发展融合在一起。因为有理想、有信念，因为讲认真、讲奉献，他们的人生境界才在推动文明发展、社会进步的征途上豁然开朗。劳模是我们学习的榜样，是一面镜子，更是一个值得追求和超越的目标。践行劳模精神，就是要学习劳模自信、自强、自立，始终保持为理想而奋斗的激情，做一个有益于社会和人民的人。

理想与现实有着辩证的内在联系。理想源于现实，是对现实的某种反映；理想是未来的现实，现实是理想的基础。不能成为现实的理想，或者是背离现实的理想，都是毫无意义的理想。要正确处理理想与现实的关系，不能以理想否定现实，也不能以现实否定理想。对于广大人民来说，只有立足本职，干一行钻一行，才有可能去实现自己的理想。

我们要自觉坚持用中国特色社会主义理论体系武装头脑，提高贯彻党的路线方针政策的自觉性，推进改革开放，促进经济发展，维护社会稳定；要了解中国国情，增强民族自豪感和历史责任感，将爱国家、爱人民、爱本职工作紧密结合起来，为各项事业的发展多做贡献；要树立正确的世界观、人生观、价值观，胸怀全局、目标远大，严于律己、弘扬正气。

2. 有道德

2001 年 9 月 20 日，中共中央印发的《公民道德建设实施纲要》指出："在全社会大力倡导'爱国守法、明礼诚信、团结友善、勤俭自强、敬业奉献'的基本道德规范，努力提高公民道德素质，促进人的全面发展，培养一代又一代有理想、有道德、有文化、有纪律的社会主义公民。""要大力倡导以文明礼貌、助人为乐、爱护公物、保护环境、遵纪守法为主要内容的社会公德，鼓励人们在社会上做一个好公民。""要大力倡导以爱岗敬业、诚实守信、办事公道、服务群众、奉献社会为主要内容的职业道德，鼓励人们在工作中做一个好建设者。""要大力倡导以尊老爱幼、男女平等、夫妻和睦、勤俭持家、邻里团结为主要内容的家庭美德，鼓励人们在家庭里做一个好成员。"

践行劳模精神，就是要大力弘扬爱国主义、集体主义、社会主义和艰苦创业精神，正确处理个人利益、集体利益和国家利益的关系，识大体、顾大局，自觉做到个人利益服从集体利益，眼前利益服从长远利益，局部利益服从整体利益，把为人民服务作为人生最有价值的追求，自觉抵制拜金主义、享乐主义、个人主义等思想的侵蚀，不断加强思想道德修养，在社会做个好公民，在家庭做个好成员。

践行劳模精神，尤其要重视职业道德。职业道德是一个人的职业态度、奋斗目标、工作目的、事业责任心和劳动积极性的综合体现。职业道德包括爱岗敬业、诚实守信、办事公道、服务群众、奉献社会。要养成高尚的职业道德，就要在本职岗位上始终自觉地用高尚的职业道德规范自己的言行，激励自己创造一流业绩。

3. 有文化

单纯的苦干、实干、不怕牺牲，只能代表劳模含义的一部分。在科学技术日益发展的今天，劳模精神还体现在创新、智力、技术等方面。当代劳模是执着的知识渴求者，在知识社会和新经济条件下，他们深刻理解"知本"与资本增值的关系，非常注重自身的人力资源投资和实践知识的积累，并最大限度地转化为工作中的人力资本优势，从而在知识更新中将自己锻造为复合型的劳动能手。同时，劳模用先进的科学知识与劳动技能引导和鞭策着其他人锐意进取、勤于学习、刻苦钻研，创造更多的自我价值和社会价值。

"金牌工人"许振超曾在清华大学语重心长地说："一个人可以没文凭，但不可以没知识；可以不进大学殿堂，但不可以不学习。只有知识才能改变命运，只有发奋学习才能成就未来。"这正是劳模学习精神的真实写照。劳模的学习精神既反映了工人阶级自强不息、艰苦奋斗、爱岗敬业、奋发向上的传统美德，也反映了中国劳动者勤奋学习、能思善想、开拓创新、勇攀高峰的精神风貌。因而，劳模的学习精神是新形势下劳模精神的精髓所在。践行劳模精神，首要的就是要像劳模那样不断学习、善思进取、与时俱进。

"工欲善其事，必先利其器。"学习是文明传承之途、人生成长之梯、国家兴盛之要，是丰富人民群众精神家园的重要途径。当代劳动分工越来越细，技术含量日益增加，竞争越来越激烈，对每个人的文化知识、业务水平、技术素质的要求也越来越高，人们必须勤于学习、善于思考，学习科学知识，树立科学精神，掌握科学方法，立足本职学文化、学科技、学管理，不断提高科学文化技术水平、岗位技能和业务素质，争做岗位技术能手，才能适应竞争、追赶先进、开拓创新。

建设创新型国家是我国发展战略的核心和事关社会主义现代化建设全局的重大战略任务，不仅需要世界一流的科学家，也需要掌握精湛技艺和高超技能的高素质人才。高技能人才是将科研成果转化为现实生产力的重要桥梁，是将设计蓝图变成宏伟现实的主要实施者。践行劳模精神，就是要引导广大人民用现代科学技术武装自己，刻苦学习新知识、新技术、新本领，牢固树立终身学习的理念，不断增强学习能力、竞争能力、创新能力和创业能力，全面提升自身综合素质，争做学习型、知识型、技能型、专家型劳动者，为实现由"中国制造"向"中国创造"的转变做贡献。

4. 有纪律

纪律和规则是保障我们工作中不犯错误的前提。如果没有坚定的纪律观念和规则意识，就会导致责任心不强、作风涣散、不作为或乱作为等现象，甚至会违法乱纪、腐败堕落。常言道："没有规矩，不成方圆。"铁的纪律是干好工作的保障。只有具备坚定的纪律观念，坚持原则，时刻注意自己的言行，服从组织，听从指挥，围绕中心，服务大局，对党和人民群众负责、对自己负责，才能真正做到爱岗敬业，才能将工作做对、做好。

践行劳模精神，就是要遵守国家法律，严格依法办事，严守组织纪律。脑中常绷法纪这根弦，不越雷池，不踩红线，不闯红灯，不碰高压，有令则行，有禁则止。严格遵守法律法规和所在岗位的各项制度，自觉地按规定办事，善于运用法律规范自身行为，维护自己的合法权益，坚决同危害民族团结、国家安全和社会稳定的各种违法犯罪行为做斗争。

践行劳模精神，就是要"干干净净""政治上跟党走，经济上不伸手，生活上不丢丑"。政治上保持清醒头脑，不留污点；经济上清正廉洁，不为金钱所诱惑，无贪财之心；生活上严格律己，洁身自好，不为情色所动。坚持原则不能动摇，执行标准不能走样，履行程序不能变通，遵守纪律不能松弛。

延伸阅读

申纪兰：劳动是信仰，劳动最光荣

2020年6月28日，第一届至第十三届全国人大代表、共和国勋章获得者、著名全国劳模申纪兰因病去世。无论时代如何变迁，她都坚守劳动信仰，以艰辛的劳动实现人生价值，在获得巨大荣誉的同时，得到全社会尊重。她在太行山上树起了一座丰碑，用一生的勤劳证明：劳动最光荣。

申纪兰（见图2-4）是唯一的第一届至第十三届全国人大代表，是共和国勋章获得者，是著名的全国劳动模范。从20世纪50年代以来，她获得过许许多多荣誉，但是，在平顺、在西沟，申纪兰永远是那位高高大大、走路很快、大嗓门说话的申大姐、申大娘，永远是人们口中的"老申"，这些年也有越来越多的人亲切地叫她"申奶奶"。

图2-4　申纪兰

申纪兰于1929年出生在平顺龙溪镇一个小山村里，青年时嫁到西沟。从此，她一生的奋斗和苦乐都没有离开过这片土地。她以劳动写就的不平凡人生被人们传颂，引起人们的情感共鸣。

"共和国勋章"颁奖词中，对申纪兰有一句评价："倡导并推动'男女同工同酬'写入宪法。"

"争取男女同工同酬"是申纪兰90多年人生中精彩的一章。她以一个太行山妇女的倔强和坚韧，在朴素的劳动中创造出一段为历史铭记的辉煌篇章。

早在 1943 年，西沟村在党支部书记李顺达领导下，就成立了互助组。中华人民共和国成立后，西沟村在农业合作化中又走在前列。1951 年西沟成立农业合作社，年轻的申纪兰当选副社长。

平顺有句古话："好男走到县，好女走到院。"男女不平等在大山里"根深蒂固"。许多年后，申纪兰还记得当年的一个场景——来人敲门问："有人吗？"如果男人不在，妇女就直接回答"没人"。农业合作化开展起来，农业合作社交给申纪兰一个任务：动员那些不出院门的妇女下地劳动。

当年的农业劳动按工分考核，以工分多少分钱。申纪兰最初就通过"工分"来动员妇女下地。西沟村上年纪的人还记得，中年妇女李二妞手脚慢，连开会都不去，很少出门。大家说，要是把她动员下地，全村妇女就都能下地。申纪兰劝说李二妞，提到的第一条理由就是：参加劳动能挣工分，多挣工分就能多分红利，给自己缝件新衣裳。这些理由戳到了李二妞心里，她果然下地了。这对当时的西沟村妇女是一个极大鼓舞，很快全村妇女都开始下地劳动。

妇女和男人干一样的活，男人记 10 分，妇女只能记 5 分。不久，有几个妇女又不下地了。有人说，"在家纳一对鞋底也能挣 3 升米"。

如何争取男女干同样的活儿，评一样的工分，申纪兰和她的姐妹们想出一个办法——"比一比"。那年，西沟妇女在申纪兰带领下，和男劳力展开了干农活比赛。往地里撒肥料是个技术活，要有力气，还得撒均匀，大家觉得妇女根本干不了，于是就从撒肥料开始，结果，妇女胜出，几个骨干挣得了 10 分工，连李二妞也得了 7 分。

男人们不服，说"在地头吸了两袋烟"输了比赛，他们又比赛间谷苗。男劳力蹲在地上间苗，妇女们则跪在地上，头不抬脸不仰，一个劲儿往前走。晚上记工分，男人 8 分，妇女 10 分。经过夏季生产各环节的劳动，村里人服气了，申纪兰她们赢得了和男人记一样工分的"待遇"。

西沟妇女"和男人干同样活，挣一样工分"的事迹登上了 1953 年的《人民日报》头版，题目就是申纪兰的一句话："劳动就是解放，斗争才有地位。"她以一个农村妇女的执着和对劳动的信仰，提出了男女同工同酬。

（二）向劳模学习

在革命、建设和改革各个历史时期涌现出来的劳动模范，虽然行业不同、岗位各异，但都有着共同的特质，那就是以高度的主人翁责任感、卓越的劳动创造、忘我的拼搏奉献，始终走在工人阶级和劳动群众的前列，享有崇高声誉，备受人民尊敬。他们身上所体现的爱岗敬业、争创一流，艰苦奋斗、勇于创新，淡泊名利、甘于奉献的劳模精神，是中国工人阶级伟大品格的生动体现，是民族精神和时代精神的重要内容，是极为宝贵的精神财富。

劳动模范和先进人物具有的先进思想和优秀品质，是这个社会和时代的产物，所以要大力弘扬劳模精神，引导广大人民牢记工人阶级的历史使命，树立高度的主人翁责任感，以国家和民族的伟大复兴为己任，以极大的热情投入各项建设事业之中；要大力宣传劳模事迹，让劳模精神深入人心；要积极选树先进典型，让劳模精神代代相传。

用劳模精神中蕴含的价值理念激发更多人的认同与参与，使其增强信心、振奋精神、凝聚力量，展现新时代风貌，发挥聪明与才智，付出辛勤与努力，书写美好的明天。

1. 爱岗敬业，提升专业技能

爱岗敬业是爱岗与敬业的总称。爱岗和敬业互为前提，相互支持，相辅相成。爱岗是敬业的基石，敬业是爱岗的升华。爱岗敬业指的是忠于职守的事业精神，这是职业道德的基础。爱岗就是热爱自己的工作岗位，热爱本职工作；敬业就是用一种恭敬严肃的态度对待自己的工作。

提倡爱岗敬业就是要做到热爱本职岗位，努力做到干一行爱一行。在平凡的岗位上严格要求自己，时时、事事不忘创先争优；保持热情的工作态度和严谨的工作作风；认真树立职业理想，强化自己的职业责任；认真学习与职业有关的理论知识，提高职业技能，不断完善自我、提高自我，时刻保持努力学习的劲头，在工作中学习，在实践中学习，将学习作为一种良好的生活习惯。只有那些干一行爱一行的人，才能专心致志地搞好工作。如果只从兴趣出发，见异思迁，"干一行厌一行"，不仅自己的聪明才智得不到充分发挥，甚至会给工作带来损失。

提倡爱岗敬业就要努力培育敬业精神。敬业精神是人们由于对一件事情、一种职业的热爱而产生的一种全身心投入的精神，是社会对人们工作态度的一种道德要求。要有扎实的专业思想，要热爱本职工作，扎扎实实地掌握好专业基本功，达到专业水平，努力成为行家里手；要有强烈的事业心，具有事业心的人能根据自己的主客观条件，确立经过努力可以达到的可行目标；要有勤勉的工作态度，因为对工作的了解与工作态度的认知成分密切相关，对工作的积极性与工作态度的行为成分密切相关，对工作的满意度则与工作态度的情感成分密切相关；要有旺盛的进取意识，具有进取意识的人会为自己设定较高的工作目标，勇于迎接挑战，渴望有出色的工作成绩，争取更大、更好的发展。

提倡爱岗敬业就要努力积累专业技能。敬业，必须有与岗位相适应的能力，有了能力才能出色地完成任务。如果只有敬业的良好意愿，却没有敬业所需要的素质和能力，敬业就没法落到实处。能力需要在工作实践中展现、检验、锻炼和提升，而敬业的精神力量可以转化为一种能力，从而调动自身其他能力的发挥，让工作效率得到极大的提高。2016年4月26日，习近平总书记在知识分子、劳动模范、青年代表座谈会上指出，素质是立身之基，技能是立业之本；广大劳动群众要勤于学习，学文化、学科学、学技能、学各方面知识，不断提高综合素质，练就过硬本领。

>> 案例

徐虎：辛苦我一人，方便千万家

徐虎是一位首创夜间义务挂箱服务的水电工。伴随着那句人们耳熟能详的"辛苦我一人，方便千万家"，"徐虎精神"一直代代相传。

1985年，徐虎已在中山北路房管所做了10年水电养护工。他曾以个人名义向附近住户发出了500张修理服务征询单，了解到双职工家庭普遍存在白天上班无法报修的难题，徐虎决定提供夜间义务服务。1985年6月23日，徐虎在辖区内挂了3只夜间报修服务箱，还写了告示：凡附近公房居民，如果遇到晚间水电急修，请写上纸条放入箱中，本人将为您服务，开箱时间为每晚7点，中山北路房管所徐虎。

从那一天起的10多年间，徐虎总会准时背上工具包，骑上他的那辆旧自行车，直奔这3只报修箱，然后按照报修单上的地址走了一家又一家，他从未对他的用户失信过。徐虎累计开箱服务3 700多天，共花了7 400多小时，为居民解决夜间水电急修项目2 100多个，被群众誉为"19点钟的太阳"。

2002年，徐虎调任上海西部企业（集团）有限公司任物业总监。虽然岗位和角色变了，"辛苦我一人，方便千万家"的职业信条却一如既往。

在徐虎看来，物业管理和服务虽然技术含量不高，但真正要做到位、做到家，经验和窍门很多，非下苦功不可。他直接上门为居民群众服务的机会少了，为弥补这个缺憾，他主动向组织提出挂牌授徒，以使"辛苦我一人，方便千万家"的"徐虎精神"薪火相传，生生不息。近年来，徐虎手把手带出来的徒弟已遍布上海西部企业（集团）有限公司的各个物业企业。

在徐虎的职业生涯中，他5次被评为全国劳动模范，两次被评为上海市劳动模范，曾获得"全国优秀工人代表""全国优秀共产党员"等称号，还被评为"100位新中国成立以来感动中国人物"和"时代领跑者——新中国成立以来最具有影响的劳动模范"等。

2. 争创一流，发扬拼搏精神

争创一流是一种积极奋发的精神风貌，是一种凝心聚力的目标追求，可以内化为每个人的工作动力源泉。我们要学习劳模，创造一流的工艺、一流的质量、一流的管理、一流的服务，推动我国社会生产力水平实现整体飞跃。

（1）争创一流就要立高标准。争创一流是事业发展的上游目标、内在动力，是提高工作水平的基本前提和条件。如果工作标准低，一出手就是二流、三流，工作的质量就得不到提升，遇到的困难就得不到克服，碰到的难题就得不到解决，久而久之就会形成思维上的惰性，以至于因循守旧、思想僵化、行动滞后、徘徊不前。争创一流就是在高起点上继续求高，在新起点上继续求新。争创一流从表面上看是行动的飞跃，从根本上说是思维的飞跃。

（2）争创一流就要追求最优。"取法乎上，仅得其中；取法乎中，仅得其下。"追求最优，需要坚持，成功需要量变到质变的积淀；追求最优，需要创造性思维，保持积极思考的习惯，保持自身思维的独立性与前瞻性；追求最优需要充满激情，积极主动地工作、学习和生活；追求最优，需要好方法，包括做人的方法、工作的方法和思考的方法。将追求最优作为对自己的一种要求，那么人生一定会与众不同，也才能争创一流。

（3）争创一流就要有进取心。进是一种前进的动力，人们只有不断地学习、进步，才能不断地提升自己的能力，在工作中顽强拼搏、争创一流；取是指获取，但在获取之前需要有付出，有付出才有收获。进取心就是不满足于现状，坚持不懈地向新的目标追求的心理状态。要把"下一个成功"当作自己努力的目标，永远保持一颗进取之心。在迈向成功的道路上，每当实现一个近期目标时，绝不应该骄傲自满，而应该相信最好的永远都在"下一个"，要把原来的成功归零并作为新的起点，才能不断地攀登新的高峰。

>> 案例

屠呦呦：与青蒿结缘　用中医药造福世界

"中医药人撸起袖子加油干，一定能把中医药这一祖先留给我们的宝贵财富继承好、发展好、利用好。"中国中医科学院终身研究员、国家最高科学技术奖获得者、诺贝尔生理学或医学奖获得者屠呦呦（见图2-5）的声音铿锵有力。60多年来，她从未停止中医药研究实践，在自己热爱的岗位上发光发热，不满足于现状，积极进取，一往无前，没有停下攀登的脚步。

图2-5　屠呦呦

2015年10月5日，瑞典卡罗琳医学院宣布将诺贝尔生理学或医学奖授予屠呦呦及另外两名科学家，以表彰他们在寄生虫疾病治疗研究方面取得的成就。这是中国医学界迄今为止获得的最高奖项，也是中医药成果获得的最高奖项。屠呦呦说："青蒿素是人类征服疟疾进程中的一小步，是中国传统医药献给世界的一份礼物。"

20世纪60年代，在氯喹抗疟失效、人类饱受疟疾之害的情况下，在中医研究院中药研究所任研究实习员的屠呦呦于1969年接受了国家疟疾防治项目"523"办公室艰巨的抗疟研究任务。屠呦呦担任中药抗疟组组长，从此与中药抗疟结下了不解之缘。

由于当时的科研设备比较陈旧，科研水平也无法达到国际一流水平，不少人认为这个任务难以完成。只有屠呦呦坚定地说："没有行不行，只有肯不肯坚持。"

通过整理中医药典籍、走访名老中医，她汇集了640余种治疗疟疾的中药秘方。在青蒿提取物实验药效不稳定的情况下，东晋葛洪《肘后备急方》中对青蒿截疟的记载"青蒿一握，以水二升渍，绞取汁，尽服之"给了屠呦呦新的灵感。

"未来我们要把青蒿素研发做透"是屠呦呦的目标与方向。"屠老师一辈子做科研的奔头儿就是利用科学技术探索中药更好的疗效。"她的学生说。2019年9月17日，她被授予"共和国勋章"。但对于人生进入第89个年头的屠呦呦来说，她更在意的事情是"在这座科学的高峰上，我还能攀登多久？"事实上，从1955年进入中医研究院（中国中医科学院的前身）工作以来，她一直像青蒿一样保持着向上生长的姿态，潜心科研。

在艰苦的科研道路上，面对"暴风雨"时，她常用唐代王之涣的诗"欲穷千里目，更上一层楼"自勉。"她是一个靠洞察力、视野和顽强的信念发现青蒿素的中国女性。"她就像一株挺立的青蒿，顽强、倔强、执着地向高处生长，拥有着克服困难的巨大勇气。她淡泊名利，胸怀祖国，敢于担当，团结协作，传承创新，情系苍生，淡泊名利，是爱岗敬业、争创一流的优秀楷模。

3. 艰苦奋斗，弘扬传统美德

艰苦奋斗是指为实现伟大的或既定的目标而勇于克服艰难困苦、顽强奋斗、百折不挠、自强不息、居安思危、戒奢以俭的精神和行动。艰苦奋斗精神的内在核心是不怕困难、自强不息，不屈服于艰难困苦，不懈怠于富足安逸，不满足于已有的成绩，不避讳于自己的差距，始终奋发向上、谦虚谨慎，保持一种不断进取的精神状态。

艰苦奋斗的内涵和表现有两个层面。一是物质层面，物质层面的艰苦奋斗要求人们的消费水平要节制在合理的限度内，这个合理限度的衡量标准要与时代的社会生产力水平相适应，它提倡的是勤俭节约，珍惜劳动创造的物质财富，自觉克服贪图安逸、追求享受的思想；二是精神层面，精神层面的艰苦奋斗是指不畏艰难困苦、锐意进取、坚忍不拔、奋发有为的精神状态和为人民利益乐于奉献的行为品质，这种精神状态与行为品质的本质是一种积极进取、奋发有为的世界观、人生观和价值观。

提倡艰苦奋斗就要在思想意识上树立正确的价值取向和立场观点，增强不怕困难的意识，坚定克服困难的信心，培育在艰苦环境中敢于奋起、有所作为的品格。提倡艰苦奋斗就要在精神意志上始终保持昂扬的朝气、奋进的锐气和浩然的正气，"咬定青山不放松，立根原在破岩中。千磨万击还坚劲，任尔东西南北风"。矢志不渝、志存高远、百折不挠。提倡艰苦奋斗就要在学习工作中始终勤奋刻苦、努力创新、厉行节约，吃苦在前，享受在后。只有勤劳肯干、勤学苦练，才能提高自己的专业技能，不断实现自我突破。提倡艰苦奋斗就要在生活态度上保持心态平和，守得住清贫、耐得住寂寞、抵得住诱惑、把得住大节，自重、自省、自警、自励，自觉摆脱低级趣味，抵制腐化堕落的生活方式。

》》案例

张超然：耕耘长江的人

一生耕耘长江，把自己的人生融入祖国的水电建设，这种不凡的经历锤炼出一位技术功底扎实、实践经验丰富、人品优良的学者。他成功当选为 2003 年中国工程院院士。他就是中国长江三峡集团有限公司总工程师、科技委副主任张超然。1999 年，张超然被评为三峡工程优秀建设者，2000 年被评为湖北省劳动模范，2005 年荣获全国五一劳动奖章，2010 年荣获"全国劳动模范光荣"称号。

在成都勘测设计院工作期间，张超然经历过水电站工作的种种艰苦。到三峡工地后，工作环境大大改善，但肩上的担子重了。是不是应该享受一下好的条件呢？张超然仍淡泊名利，不计较个人得失。作为总工程师，没有专车，没有总工程师办公室，许多具体工作都得自己做，太辛苦了，但张超然感到很满足。他总说："只要能让我干三峡工程，只要技术上不出差错，我比什么都踏实。既然选择了在三峡，就要做出奉献，不讲价钱，不讲荣誉地位，不计较个人得失，踏踏实实做好工作。"

从 1996 年到 2002 年的 7 年间，张超然坚守工地，在三峡工地过了 6 个春节。无论是周末双休还是正常上班作息，他都坚守在工地，召开技术论证会，审阅技术文件，查阅资料，忙个不停。几十年来，许多媒体的记者要采访他，都被他或老伴拒绝了。除工作和技术外，他不愿对任何人讲起个人的得失。

苦与乐，张超然自有体会。从事水电工作以来，张超然 20 多年没回过温州老家，就连父母病逝也没有离开水电建设工地，两个女儿结婚他也没有参加，小女儿在成都，他 3 年多没跟小女儿见过一次面。他常对女儿说："爸爸是幸运的，爸爸搞了二滩又来干三峡，马上又要搞溪洛渡，人生机遇难得！累点、苦点没什么，心里头是甜的！"

张超然工作的大部分时间在施工一线，了解施工现场情况，主持有关现场技术问题的会议，坚持自己动手编写或修改技术要点，编写有关技术汇报，经常忙到深夜。他患有脑血管硬化的毛病，经常头疼，还患有高血压和十二指肠溃疡。别人问起他的身体，他总是淡然一笑，说："只要精神不垮，有病也不怕，没啥了不起。"在三峡二期混凝土浇筑的 3 年高峰期间，张超然连续 3 个春节守在工地，他一刻也放不下对三峡工程的牵挂。

2000年，远在日本的大女儿分娩在即，盼望亲人赴日照料，当时正赶上中国三峡总公司准备组团去日本考察，总工程师张超然已在名单内。他听说后，坚决拒绝这种照顾，执意为老伴办理了因私出国护照，送老伴去日本照料女儿。在张超然眼里，公就是公，私就是私，没有公私兼顾的道理，表现了一个共产党员的平凡本色。三峡总公司原总经理陆佑楣知道这件事后，深有感触地说："许多人做不到的事，超然同志做到了。"

4. 勇于创新，挖掘自身潜能

创新是一个民族进步的灵魂，是事业发展的不竭动力。一个全民创新的国家会更有力量，一个自我创新的人也会更有作为。发展蕴含机遇，创新成就伟业。劳模勇于创新的精神是各行各业创新精神的总结，也是青年学生的榜样，更是值得永远传承的精神财富。

创新是以新思维、新发明和新描述为特征的一种概念化过程，主要有3层含义：更新、创造新的东西、改变。创新是人类特有的认识能力和实践能力，是人类主观能动性的高级表现形式，是推动民族进步和社会发展的不竭动力。创新就是要敢于突破老规矩，敢于打破旧框框，敢于接受新事物，创造性地建立新机制、制定新思路、采取新方法、取得新成绩。

对于青年学生来说，做到勇于创新，最重要的就是培养创新思维、提升创新能力，途径主要有以下3条：

（1）要充实知识储备，蓄积创新能量。学生创新主要靠知识技术。创新不仅需要专业知识，还需要管理、财务、法律、市场、人文等方面的知识，同时要求学生具有对这些信息的获取、处理、加工和整合能力。学生可以通过专业课的学习、公共选修课、参加培训、社会实践等方式扩大自己的知识面。

（2）要掌握创新技巧，发挥创新潜能。没有好的方法技巧是很难达到预期目的的，方法技巧是创新的途径和工具，学生要通过学习与创新实践活动掌握类比、联想、设问、列举、组合、激励等创新创造技法，激发自己的创新潜能。

（3）要强化实践锻炼，提升实践能力。技能竞赛是提高学生实践能力的一个重要载体，学生可以通过积极参加适合自己的技能竞赛提升自身的实践能力，积极参加各级学生创新创业训练计划项目，参与项目的过程，既是对知识的探究过程，也是对知识、方法技能的应用过程。

>>> 案例

艰苦奋斗　勇于创新——记"白银市劳动模范"获得者张宏祥

他是高级经济师，是中共党员，自1995年参加工作以来，实现了交通事故为零的安全目标，安全、圆满地完成了公司各项运输、建设任务……他叫张宏祥，任甘肃稀土股份有限公司汽车队队长。

多年来，他坚持执行党的路线、方针、政策，遵守国家法律、法规，立足岗位，踏踏实实工作并积极开拓创新，以高度的责任感和强烈的事业心，团结和带领全队职工励精图治、艰苦奋斗，一心扑在工作上，使汽车队的各项工作得到全面发展。

他多次被公司评为"劳动模范""先进生产者"，被白银市委评为"优秀共产党员"，被省国资委评为"创先争优先进个人"，在一年一度的公司干部综合考核中始终名列前茅。他带领团队多次荣获公司"先进生产单位""先进党支部"，连续3年获得省、市行政管理部门"AAA"企业等荣誉。他勤政务实的工作作风得到了领导、同事的充分肯定。

工作中，他时时刻刻将"为人民服务"作为自己的工作准则，作风优良、清正廉洁、爱岗敬业、甘于奉献，为人正直、遵纪守法，有高尚的品德和良好的精神风貌。他办事不推诿，遇难不回避，不贪不占，不损害群众利益，清正廉洁。在遇到"急、难、险、重"的任务时，他更是主动承担，从不推诿，全力服务于公司生产一线。

2017年是公司规划汽车队模拟市场运行独立核算的第一年。在这一年中，张宏祥率先垂范，开拓创新，建立内部生产经营任务指标核算考核体系，层层分解落实指标，严格各项考核，压力变动力，努力降低成本。2017年完成营业收入1488.1万元，实现利润100万元，通过参与运输项目市场竞争和物资供运平台为公司节约运输资金300万元，创收136.06万元。

安全是张宏祥在工作中永远挂在嘴边的词。他以安全为己任，持续强化安全责任意识教育，狠抓安全管理工作。他时刻秉持"管生产必须管安全，管业务必须管安全，干工作时必须想安全"的工作思路，实行全员安全管理，把"走动式"的巡查管理落到实处，腿勤、嘴勤，发现问题及时处理、整改，通过各种有效途径贯彻安全生产方针，层层落实安全责任，实现全年交通事故为零的安全目标。

工作兢兢业业，拥有高度责任感和使命感……这是张宏祥的同事们对他本人给予的肯定。一直以来，张宏祥始终能够保持顽强拼搏、自强不息、奋发有为的精神状态。他爱岗敬业，团结协作，在工作中勇于创新，这是领导和同事们都看在眼里的。他用昂扬的斗志和精神风貌带领车队职工出色地完成了公司的各项任务，成了同事们学习的榜样，也赢得了全社会的认同和点赞。

5. 淡泊名利，不断修炼自我

淡泊名利是中华民族的传统美德，是做人的崇高境界。淡泊名利不是力不能及的无奈，也不是心满意足的自赏，更非碌碌无为的哀叹，而是以超脱世俗、豁达客观的态度看待一切。劳模的业绩与淡泊名利的崇高精神密不可分。许多劳模几年、十几年，甚至几十年如一日，像螺丝钉一样将自己"拧"在平凡的工作岗位上，默默耕耘、奋斗不息，并且能做到清心寡欲、淡泊名利，脚踏实地地实现自己的人生理想和生命价值，成为全社会尊敬的先进人物。

（1）淡泊名利，就要努力做到清白做事，干净做人；办事公正，清正廉洁；一心为公，尽职尽责。树立正确的名利观，以平和之心对"名"，以知足之心对"利"，自觉坚持洁心、洁身、洁行，以廉为荣、以俭立身，耐得住艰苦、守得住清贫、抗得住诱惑，始终具有拒腐防变的能力。

（2）要做到淡泊名利，就要慎初、慎独、慎微。我国自古有"三慎"，即慎初、慎独、慎微的修德美谈。这"三慎"都要求将全部的人格、生活奉献给高尚的道德追求。慎初是指谨慎于事情发生之初，在思想上筑牢第一道防线。人生贵善始，如果第一道防线被冲破了，往往会"兵败如山倒"。慎独是指一个人独处时能做到谨慎不苟，即使在别人看不到的情况下，也能洁身自好、问心无愧。慎独是一种情操、一种修养、一种自律、一种坦荡。慎微就是慎小事、慎小节，从小事做起，警钟长鸣，防微杜渐，"勿以恶小而为之，勿以善小而不为"。任何腐败都是从自身思想防线放松开始的，越微小越容易放松，因此对于小事更应谨慎小心。

（3）要做到淡泊名利，还要知足、知止、知耻。知足是指在生活需求和名利得失上要知道满足，不做过分的企求。知足必常乐，常怀知足心，常念感恩情，在功利面前才会多一分淡定，在诱惑面前才会多一分坚毅，在得失面前才会多一分从容。知止就是知道如何停止、放下，即做事有分寸，坚持自己的目标、原则和立场，知止是一种境界，追求的是适可而止、克制欲望。有欲望是正常的，可怕的是欲望没有止境，如果过分追名逐利，不懂节制，势必付出极大的代价。知耻就是有羞愧、耻辱之心，知耻是个人道德自我意识的一种表现，是谴责自己的行为、动机、道德品质的一种道德约束，只有知耻，才能控制、约束自己，才能自觉规范自己的行为，才能有了过失、错误而主动悔改。

"名利淡如水，事业重如山。"在新的历史条件下，我们要积极弘扬淡泊名利的精神，做到计利国家、无私忘我，不争名、不图利、不揽功，甘为人梯，甘做无名英雄，在祖国最需要的地方艰苦奋斗、建功立业，在平凡的岗位上苦干实干、创造实绩，不断提升自我完善、自我革新、自我提高的能力。

>> 案例

黄大年：生动诠释不忘初心，谱写人生精彩华章

他带着科技强国的心愿出国留学、工作，成为国际著名的航空地球物理学家。当

得知祖国的召唤后，他放弃国外的优厚条件，义无反顾地回国填补我国在深部探测关键领域的技术空白，他惜时如金，夜以继日，用无私奉献和勇于担当的实际行动，将对祖国最深沉的爱融入生命的最后一刻。他就是国际知名战略科学家、吉林大学新兴交叉学科学部首任部长黄大年（见图2-6）。

图 2-6　黄大年

"天清江月白，心静海鸥知。"在黄大年身上，我们深刻地感受到一名知识分子、党员对信念的坚守、对名利的淡泊。身为中科院院士评审专家的黄大年自己并不是院士，别人劝他抓紧申报时，得到的回答却是"时间有限，先把事情做好"；他掌握着数以亿计的项目经费，但从来都是公事公办，绝不搞"拉关系""请托说情"那一套；他平易近人，注重实干，不仅自己以身作则，还耐心教导学生要"耐得住寂寞，坐得住冷板凳"。当得知国家启动引进海外高层次人才的"千人计划"时，黄大年第一时间向母校表示要回国。没有名缰利锁的羁绊，黄大年自由驰骋在科技报国的广阔天地。带着先进技术，黄大年重点攻关国家急需的"地球深部探测仪器"，这种设备就像一只"透视眼"，能探清地下深层的矿产、海底的隐伏目标，对国土安全具有重大价值，而这样的高端装备，国外长期对华垄断、封锁。

"四时相催不肯迟，脚踏实地不停歇。"在黄大年身上，我们清晰地看到一名知识分子夙夜在公、甘于奉献的崇高精神。贴在办公室里的日程表见证了黄大年的日夜奋战。他出差始终赶当天最晚的午夜航班，这样就不耽误白天工作；同事经常在夜间两三点接到他的信息，得知新的任务。

为了实现祖国在科学技术上的弯道超车，回国7年间，黄大年带领由院士、大学校长、研究所所长等400多名高级别研究人员组成的团队协同攻关，惜时如金、夜以继日，8年里带领团队在航空地球物理领域取得一系列成就，创造了多项"中国第一"，为我国"巡天探地潜海"填补了多项技术空白，以他的团队研制出的我国第一台万米科学钻——"地壳一号"为标志，配备自主研制综合地球物理数据分析一体化的软件系统，我国的深部探测能力已经达到国际一流水平，局部处于国际领先地位。国际学界惊叹中国正式进入"深地时代"。

在回国整整6年的那一天，黄大年写下的"朋友圈"读起来仍让人感慨："从海漂到海归一晃18年，得益于国家强大后盾，在各国才子强强碰撞的群雄逐鹿中从未言败，也几乎从未败过！拼搏中聊以自慰的追求其实也简单：青春无悔、中年无怨、到老无憾。"

"人心公则如烛，四方上下，无所不照。"黄大年不计得失做人、坦坦荡荡做事的作风如同一股清流，不仅涤荡出他高尚的情操，更给予我们绵绵不断的精神滋养。他怀着对祖国的满腔热血、对理想信念的坚守和对事业的无限热爱，凭着一股子韧劲、闯劲和拼劲，践行了"竭尽全力、鞠躬尽瘁"的承诺。他的无私胸怀和奉献精神是对党性的诠释，是引领社会风尚不可或缺的正能量。

6. 甘于奉献，实现人生价值

奉献精神是指为了维护社会集体利益或他人利益，个人能够自觉地让渡、舍弃自身利益的一种高尚品格。无论时代发生怎样的变化，奉献精神永远是鼓舞和激励人们奋发向上的巨大力量。

奉献的内涵很丰富，包括不怕困难、勇挑重担的精神，见义勇为、助人为乐的无偿服务，不计报酬、不为私利的精神。奉献是一种美德，是推动社会发展的基石。正是有人无私奉献，社会的物质财富和精神财富才会不断增加。

（1）甘于奉献首先要有思想动力准备。立志为他人、为国家、为社会做奉献的人们，无论从事什么行业、做什么工作，也无论能力大小、经验多寡，只要树立了正确的世界观、人生观和价值观，坚持全心全意为人民服务，就能甘于奉献、勇于奉献。王进喜说："宁肯少活二十年，拼命也要拿下大油田。"徐虎说："辛苦我一人，方便千万家。"劳模之所以能做出巨大的奉献，是因为甘于奉献的强烈思想动力准备驱使着他们做好本职工作，只要有需要，即使明知是困难和危险，他们也会挺身而出。

（2）甘于奉献需要知识能力准备。有知识才能做出奉献，或者做出更大的奉献。在新知识不断涌现、新情况层出不穷的今天，要使自己能做出较大的奉献，必须加强学习，做到终身学习，天天学习，工作学习化，学习工作化，提高知识储备的总量和质量，并善于用理性思考架起学习与应用的桥梁，边学边用，学用结合，使自己的思想水平和知识水平适应时代的需要，并通过主观与客观相互转化，不断提高自身能力。

（3）甘于奉献还需要劳动付出准备。劳动是有目的地改造世界的活动，是人以体力和脑力的支出生产物质与精神新产品满足人的需要的活动。因此，要做出奉献，就必须付出劳动。奉献就是给予，就是付出，就是牺牲。甘于奉献是不求回报、不计报酬，甚至牺牲生命的。

时代发展浩荡向前，精神之火永不熄灭。伟大的时代呼唤伟大的精神，崇高的事业需要榜样的引领。在今后的学习工作中，我们要学习和弘扬奉献精神，将个人追求与国家发展、社会进步紧密联结在一起，拓展生命的维度，将淡泊名利、甘于奉献转化为自己的信念动力，融入自觉行动，争做不务空名的行动者和兢兢业业的奉献者。不忘初心，砥砺前行，将自己的梦想融入实现中华民族伟大复兴中国梦的波澜壮阔奋斗之中，书写无愧于时代的人生精彩画卷。

实践课堂　　　　　　　　　　**寻找劳模**

活动背景

这是一个激情燃烧的年代！这是一个创造劳模的年代！共和国70余载，孕育了万千名劳模，他们或曾在自己的工作岗位上做出卓越的贡献，获得劳模的荣誉称号；或曾在基层岗位上兢兢业业坚守多年，用自己的一腔热血服务基层百姓。如今，他们过得好吗？

活动目的

在寻找中理解劳模精神，感悟劳模精神，传播劳模精神。

活动方式

寻找已被人淡忘的劳模，与其进行面对面交谈，采用视频或图文形式记录其光辉事迹，并对劳模现如今的生活状况做调查，与同学分享你的感悟。

项目三　培育工匠精神

一、工匠精神的内涵与要求

1. 工匠的概念

工匠，从字面来看，就是工人、匠人的意思。在中国古代，"工匠"一词主要是指有手艺的劳动者。他们技艺精湛，匠心独具；他们勤劳、敬业、稳重、干练且遵守规矩，一丝不苟；他们不断雕琢自己的产品，不断改善自己的工艺，享受产品在手中升华的过程；他们以工作获得金钱，但他们不为金钱而工作；他们耐得住寂寞、经得起诱惑，将毕生精力奉献给一门手艺、一项事业、一种信仰；他们执着、坚守、精进，不断追求极致与完美。《考工记》中记载"国有六职，百工与居一焉"，体现了工匠在当时社会中的重要地位。古代工匠精神的内涵可以概括为三个方面：

（1）重视技艺，刻苦学艺，提高自身能力。

（2）追求"精益求精"，《诗经》用"如切如磋、如琢如磨"来形容工匠对玉石、骨器的加工态度，体现了古代工匠精神的品质。

（3）讲求"道"，一方面是指师道传统，尊敬师傅；另一方面是指工匠敬重上天、神灵，有参悟天道规律的精神。

2. 工匠精神的内涵

所谓"工匠精神"，其核心是不仅要将工作当作赚钱的工具，而且要将其树立成一种对工作执着、对所做的事情和生产的产品精益求精、精雕细琢的精神。从本质上说，工匠精神是一种职业精神，它是职业道德、职业能力和职业品质的体现，是从业者的一种职业价值取向和行为表现。工匠精神的基本内涵包括爱岗敬业、团结协作、精益求精、认真专注、创新创造等几个方面的内容。工匠在工作中全力以赴完成工作并力求达到极致，工匠具有的这些品质超越了普通劳动者的精神品质，是工匠精神的外在表现。

（1）敬业。敬业是从业者基于对职业的敬畏和热爱而产生的一种全身心投入的认认真真、尽职尽责的职业精神状态。中华民族历来有"敬业乐群""忠于职守"的传统，敬业是中国人的传统美德，也是当今社会主义核心价值观的基本要求之一。早在春秋时期，孔子就主张人在一生中始终要"执事敬""事思敬""修己以敬"。其中，"执事敬"是指行事要严肃认真，不怠慢；"事思敬"是指临事要专心致志，不懈怠；"修己以敬"是指加强自身修养，保持恭敬谦逊的态度。宋代大思想家朱熹将敬业解释为"专心致志，以事其业"。

>> 案例

史庆明：46年顾客零投诉的记录是这样实现的

史庆明在粮食供应系统已经工作了30多年，作为一家粮油食品公司的总经理也有近20年的时间。走进史庆明的办公室，四面墙上挂满了锦旗和荣誉牌匾。这些既是他的荣誉，也是他的责任。它们时刻提醒着他，永远都要坚持为人民服务。

虽然是粮店的一把手，史庆明并没有以领导的身份自居。每天，他和普通员工一样，在营业室忙前忙后，接待顾客，组织搬货，协调秩序，每件事情都亲力亲为。他不仅管店内的事，店外的事也管。冬天，当看到有刚买完粮的顾客站在店外的马路边半天打不着车时，史庆明就组织人或亲自开车给顾客送回家。

在佳木斯市，粮店免费送货服务是史庆明最先提出的。当时还是计划经济时期，职工们对免费送货上门的规定很不理解，心里有抵触。史庆明就以身作则，亲自一家家地送，有了领导的示范作用，职工们也都慢慢接受了免费送货服务，最终将免费送货的服务在全店推开。粮店规定，只要顾客购买超过1元钱的商品，店里就给免费送货，但服务推行至今，没有一个顾客真的只买1元钱的东西就要求送货，粮店的真心服务也换来了顾客的理解和信任。

在市场经济中，公司或企业都努力追求利益的最大化，谈到追求利益与优质服务的关系，在史庆明眼中，这两方面并不矛盾。粮店的顾客大部分是回头客，有些粮店的老顾客已经搬家，但是很多人宁可舍近求远，多走些路，多倒几趟车也要到粮店来买粮。在这些顾客的眼里，粮店俨然已经不再是一个普通的粮店，而是消费者心中诚信的象征，他们到这里购物就是图安心和开心。每天，粮店的顾客都络绎不绝，小小的营业室常常挤满了前来选购的消费者。高质量、低价格、好服务就是粮店不断发展的秘诀。

多年来，史庆明几乎年年都能得到国家、省、市颁发的各种荣誉，但是对他来说，什么荣誉都不如顾客的一声"谢谢"、一个发自内心的微笑、一个感激的眼神。在他的示范作用带动下，粮店46名职工人人都是优秀营业员或先进工作者，并保持安全生产无事故、顾客零投诉的记录46年。

（2）协作。协作是指团队成员的分工合作。与传统工匠不同，新时代工匠尤其是产业工人的生产方式已不再是手工作坊，而是大机器生产，工匠们所承担的工作只是众多工序中的一小部分。如"复兴号"列车，一列车厢就有3 700多道工序，这3 700多道工序一个人是不可能完成的，必须由车间或班组（团队）协作完成。团队需要的是"协作共进"，而不是各自为战。因此，"协作"是现代"工匠精神"的要义。

▶▶▶ 案例

优秀的团队是成功的一半

成立于2018年8月的浙江氢点信息科技有限公司，作为国内"流量共享"模式的倡导者，在国家"大众创业、万众创新"的号召下顺势而为，精准把握新时代信息传播脉搏，探究其潜在规律，整合亿万级自媒体资源，旨在利用社交圈强关系链属性，将流量共享进行到底。

作为一家年轻的互联网企业，氢点自成立之初就秉承"轻轻一点，让世界看见"的品牌服务理念，致力于为中小微企业解决一切营销问题，为所有互联网网民解决信息精准传播问题，满足一切信息传播需求，要做互联网产业的下一个"阿里巴巴"。

氢点公司的CEO罗辉曾说，氢点是一个年轻的企业，但是团队一点儿都不简单。最初是不甘平庸的信念和打拼事业的信念，使这群人走出建立氢点的第一步。

处于"大众创业、万众创新"的时代中，一群同样身怀梦想和信念且不甘平庸的人聚在一起，本身就是一堆干柴，只要有一点儿灵感的火星，就足以点燃所有人的热血。

至今，CEO罗辉都认为，氢点公司核心的竞争优势就是人，是那些和他一起夜以继日地头脑风暴的团队。

任何一个产品都有替代品，任何一种商业模式都可以被复制，只有人和人的思想，只有创始人团队之间数十年如一日的磨合过程，是无法被复制的。先有氢点的团队，才会有产品体系，才会有业务体系，才会有整个氢点。

优秀的团队是一个公司的基石，人才是公司最宝贵的财富，拥有丰富的互联网经验的团队，在短短几个月内就打造了氢点平台，将"流量共享"的理念应用到现实营销场景中，并不断开发新的营销工具，解决了数万中小微企业的营销难题。

在不久的未来，氢点将不负众望，不断突破营销界限，整合现有用户资源，打造更加丰富多元的营销方案，为重构广大中小微企业的新型营销方式不断创新，砥砺前行。

（3）精益。精益就是精益求精，是从业者对每件产品、每道工序都凝神聚力、精益求精、追求极致的职业品质。所谓精益求精，是指已经做得很好了，还要求做得更好，"即使做一颗螺丝钉也要做到最好"，正如老子所说"天下大事，必作于细"。在工作中，应竭尽所能，耐得住寂寞，迎难而上，殚精竭虑完成本职工作。只有尽心，才能在岗位中不断苦练基本功，熟练掌握操作要领。只有尽力，才能在工作中不断学习、不断提高技能，追求精益求精，在每一次锻炼实践中成长、成才。工匠制造产品有一定的标准，在打造产品的过程中需要严格遵守标准要求。"失之毫厘，差之千里"，工匠全力以赴、殚精竭虑完成工作也成为他们工作中的职业准则，同时，精益求精也是他们的优秀品质。

（4）专注。专注就是内心笃定而着眼于细节的耐心、执着、坚持的精神，这是一切"大国工匠"所必须具备的精神特质。很多技艺精湛者往往选择一生只做一件事，工匠精神就意味着这种执着精神，能做到几十年如一日的坚持与韧性。工匠精神，离不开专注和坚持这两个核心要素。工匠精神是精益求精，慢工出细活，往往需要时间的积累和实践的沉淀。那些卓越的艺术家、科学家和技术大师，无不是浸淫多年、苦心孤诣才有所成就。在中国早就有"艺痴者技必良"的说法，古代的工匠大多穷其一生只专注于做一件事或几件内容相近的事。《庄子》中记载的游刃有余的庖丁、《核舟记》中记载的奇巧人王叔远等大抵如此。

>> 案例

"当代鲁班"走红网络

鲁班凳、中国馆、运动的小猪佩奇，这些物件都出自"阿木爷爷"之手，凭着木块上的凹槽，木块之间结合得天衣无缝。网友对这些令人惊艳的作品纷纷点赞，"用最原始的工具，打造新颖的手工制作，鲁班功夫再现。"他的作品不仅在国内获赞无数，在国外"阿木爷爷"也收获了大批粉丝，他在YouTube上拥有大量粉丝，视频播放量上亿次。

网友们将他称为"当代鲁班"，对各种结构精妙的鲁班锁赞不绝口。小小的木块，拼拼叠叠，经过几个简单的操作就变成了一个苹果的形状。这里用到的是榫卯结构，这是古代中国建筑、家具及其他器械的主要结构方式，在两个构件上采用凹凸部位相结合的连接方式，不用钉子和胶水，木块之间神奇地成为一个整体。小到口哨，大到船只，都出自王德文之手。他告诉《现代快报》记者，自己从13岁就开始接触木工了，"9岁的时候父亲去世了，我就不上学了。那时候家里生活条件比较艰苦，一直想着挣点钱，补贴家用"。学习木工，王德文没有真正拜过一位师父，他只是跟着不同的木工前辈打杂。

16岁时，他完成了第一件木工作品，"当时家里的锅盖坏了，我就自己做了一个锅盖。"这件作品让他印象深刻，至今他还记得尺寸，直径70 cm。

木工活干了一辈子，需要经常和凿子、锯子、切割机打交道，在王德文看来，受伤是在所难免的事情。他回忆，2007年冬天，他在做工时不小心伤到了右手的中指，当时鲜血就涌了出来。"虽然后来去了医院，但是现在这个手指还是短了一厘米。"

王德文的视频中，最为网友惊叹的要数再现的鲁班作品。其中有一个鲁班锁视频，获得了很高的点赞量。网友纷纷留言赞叹，"这爷爷做的木工很有鲁班技术，现在的木工没法和爷爷比。""这就是木匠，大国工匠。""这手艺不能失传啊。"

王德文说："一件作品的完成，要从挑选木料开始。"他一般会去桂林木材厂挑选木料，木纹有粗细之分，细纹的木料比较坚硬，一般都会挑细纹的。挑选完木料之后，再将木料分成小的木块，经过打磨之后就可以使用了。

因为再现了鲁班的作品，王德文也被网友们称为"当代鲁班"，对于这个称呼，王德文说："我只是个农民、老木工，因为拍视频被大家认识了，还有很多好的木工是大家不认识的。"

>> 案例

付国艳：用非遗"锦绣"织就巾帼致富路

付国艳（见图2-7）出生在贵州安顺，这里的蜡染被誉为"东方第一染"，安顺也被誉为"蜡染之乡"。付国艳听父亲说起，早年祖父在安顺集镇上开办染坊，在众多的作坊中，帅家、付家、谭家是规模较大的。付家即是付国艳的祖上。

1988年，付国艳辞去了令人羡慕的国企营业员工作，开了一间蜡染小作坊。1990年，亚运会在北京举办，亚洲劲吹中国风。街头巷尾，越来越多敢秀的贵阳人把民族服饰穿在身上，蜡染蝙蝠衫、扎染连衣裙成为最时尚的打扮。付国艳看准商机，和朋友合作开设了一家蜡染服装厂。

贵州是名副其实的非遗大省，拥有从县级到世界级的"非遗"名录总数超过

6 000项，涵盖传统工艺、民族歌舞等，如何把这些民族精粹传承下去？付国艳开始研究民族工艺品的市场化发展。水族马尾绣、苗族刺绣、蜡染等"非遗"产品大受欢迎。

贵州省有大量少数民族妇女，且大多生活在乡村。多年来，外出务工几乎成为妇女脱贫增收的唯一途径，但随之带来留守儿童和留守老人等社会问题。20世纪90年代，很多村寨不通水，饮水都要靠走几小时的山路肩挑背扛，村民生活贫困落后。

那时，付国艳经常只身到几百千米外的山野田间收购蜡染、刺绣等民族工艺

图2-7 付国艳

品，用自己缝制的背包能够背回近百斤民族工艺品。"有时找不到要问路，别人指着一座山头说走两小时就到了，结果走过去才发现四五个小时过去了，天都黑了。"付国艳回忆，这让她坚定了用民族工艺拉动村民脱贫增收的想法。

为了保证产品的质量和数量，她一直坚持以3倍的订货数目向绣娘们收购产品，对于不合格产品，她宁可剪坏扔掉。"避免绣娘以后不好好绣，她的产品可以给她收，但是你要当着她的面，拿剪刀把它剪坏，把它扔到垃圾里去。只有下这个决心，才可以把产品做好。"有一次，为了给客户赶货，付国艳带着团队三天三夜没睡觉，"因为你一睡，她们肯定也要睡，没办法，就带着她们三天三夜不睡觉，做出来交给客户。"

2013年以来，贵州省妇联牵头推出锦绣计划，把妇女手工与精准扶贫相结合，把传统技艺与现代时尚相融合，女性"指尖经济"如雨后春笋般旺盛生长，先后建成千余个巧手脱贫基地及妇女特色手工企业和专业合作社，从事特色手工产业及辅助行业的女性几十万人。贵州省妇联整合各成员单位开展"锦绣计划"培训了大量人才，贵州全省妇女特色手工产业产值达几十亿元。

这解决了付国艳的大难题。"妇女在合作社里接受培训，交货时我再去合作社取。绣娘的群体扩大了，品质好了，我也不用再一家一家去收了。"付国艳笑着说。

随着"锦绣计划"的实施与推广，付国艳找到20多位"非遗"传承人。她们在安顺、黔东南、黔南等地设立了农村合作社、手工联盟基地，通过对绣娘和手艺人进行培训，产品可以直接提供给黔粹行。

自1994年推出的专利技术产品"真丝蜡染"在国际中小企业新产品、新技术博览会上获得金奖后，2010年，付国艳为上海世博会的贵州馆提供了90%的展品，包括苗族银

饰、水族马尾绣工艺品等。2016年，她带着贵州民族工艺品亮相第十二届中国深圳文化博览会。在2018年东盟"一带一路"沿线国家旅游文化交流周上，来自柬埔寨、马来西亚、缅甸等东盟国家的代表团成员被她带来的马尾绣手包精致的刺绣图案深深吸引。

付国艳团队已经取得了贵州民族手工艺15项专利，但她仍然怀揣着对传统工艺不变的坚持和敬畏，"会创造更多更好的民艺产品，继续带动更多的贫困妇女居家就业增收，让民族工艺的璀璨明珠在更多人手中传承下去"。

（5）创新。工匠精神强调执着、坚持、专注，甚至是陶醉、痴迷，但绝不等同于因循守旧、拘泥一格的"匠气"，其中包括追求突破、追求革新的创新内蕴。这意味着，工匠必须将"匠心"融入生产的每个环节，既要对职业有敬畏、对质量够精准，又要富有追求突破、追求革新的创新活力。古往今来，热衷于创新和发明的工匠一直是世界科技进步的重要推动力量。中华人民共和国成立初期，我国涌现出一大批优秀的工匠，如倪志福、郝建秀等，他们为社会主义建设事业做出了突出贡献。改革开放以来，"汉字激光照排系统之父"王选、"中国第一、全球第二的充电电池制造商"王传福、从事高铁研制生产的铁路工人和从事特高压、智能电网研究运行的电力工人等都是工匠精神的优秀传承者，他们让"中国创新"重新影响了世界。

>> 案例

大国工匠王军：宝钢"蓝领科学家"为机器装上"中国心脏"

坐落在上海市浦东新区浦电路370号的宝钢是中国现代化程度最高、最具竞争力的钢铁联合企业，成立38年来为国家经济社会发展做出了巨大贡献。

19岁怀揣八级钳工梦的王军（见图2-8）刚从上海宝钢工业技术学校毕业就被分配到宝钢，在2050热轧精整线做剪刀组装工。在旁人看来，这种辅助岗位劳动强度大、技术含量低，很难熬出头。但王军认为，即使没机会成为八级钳工，也要做最优秀的剪刀组装工。

图2-8　王军

正是这种朴素的职业追求、积极的职业心态，促使王军日后在原本不起眼的岗位成长为一位工匠大师。

"像科学家那样去工作"是王军的座右铭，也是他给自己订立的人生信条。王军强调，一个技术工人不仅要懂技术，还要懂理论，要像科学家一样去思考、去工作、去创新。

王军认为，与科学家相比，一线技术工人更具有得天独厚的实验条件。"创新是技术单元的巧妙结合，工厂有现成的装备和现场，就是现成的实验室，而且工厂是全厂员工一起努力探索，十分了解这些机器的特性和'脾气'，一旦做成功立刻就能产生真金白银的效果。""蓝领科学家"是宝钢同事对王军的评价。王军获得的诸多创新奖项更是用事实证明这个评价是中肯的。

在王军眼中，创新从来不是社会精英、科学家的"分内事"，创新同样可以成为一线工人的"专利"。正如王军所言："从我身上可以看到，再普通的岗位都能创新。'中国制造'要转变为'中国创造'，就要依靠大家不断创新。"

作为一名钢铁工人，王军的愿望是在世界冶金钢铁发展史上留下中国人的印记，宝钢成为全球最具竞争力的钢铁企业。王军所在热轧厂将成为现代热连轧技术引领者的目标作为所有热轧人的愿景。对50多岁的王军来说，未来10年还要在创新的道路上继续干下去。他透露，未来还将完成一项重要突破，这项突破不一定是全新的技术，但肯定会在此前创新基础上实现更好的发展。

3. 工匠精神的时代要求

"社会主义是干出来的，新时代也是干出来的。"在新的历史方位，中国经济高质量发展呼唤工匠精神，人民对美好生活的向往呼唤工匠精神。工匠精神在中华人民共和国成立以后的科学技术事业中发挥了巨大作用。中华人民共和国成立初期面对严峻的国际形势，为抵抗外部的威胁，在国家百废待兴时，成功研制"两弹一星"。我国第一颗人造卫星在1970年发射成功，开启了中国航天发展进程。"两弹一星"的研发与发射过程中的每一环节都凝结着工匠技艺，这些成就的背后无不体现出工匠的吃苦耐劳、攻坚克难、创新等精神，这也是工匠精神的体现。正是隐藏在背后的工匠推动了我国国防事业和科技事业的发展，增强了我国自主建立强国的力量与信心。

当代中国不仅有受到表彰的大国工匠，也有很多平凡的工匠。他们或者是普通岗位的技术工人，或者是文物的守护者，又或者是传承民族特色的手艺人。不可否认，当代工匠精神无处不在，绽放出夺目光彩。

近代以来，手工业发展受到工业机器化生产的挑战，成为被边缘化的生产方式，工匠精神的继承因而受到影响。当代的人们逐步认识到再先进的技术也无法代替工匠，科技的高速发展也代替不了工匠精神的引领。工匠精神成为行业发展不可或缺的重要精神。工匠精神并不守旧，它是依据时代发展的需求传承传统工艺，并在此基础上完成创新，打造中国品牌。

工匠精神，匠心为本。工匠精神的根本是职业的坚守，是爱岗敬业的表达，是追求极致的体现。只有不忘初心，执着专注，严谨认真，摒弃浮躁，才能在本职岗位上坐得住、做得好。对工作最好的尊重，就是有一颗心无旁骛、精益求精的匠心。

工匠精神，品质为重。有工匠精神的劳动者，对自己的产品会精雕细琢，力求完美，从而不断超越自我。对他们来说，产品的品质只有更好，没有最好。弘扬工匠精神，就是要将产品当成艺术，将质量视为生命。只有打造更多的优质产品，中国制造才能不断做大做强，"中国品牌"才能真正享誉世界，中国经济增长的质量和效益才能持续提升。

工匠精神，创新为要。创新是战略之举、强国之路。只有不断增强创新驱动力，才能在高起点上实现更高质量、更可持续的发展。"苟日新，日日新，又日新。"古代中国曾是世界上最大的匠品出口国及匠人之国，同时也是最大的原创之国。创新基因本就深深植根于工匠精神的丰富内涵当中。弘扬工匠精神，就是要守正创新，既要继承优良传统，又要紧跟时代步伐，不断推陈出新。

话 题 讨 论

有人说，工匠精神的实质是细致、专注、精益求精、慢工出细活，但这样的工匠在市场经济竞争中没有竞争力。你认为追求工匠精神的人在现代社会有竞争力吗？

新时代弘扬工匠精神，就是要重塑爱岗敬业、劳动光荣的价值本色，树立品质取胜、创新引领的市场风尚，让尊重劳动、尊重知识、尊重人才、尊重创造成为社会共识，加快建设制造强国，推动经济高质量发展，不断满足人民日益增长的美好生活需要。

延伸阅读　　　　　　　　　**中国制造呼唤大国工匠精神**

习近平总书记曾经提出"推动中国制造向中国创造转变、中国速度向中国质量转变、中国产品向中国品牌转变"，这是给中国制造业提出的行动指南。政府工作报告中也提到鼓励企业开展个性化定制、柔性化生产，培育精益求精的工匠精神，增品种、提品质、创品牌的问题。在中国经济发展进入新常态，产业结构向中高端发展，全社会创新创业全面展开的大背景下，提出并强调工匠精神，确实是适逢其时，有很强的现实意义和深远的历史意义。

所谓的工匠精神，是指五种精神：一是精益求精的精神，工匠们追求完美，注重细节，为产品质量不惜花费时间和精力，孜孜以求；二是严谨认真的精神，工匠们对细节有很高的要求，坚持标准，一丝不苟，不投机取巧，不达要求绝不轻易交货；三是专注敬业的精神，工匠们对精品执拗地坚持，对专业执着地探索，可能几代人为一种产品不懈追求，耐心、隐忍和毅力是一切手工匠人所必须具备的特质；四是推陈出新的精神，工匠们不跟别人较劲，永远跟自己较劲，为此不断改进设计，不断提升产品和服务，绝不停止追求与进步，无论是使用的材料、设计还是生产流程，都在不断完善；五是文化感染的精神，工匠们喜欢不断雕琢自己的产品，热爱自己所做的事，不断改善自己的工艺，享受着产品在双手中升华的过程，乐在其中。

工匠有悠久的历史，是中国人几千年日常生活中须臾不能离开的职业，木匠、瓦匠、铁匠、石匠、鞋匠等手工匠人是社会必不可少的人群，他们的精湛技艺在人们日常生活中传为佳话。工匠精神也是有着悠久历史的。中国有悠久的"匠文化"传统，在中国的文化观念中，自古并不缺乏对"匠心"的赞颂，有"技进乎道"的文化源流。成语有"匠心独运"，用"匠心"来形容做事的高妙境界。中国人最推崇的匠之鼻祖就是鲁班。工匠精神依靠言传身教的自然传承，无法以文字记录、以程序指引，它体现了旧时代师徒制度与家族传承的历史价值；工匠精神只能靠人与人的情感去感染，现代大工业的组织制度无法承载，流水作业的操作流程无法衡量，最先进的数学模型也无法计算。

在我国，制造业整体上仍然"大而不强"，在一些关键技术领域仍存在短板的背景下，强调"工匠精神"，切中了时弊，切中了要害。当下一些地区、行业只看眼前、不顾长远、急于求成的思维和习惯，造成我国制造业大而不强、产品档次整体不高、自主创新能力弱的状况，与发达国家相比还有很大差距，直接制约中国产品在国际上的竞争力和吸引力。

没有工匠精神，就不可能打造金字招牌的中国制造。今天的中国正在打造经济升级版，中国制造要走进世界市场，品牌、技术、标准、质量等一定要建立国际比较优势。其中的人才建设，特别是形成一批新一代的"工匠"是重要的因素。如果将提高科技创新水平、提升信息化与工业化融合能力等看作我国制造业转型升级的"硬件"，那么，广大劳动者身上的工匠精神就是必不可少的"软件"，缺少软件支撑的硬件犹如断弦之弓，发挥不出任何价值。任何科技的创新都不能取代劳动者的双手，在从制造业大国迈向制造业强国的过程中，我国需要一大批具备工匠精神的劳动者挥洒汗水，实现由制造业大国向制造业强国的跃升，离不开大国工匠精神的坚实支撑。

弘扬"工匠精神"，要让工匠们工作得有舞台、有价值，生活得有尊严、有体面，让讲究"工匠精神"的企业有公平、健康的市场竞争环境；要改革教育制度，让职业技术教育在国家有更高的社会地位，让工程教育在高等教育中有更大的分量，让实践教育贯穿我国的中小幼教育；要提高工匠的地位，通过物质奖励和精神鼓励等手段培养一批专家与技术工人，扎根基层，扎根专业领域，让工匠在社会上有职业声望、更高的获得感和荣誉感；要营造"鼓励创新、宽容失败"的社会文化环境，建立创新失败补偿机制，让青年创客沉得下心、坐得住"冷板凳"，真正做出好创意、好作品。

让中国制造走向世界，企业是主体，产品和技术创新是关键环节，要将工匠精神融入企业生产的每个环节，促进企业精益求精、提高质量，使认真、敬业、执着、创新成为更多人的职业追求，带动中国从制造大国走向制造强国。

4. 工匠精神的时代价值

2016 年政府工作报告中说到"提升消费品品质"时，强调"培育精益求精的工匠精神"。这是"工匠精神"这一概念第一次出现在中央政府的文件中，显示"培育工匠精神"的诉求已上升为国家意志和全民共识。党的十九大报告提出，建设知识型、技能型、创新型劳动者大军，弘扬劳模精神和工匠精神，营造劳动光荣的社会风尚和精益求精的敬业风气。

当前，我国正处在从工业大国向工业强国迈进的关键时期，培育和弘扬严谨认真、精益求精、追求完美的工匠精神，对于建设制造强国具有重要的意义。工匠精神的内涵已经不只包含工匠这个职业本身所具备的价值取向，而是作为在社会工作中的任何人的行为追求。在"中国制造"向"中国创造"转变的背景下，当代工匠有新的历史使命和重要责任，工匠精神也被赋予了更多的意义。

（1）工匠精神是实现中国梦的力量支撑。实现中华民族伟大复兴的中国梦，物质财富要极大丰富，精神财富也要极大丰富，只有物质文明建设和精神文明建设都搞好了，国家物质力量和精神力量都增强了，全国各族人民物质生活和精神生活都改善了，中国特色社会主义事业才能顺利向前推进。也就是说，物质文明与精神文明是推动社会文明进步的"两个轮子"，是实现中华民族伟大复兴中国梦的"一双翅膀"，两者缺一不可。事实上，工匠精神的发育程度与社会的物质文明、精神文明的进步程度都直接相关。

从精神文明的角度来看，工匠精神作为一种职业精神，在本质上是同社会主义核心价值观，特别是同其中的敬业、诚信要求高度契合。从物质文明的角度来看，工匠精神在物质文明的创造过程中可以发挥强大的精神动力及智力支持作用。

（2）工匠精神是中国制造业前行的精神源泉。制造业是国民经济的主体，是立国之本、兴国之器、强国之基。中华人民共和国成立尤其是改革开放以来，我国制造业持续快速发展，建成了门类齐全、独立完整的产业体系，有力推动了工业化和现代化进程，显著增强了综合国力，支撑世界大国地位。然而，与世界先进水平相比，中国制造业仍然大而不强，在自主创新能力、资源利用效率、产业结构水平、信息化程度、质量效益等方面差距明显，转型升级和跨越发展的任务紧迫而艰巨。

为实现中国从全球制造大国到制造强国的跨越，《中国制造 2025》提出了中国政府实施制造强国战略第一个十年的行动纲领。中国要迎头赶上世界制造强国，成功实现《中国制造 2025》战略目标，就必须在全社会大力弘扬以工匠精神为核心的职业精神。只有当敬业、精益、专注、创新的工匠精神融入生产、设计、经营的每个环节，实现由"重量"到"重质"的突围，中国制造才能赢得未来。

在中国从制造大国迈向制造强国的进程中，工匠精神被赋予了新的时代内涵。它不是工匠大师特有的殊荣，每个坚守工作岗位兢兢业业的劳动者都是工匠精神的诠释者和践行者。

>> 案例

巾帼女"匠"盖立亚：让中国智能机床冲击世界一流

　　盖立亚（见图2-9），沈阳机床集团优尼斯智能装备有限公司教授级高级工程师，在机床行业工作20多年，先后主持和参与4项国家重大专项项目，取得主导实用新型专利22项、发明专利3项，成为"代表中国一流冲击世界一流"的业界重要领军者。

图 2-9　盖立亚

　　1999年，盖立亚大学毕业入职沈阳机床集团有限公司机床研究所。这一年，公司正好从生产制造普通机床向数控机床转型。盖立亚跟着一位资深工程师研发CKS6132数控机床设计。2000年时，这位工程师生病住院，重新安排人可能赶不上交货时间。时任沈阳机床研究所所长王瑛问盖立亚："你敢干不？"盖立亚没有细想，就答应了。

　　时隔多年，她再次谈起这件事，自己都忍不住笑起来："大学毕业才一年，就敢接公司第一次搞的科研项目，你说我是不是有点虎？"

　　当时，研究所能够用于产品设计的计算机只有五六台，像她这样刚来的年轻人白天几乎没机会使用，她就等别人下班了用，忙通宵是经常的事。

　　设计出来了，机床也组装起来了，可一试车毛病一大堆：主轴振动、刀架不锁紧、防护漏水……装配工人毫不客气地叫来盖立亚："你赶紧过来看看！"从机床漏出的水淌了满地，盖立亚二话不说就钻到车床下找漏水点。漏水点找到了，她重新设计了防护装置，把问题解决了。紧接着又解决主轴振动、刀架不锁紧等问题。

　　2000年8月，按时交货。这是该机床公司第一台高端数控车床，开创了国产数控机床商品化之路。

　　"大学书本中的经典车床再也不是市场的主流，所以必须要创新。"盖立亚力主创新，瞄准新观念、新方法，创造新成果。久而久之，同事都叫她全机能产品的"小鼻祖"。随着技术和经验的不断积累，她逐渐有了与专家"掰手腕"的信心与实力。

在沈阳机床集团，只要客户有需求，盖立亚随时随地都会组织讨论会帮助客户解决问题。有一次，一家世界500强企业因为对机床指标要求太苛刻，所以没有供货商愿意供货，而盖立亚毫不犹豫地接下了这个订单。

这一年，33岁的盖立亚怀孕了，妊娠反应特别强烈。考虑到这份合同不仅能给公司带来可观的经济效益，而且是设计技术的一大突破。她深知必须坚持下去，保质保量地完成任务。她组织技术人员自制毛坯料在机床上进行模拟模型实验，并对切削结果进行比较。对机床结构、参数设定、加工工艺、切削效果、性能、精度等环节反复修改技术方案11次。

盖立亚带着团队一直工作到临产前4天，产假没休完，她又回到工作岗位上参加设备调试，将机床的精度提高到进给单脉冲0.5 nm，相当于人头发丝直径的1/120。这家世界500强企业的专家操着生硬的中国话对盖立亚说："盖，你都不知道你们的机床有多好！"后来，仅这一家企业就陆续从沈阳机床集团订购近百台机床。

"这个精度到目前为止还是领先于世界的，证明了我们中国人可以做出高精度的机床。行业龙头企业职责所在，应该为国家担起这样的职责和责任。"盖立亚心里更多的不是自豪，而是使命感。

2014年，在研发岗位上工作了十几年的盖立亚主动要求到市场一线，用一年的时间走访了100多个客户，收集了7大类158项改进意见。

"无论是企业发展、国家需要，还是社会层面，都需要将基础工业水平提升上去。我希望能够通过我们的努力，提升我们的装备制造水平。"这是盖立亚的心声，也是她从过去到现在，甚至在未来一直坚持做的。

（3）工匠精神是企业竞争发展的品牌资本。随着市场经济特别是知识经济的到来，现代经济越来越呈现为一种品牌经济。在现代市场经济视域下，作为知识资本形态的品牌形象也是一种可经营的企业资本，是一种潜在的、无形的、动态的、能够带来价值增值的价值，是传统的会计体系反映不了的无形资本。塑造良好的品牌形象，有效开发、经营品牌资本，是企业参与市场竞争、占领市场制高点的重要手段。事实上，工匠精神在企业品牌形象塑造和品牌资本创造过程中具有十分重要的作用。工匠精神是企业品牌内涵的重要体现，也是企业品牌知名度、美誉度及顾客忠诚度培育的有效途径，更是企业品牌资本价值增值的重要来源。例如，中华老字号"全聚德"烤鸭能够驰名中外，也是得益于其"食不厌精，脍不厌细"的工匠精神。

延伸阅读　　　　　传统工匠的没落　不是传承的问题

"中华老字号"共有2 000余家，原本是一道亮丽的商贸景观和传统文化现象，但如今仍能正常营业的仅有30%，其中约150个活得还不错，只有10来个称得上活得很好。这是为什么呢？先来看看王麻子剪刀。

当年，王麻子剪刀以质量好、服务佳而远近闻名，在长江以北的地区几乎家喻户晓。各地区的人们都慕名争相选购北京"王麻子"的产品。谁曾想到，2003年年初，始创于1651年，有着352年历史的王麻子剪刀厂宣布破产。原因是"王麻子"在经营中没能紧跟市场的变化，巩固住自己的品牌，产品创新跟不上，盲目地进行品牌延伸。

客观来说，王麻子剪刀能够存活352年，"工匠精神"应该为其立下了汗马功劳。例如，"王麻子"创牌伊始就将品质作为立身之本，为保证质量，掌柜的（相当于总经理）要亲自选货，并形成了自己的一套质量监测体系："三看""两试"，坚持执行验收。而让其马失前蹄的应该是对市场与用户了解不够，创新力不足，品牌意识不强，特别是盲目进行品牌延伸。

"北有王麻子，南有张小泉。"创建于1663年的张小泉剪刀现在的发展相对还可以，但与创建于1731年的德国"双立人"存在较大差距，其菜刀价格是"双立人"价格的1/20，销量和市场占有率的差距更大。这是为什么呢？因为"张小泉"仍亦步亦趋地走在先人开拓的路上，材料不变，工序不变，款式不变；而"双立人"百般求变，技术不断更新迭代，生产工艺全面创新，款式种类更是层出不穷。

医药行业过去以"同仁堂"的名字最为响亮，它创建于1669年，自1723年开始供奉御药，历经8代皇帝。在300多年的风雨历程中，历代"同仁堂"人始终恪守"炮制虽繁必不敢省人工，品味虽贵必不敢减物力"的古训，以"修合无人见，存心有天知"的自律要求，造就了制药过程中兢兢业业、精益求精的工匠精神。

过去，"同仁堂"的发展当然可圈可点，其严守古训的做法值得称赞。然而，目前行业中发展最好的老字号当属"云南白药"。它于1902年由云南名医曲焕章创建，独家掌握配方并秘密配制，其配方、工艺列入国家机密。从10多年前开始，在王明辉的带领下，"云南白药"推动各项改革，先后开发出胶囊剂、酊剂、硬膏剂、气雾剂、创可贴等新品类，甚至还进入牙膏、洗发剂等领域，成为"中华老字号"企业中第一家年销售额突破百亿的公司。如果固守曲焕章的小瓶模式，"云南白药"恐怕迄今还是一家小作坊而已。

德国的"双立人"、我国的"云南白药"是我们学习和推崇的新工匠。而光是传承，不创新、不与时俱进的传统工匠不值得推崇，能体现出的也不是我们要倡导的工匠精神。传统工匠走向没落的根本原因是没有处理好变与不变的辩证关系，盲目固守用户不需要的东西。那些没有获得用户青睐的"精益"，不是真正的工匠精神。新工匠追求精益的基本内涵不变，但外在形式要与时俱进，百般求变，包括款式种类、工艺结构和作业流程都要进行全面创新。

当工匠精神进入政府工作报告，成为一个"热词"后，大众对于工匠精神的追捧将会持续很长时间，会有相当一批企业认为"复古式的精益"就是工匠精神，这是一个误区。

我们要以"王麻子"这样的老字号企业为鉴，与时俱进，准确判断用户的需求，不断推陈出新。要坚决反对"复古式的精益"，以弘扬适应现代社会发展需要的新工匠精神。

只有如此，才能让工匠精神在中国大放异彩，充分发挥工匠精神的价值。

如此看来，只传承"复古式"的工匠精神远远不够！要深入探究，了解当前环境对工匠发展的影响很有必要。

（4）工匠精神是劳动者实现个人成长的重要基石。工匠精神注重劳动者技能水平的提高、良好职业心态的锤炼，为劳动者的职业发展助力。"让那些大国工匠、技能大师成为青年人乐于学习、甘于推崇的榜样，进而营造全社会关心、重视和支持职业教育的良好氛围，尽快改变对职业教育的偏见。"劳动者职业发展需要劳动者加强理论学习与实践锻炼，当然心态的历练也是十分重要的，要让自己能够耐得住寂寞、专注于一件事。同时，积极的工作态度与刻苦钻研的工作行为也是工匠精神的实际内涵。当今职场竞争无处不在，就业门槛越来越高，对技术型人才的需求不断加大，那些具有创新思维的劳动者被各行各业所青睐。因此，工匠精神的传承有利于劳动者增强自身实力，提高自身竞争力。职业道德的培育也需要强化工匠精神，工匠要把好质量关、有匠心，先德后艺，恪守职业道德的要求。工匠精神提倡的不是简单机械地重复一件事情，而是在日常的工作中注重思考与创新。即使某工人在某个岗位上工作了很长时间，他们也不应该故步自封、墨守成规，而应积极参加职业培训，掌握更多的高端技术。劳动者在自身职业发展中要加强工匠精神，使自己不断加强理论修养，提高工作能力。

事实上，企业员工所具有的高尚职业操守和强烈的工匠精神与拥有较高专业知识技能一样，是其自身立足职场的重要条件和在未来职业生涯中脱颖而出的制胜法宝。

>>> 案例

"大国工匠"李德：自主创新让环卫工作"少些味道、多些尊严"

河北沧州人李德自 1982 年进入环卫系统，从以身作则、不眠不休工作的"拼命三郎"，到寻求技术突破、提高机械化作业率解放双手的专家，用自主创新真正改善了这份曾被戏言"顶风臭八里地"的工作。

小型粪便机械化作业车、自动压缩式固液分离吸污车、多功能高压冲洗车……从 2004 年开始，李德的发明填补了我国特种设备及特种车的 4 项空白，他靠着自主研发，让沧州运河区公厕管理的粪便清淘机械化作业率从 18% 提升到了 98%。

9 项专利代表着环卫工作中需要攻克的 9 个难题。李德说，作为环卫工人，他要让这份工作少些味道、多些尊严。

"我所理解的大国工匠，不仅需要专业知识和技能的支撑，更需要吃得了苦、经得起磨难、耐得住寂寞。"李德说。

　　（5）工匠精神是劳动者实现自我价值的重要途径。当今社会，机器化生产提高了产品生产率，很多工作由计算机、机器来完成，很多劳动者在工作中觉得单调、机械和乏味，甚至有的劳动者觉得在智能时代自我价值已经消失了，人的劳动正在被机器取代。实则不然，对于一个具有工匠精神的劳动者而言，产品是向往自由美好愿望的充分表达。劳动者在创造工作过程中具有完全的主动权，根据自己的构思、意志来完成产品，使自我想法在作品中体现，创作出来的产品是自我对世界的理解、认识、客观化的体现。以工匠精神来进行创造，工作就变成了一种忘我的投入、生命的外在表达。自我的价值存在于自己双手所能控制的作品中，不受其他因素的影响，使自己在工作过程中能够获得真正的满足与成就感。

课堂小活动

　　请收集古代具有工匠精神的人物，并对他们的事迹进行评价。

二、践行工匠精神

　　时代需要大国工匠，大国工匠需要工匠精神的滋养，对于我们大学生而言，工匠精神又是我们人生观、价值观、职业观的集中体现，是知、情、意、行的统一。因此，我们应立足于自己的职业选择，知行合一，通过对自身的思想认识、行为习惯、意志情感的锻炼，在职业认知、工匠精神价值认同、激发职业兴趣的基础上，牢固树立新时代的工匠精神，培养我们的社会责任意识、使命意识，让工匠精神在我们身上养成和升华。

微课：七点半
精神

1. 建立科学的职业认知

　　正确认知我们的职业，坚定将职业转化为毕生事业的理想。有什么样的思想就有什么样的行为。干一行，首先必须爱一行，只有对自己将来所从事的职业真正地了解、热爱，才能长期坚持和精益求精。我们不应视职业为谋生的工具，而应视之为自己终生奋斗的事业。理想的高度决定人生的高度，如果我们的职业理想只是为了谋生，为金钱而劳动，那么是不可能具备工匠精神的。工匠不是普通的从业者，能被称为"工匠"的从业者必须具有高超技艺、精湛技能且有敬业奉献的可贵品质。高超技艺、精湛技能来自日复一日的反复磨炼和刻苦钻研，没有正确的职业观是难以坚持的。那些成长为大国工匠的劳动者没有一个人是为了金钱或待遇而工作的，如南仁东、贾立波、高凤林、胡双钱、王伟等。我们大学生首先要了解我们的专业，主动了解我们将来所从事的职业及岗位工作内容，客观分析自身兴趣和特长，择己所爱，确定自己毕生奋斗的职业目标，有了这样的思想认识，我们才能沉下心进行专业知识和技能的学习，才能在精湛技艺的积累中守得住初心、耐得住寂寞。

2. 提升对工匠精神的情感认同

痴于其中，则技艺必精。积极的情感是人们行为的重要驱动力。我们首先要做到情感上热爱专注执着、热爱精益求精，其次要摒弃对匠人的鄙视，将工匠精神融入敬业、文明的社会主义核心价值观之中。我们要意识到当代社会工匠精神的价值，当代社会消费升级，对产品要求质量至上，要做到同类产品（服务）中使用寿命最长、故障发生率最少，这就要求劳动者严谨细致、技能精湛、技术高超。正如《大国工匠》第一集的解说词所言，"工匠的工作看似平淡无奇，但这些工作中都积淀了经年累月淬炼而成的珍重技艺，承担着身家性命和社会民生的重大责任。相当多的工匠岗位是以一身之险而保大业平安，以一人之力而系万民康乐"。我们在学习中要把工匠精神提升到职业道德的层面，将弘扬工匠精神视作责任和使命，在工作和学习中理直气壮地追求卓越、追求极致。

延伸阅读

快递小哥雷海为的诗词大会夺冠之路

雷海为，湖南邵阳人，娄底职业技术学院机电一体化专业成教生，原娄底机电职业中等专业学校毕业。毕业后，雷海为开始了打工生涯——电话销售员、工地小工、马路推销员、服务员、传菜员、洗车工、保安……

2004年，雷海为到上海一家礼品公司打工做销售。一个偶然的机会，他在书店里看到一本叫《诗词写作必读》的书，他买了下来，自学了诗词格律的基础知识，一下子对诗词的兴趣"上了好几个档次"。于是他在打工间隙，经常出入书店看诗读诗。没钱买那么多书，他就一首首地背，回家将诗写在纸上，下次去书店再核对一遍。2008年春节后，雷海为来到杭州打工。他做过电话销售、广告安装，2011年发现送快递收入不错，转行成为快递小哥。2015年开始，雷海为在肯德基做起了住店外卖小哥。大部分时间他都在店里待着，身上总是带着一本《唐诗三百首》。2017年，他加入某外卖平台，成为兼职外卖员。每天送餐50多单，工作12小时，日晒雨淋，跑遍大半个杭州。

雷海为是怎么记下这么多诗词的呢？他说，会在日常生活中根据具体情景在脑海中回忆与之有关的诗句，从而能更深刻地体会到诗句的意境和作者的思想感情，产生共鸣，从而进一步加深记忆。雷海为说他最喜欢的诗人是李白，因为"李白极度浪漫和潇洒"；最喜欢的诗句是"天生我材必有用"，因为"这一句诗豪情满怀，充满了自信和乐观，思想积极向上"，他经常用来自勉；最喜欢的词人是姜夔，因为"姜夔不但是诗词大家，也是杰出的音乐家，实现了我的人生理想"；最喜欢辛弃疾的词，因为其词"笔力雄厚，意境阔达，读来顿觉豪情万丈、热血澎湃"。雷海为说，学无止境，他还将继续学诗背诗，也勉励热爱古诗词的同好们多读多背，"只有把自己喜欢的诗词背下来牢记在心，诗词才能融入你的身心"。另外，"了解诗词格律和押韵也非常重要，精通这些，会帮助你记忆"。

就这样，雷海为带着对诗歌的痴迷，凭着一点一滴的日常积累，站在了中央电视台"中国诗词大会"比赛的领奖台上，让无数人见证了一个普通人的逆袭，见证了他的光芒。

"我觉得你所有在日晒雨淋、在风吹雨打当中的奔波和辛苦，你所有偷偷地躲在书店里背下的诗句，在这一刻都绽放出了格外夺目的光彩。"《中国诗词大会》主持人董卿说。

网友纷纷为雷海为留言点赞："致敬为梦想坚持的人！""所谓人生开挂，不过是厚积薄发。"雷海为不愧是新时代的草根英雄！

3. 锻炼坚忍不拔的工匠意志

古人云："古之立大事者，不惟有超世之才，亦必有坚忍不拔之志。"大学生要成长为大国工匠亦如此，不光要有超出世人的天赋和才华，还必须有坚忍不拔的意志。匠人最引以为傲的是成熟的技艺，而技艺的提高和精湛在于重复的练习和一次次的突破，技艺、技能从掌握到炉火纯青需要经历长时间的反复练习和揣摩，这种枯燥的重复练习也不是一时的兴趣可以维系的，必须具备坚强的意志。同时对于真正的工匠来说，往往还需要技艺的突破、提高和创新，需要无数次的反复实践，在实践的过程中难免会遇到竞争、挫败感、瓶颈期等的压力，靠一时的激情也是难以维系的，更需要锻炼我们顽强的意志品质。因此，我们在提升职业兴趣的同时，还必须锻炼自身的意志品质，培养自己吃苦耐劳的精神、不怕挫折的抗打击能力和坚忍不拔的意志力。

4. 注重工匠精神的行为养成

"纸上得来终觉浅，绝知此事要躬行。"工匠精神的培育和养成重在知行合一，贵在持续坚持。要有敬业乐业、勤勉做事的职业操守，干一行爱一行，钻一行精一行，身边的杰出工匠给我们树立了光辉的榜样，我们大学生需要将工匠精神转化到我们的日常行动中来，将工匠精神转化到我们的行为习惯中来。在我们身边，有的大学生宿舍保洁做到一尘不染，有的大学生在自家菜地设计修建高铁模型，有的大学生在家用泥巴制作共和国勋章获得者钟南山泥塑蹿红网络等，说明工匠精神的培养在不起眼的日常生活中就可以进行。我们要在行为习惯中实践工匠精神，在实践中感悟和提升自己的工匠精神。这样，工匠所需要的基本素养就可以进入我们的意识深处，融入我们的思维和劳动习惯中。

>> 案例

"劲牌阳光奖学金"暨"践行工匠精神先进个人"优秀奖——唐小红

由团中央学校部、全国学联秘书处、劲牌有限公司共同举办的 2017 年度高职学生"劲牌阳光奖学金"暨"践行工匠精神先进个人"寻访活动结果正式揭晓，共评选出 10 名特别奖和 300 名优秀奖，来自娄底职业技术学院 2015 级艺术设计学院动漫设计与制作专业的唐小红同学荣获"践行工匠精神先进个人"暨"劲牌阳光奖学金"优秀奖。

2017 年 12 月"劲牌阳光奖学金"暨"践行工匠精神先进个人"寻访活动正式启动，娄底职业技术学院团委高度重视、积极组织，经过校内寻访、各级团组织推荐，2018 年

1月初，选定唐小红同学参加遴选活动。3月，经团中央学校部、全国学联秘书处通过微信平台网络投票并综合专家评比意见，唐小红同学最终脱颖而出，成为湖南省12名优秀奖获得者之一。

唐小红同学在校期间，在领导、老师和身边同学的关心、帮助下，秉承一丝不苟、精益求精的工匠精神，时刻以共青团员的标准严格要求自己，不断提升自己的思想政治觉悟和综合素质水平，平时非常重视专业技能的学习，不断追求完美，超越自己。2017年，唐小红被评选为娄底职业技术学院第一届十大励志典型人物"创新创业类"励志人物，大一至大三在校期间分别创立两个移动互联网公司（娄底市娄星区迅之捷网络科技有限公司、贵州咋的了科技有限公司）。

此次活动由团中央学校部、全国学联秘书处联合劲牌有限公司共同设立高职学生"劲牌阳光奖学金"，旨在贯彻落实全国高校思想政治工作会议精神，在高职学生中深入开展培育和践行社会主义核心价值观活动，弘扬工匠精神、发挥优秀典型的示范作用，引领广大高职学生勤奋学习、砥砺品格、全面发展，为实现中国梦不懈奋斗。

延伸阅读

什么是新时代的"工匠精神"

十九大报告中提出，要建设知识型、技能型、创新型劳动者大军，弘扬劳模精神和工匠精神，营造劳动光荣的社会风尚和精益求精的敬业风气。报告中所提的"工匠精神"，在笔者看来，是具有新时代内涵的。

新时代"工匠精神"的基本内涵，主要包括爱岗敬业的职业精神、精益求精的品质精神、协作共进的团队精神、追求卓越的创新精神四个方面内容。其中，爱岗敬业的职业精神是根本，精益求精的品质精神是核心，协作共进的团队精神是要义，追求卓越的创新精神是灵魂。

（1）爱岗敬业的职业精神。爱岗敬业是爱岗和敬业的合称，两者互为表里，相辅相成。爱岗是敬业的基础，而敬业是爱岗的升华。具体来说，所谓"爱岗"，就是要干一行，爱一行，热爱本职工作，不能见异思迁，这山望着那山高。所谓"敬业"，就是要钻一行，精一行，对待自己的工作，要勤勤恳恳，兢兢业业，一丝不苟，认真负责。笔者在调研中发现，凡是获得"工匠"和"劳模"荣誉称号的工人，都是爱岗敬业的典范，很多人都在本职岗位上工作了二三十年之久，干出了一番事业。所以，"工匠精神"最根本的内涵就是"爱岗敬业的职业精神"。

（2）精益求精的品质精神。顾名思义，精益求精，是指一件产品或一种工作本来做得很好、很不错了，但还不满足，还要做得更好，达到极致。"精益求精的品质精神"是"工匠精神"的核心，一个人之所以能够成为"工匠"，就在于他对自己产品品质的追求，只有进行时，没有完成时，永远在路上；他不惜花费大量的时间和精力，反复改进产品，努力将产品的品质从 99% 提升到 99.9%，再提升到 99.99%。对于"工匠"来说，产品的品质只有更好，没有最好。笔者在调研中感受最深的一点就是：追求极致、精益求精是获得各类"工匠"荣誉称号的工人的共同特点，这也是他们能身怀绝技，在国际、全国或省的各种技能大赛中摘金夺银的重要原因。

（3）协作共进的团队精神。如果说"爱岗敬业的职业精神""精益求精的品质精神"是传统的"工匠精神"中具有的内涵，那么"协作共进的团队精神"则主要体现于新时代的"工匠精神"之中。因为与传统工匠不同，新时代工匠尤其是产业工人的生产方式已不再是手工作坊，而是大机器生产，他们每个人所承担的工作只是众多工序中的一小部分。如"复兴号"列车，一列车厢就有三万七千多道工序，这三万七千多道工序一个人是不可能完成的，必须由车间或班组即团队协作来完成。团队需要的是"协作共进"，而不是各自为战。因此，"协作共进的团队精神"是现代"工匠精神"的要义。所谓"协作"，就是团队成员的分工合作；所谓"共进"，就是团队成员的共同努力、共同进步。

（4）追求卓越的创新精神。追求卓越的创新精神与"协作共进的团队精神"一样，也是新时代"工匠精神"的内涵之一，甚至是新时代"工匠精神"的灵魂。传统的"工匠精神"强调的是继承，祖传父、父传子、子传孙，是传统工匠传承的一种主要方式，而新时代的"工匠精神"强调的则是在继承基础上的创新，因为只有在继承基础上的创新，才能跟上时代前进的步伐，推动产品的升级换代，以满足社会发展和人民日益增长的对美好生活的需要。有无"追求卓越的创新精神"，是判断一个工人能否成为新时代"工匠"的一个重要标准。

当前，我国正处在从工业大国向工业强国迈进的关键时期，培育和弘扬严谨认真、精益求精、追求完美的工匠精神，对于建设制造强国具有重要的意义。而只有对新时代"工匠精神"的基本内涵形成共识，才能树匠心、育匠人，为推进中国制造的"品质革命"提供源源不断的动力。

实践课堂　　　　《匠心》电影观赏与心得交流分享会

活动目的

通过观看电影，感悟工匠精神的内涵。

活动方式

观看电影《匠心》，说出你对工匠精神的理解和心里的感悟。

电影简介

电影《匠心》主要讲述了青年设计师陆曦机缘巧合回到故乡木雕小镇，重拾祖孙情与匠心精神的故事。该片于 2019 年 4 月 22 日在人民大会堂举行全国首映发布会，于 2019 年 7 月 18 日在全国上映。

在远离繁华大都市的木雕小镇上，传统的中华工艺依旧在代代传承。青年设计师陆曦和台商方寒冰为了一个建筑修复方案误打误撞回到自己故乡木雕小镇，在这里重拾祖孙情，也找到了当下社会年轻人所缺失的匠心精神。

作为中华人民共和国成立70周年的文艺献礼片，《匠心》成功使"匠人精神"焕然一新。"匠"字不单意指有手艺的人，是职业，也是态度，更是精神。提到匠心，我们脑海中浮现的都是宏伟的建筑、精美的瓷器、精致的木雕。影片《匠心》虽聚焦在木雕这一行业，但是上映以来，社会各界的观众都在影片中看到了自己的影子，找到了自己的榜样。

思考题

1. 挖掘身边"最美劳动者"的先进事迹，举办"我身边的最美劳动者"演讲比赛。
2. 如何践行劳动精神？
3. 列举身边劳模的可贵品质。
4. 你认为新时代应该怎样落实到具体行动，成为社会主义合格的建设者和接班人？请写一篇文章加以论述。
5. 工匠精神包括哪些要素？
6. 列举新时代弘扬工匠精神的模范人物。
7. 现代制造业应从哪些方面培育和发扬工匠精神？
8. 作为普通劳动者，应该怎样培育工匠精神？请结合实例叙述。

模块三

养劳动之德

知 识 导 航

知识目标：

1. 了解劳动素养的概念。

2. 掌握劳动素养的内涵和价值。

素质目标：

1. 把握时代新人应具备的劳动素养。

2. 养成良好的劳动习惯和劳动品质。

3. 掌握劳动素养的提升路径。

技能目标：

深刻领悟劳模精神，注重在日常学习生活中提升劳动技能。

课 程 引 入

在杭州，身怀绝技的高级蓝领地位越来越高

22岁小伙，登上世界技能舞台巅峰

世界技能大赛被誉为"技能界的奥林匹克"。2015年，我国获得5枚金牌，实现了零的突破。其中，杭州技师学院教师杨金龙获得一枚金牌。

2017年10月，在第44届世界技能大赛中，杭州技师学院教师蒋应成与拱墅区职高教师王芹分别获得金牌和优胜奖，创造了杭州市参赛以来的最好成绩。

值得一提的是，22岁的蒋应成是继2015年杭州技师学院杨金龙获第43届世界技能大赛汽车喷漆项目金牌后的再次夺金，既是中国在世界技能大赛上首次实现汽车喷漆项目冠军蝉联，也是世界技能大赛历史上该项目金牌的首次蝉联。

在北京举行的第44届世界技能大赛参赛总结大会上，蒋应成作为获奖者代表发表获奖感言时这样说道："我庆幸生活在国家大力推进创新创业的新时代，让每个人都获得了改变命运的平等机会，而我因选择学习技能幸运地抓住了这样的机会，成为中国征战世界技能

大赛的一员。"从云南的小山村，到登上世界技能舞台的巅峰，蒋应成表示，自己做得最正确的选择就是来到杭州，继续学习与深造。

技能大师工作室，巾帼不让须眉

"麻根英绣花鞋技能大师工作室""於彩英电焊技能大师工作室""曹桢服装制作技能大师工作室"……在第44届世界技能大赛参赛总结暨杭州市高技能人才建设推进会上，还为2017年新认定的35家市级技能大师工作室和4家技师工作站授牌，并为20位新晋"杭州市首席技师"颁发了证书。这35个技能大师工作室，有的来自战略性新兴产业的企业，有的属于杭州传统优势项目。

例如，麻根英（见图3-1）是合村绣花鞋市级非遗传承人、市级民间美术工艺师，入行10多年，经常不定期免费举办中小学生培训讲座、作品交流展等。

"在境外参加作品交流展时，我们展出的一双双绣花鞋很受老外欢迎，他们经常在我们展位流连忘返。""麻根英绣花鞋技能大师工作室"领军人物麻根英自豪地说。

"於彩英电焊技能大师工作室"所在单位是电联工程技术股份有限公司。让人意外的是，从事电焊工作数十年、每年培养100名以上焊工高技能人才的电焊工高级技师於彩英是一位女性。

图3-1 麻根英

於彩英说，起初她是一名造船厂电焊工，相比钢结构，造船业对焊工技术要求更高，女性能够坚持下来的并不多。但是，於彩英不仅坚持下来了，还对自己严格要求，在技术上不断创新。她研发的通信铁塔埋弧环焊缝电弧跟踪装置获国家实用新型发明专利证书；2014年完成的《新型焊接防飞溅液的制备和使用效果》一文，刊登在《萧山技工》上；2015年根据产品特点设计研发的通信塔焊接专机投入使用，有效地提高了生产效率和产品质量……她说："我现在主要从事培训工作，希望将自己的技艺毫无保留地传给每一个学员，让他们成为企事业单位的高技能人才。"

项目一 了解劳动素养

随着世界经济和社会的飞速发展，高素质的人力资源开创着新时代。高素质的人力资源取决于个体的劳动素养，因此，劳动素养高低直接影响国家的前途和民族命运。习近平总书记曾寄语青少年从小就要树立劳动光荣的观念，自己的事自己做，他人的事帮着做，公益的事争着做。我国的教育改革也趋向能力为重，注重社会实践的能力培养，要求学生会做人、会做事，适应社会发展的变化，因此，对青年学生劳动素养的关注度不断上升，从不同的层面对劳动教育进行了有效的尝试，并取得了阶段性的成效。

一、素养和劳动素养

1. 素养

素养是个体在长期的教育和环境影响下形成的某一方面的稳定修养，包含了能力、知识、态度和价值观，人在特定情境中学会综合运用知识、技能和态度去解决问题，是人在知识、态度和能力三个层面的综合表现。"素养"一词最早见于《汉书·李寻传》，"马不伏枥，不可以趋道；士不素养，不可以重国"。"素养"强调修习涵养，后天养成，是发展中的、动态的。"素养"一词涵盖知识、能力、态度、价值观等方面，是全方面的素养，有利于贯彻"立德树人"的教育目标。"素养"具有综合性的特征，它基于学科发展，以"学生"或"人"为主体，是在教育过程中逐渐形成的知识、能力、态度等方面的综合表现。

从古代延伸至20世纪初的农业社会中，德行是人才"素养"的第一标准。在教育哲学中，素养被认为是集正义、智慧、勇敢于一体的，代表人物有苏格拉底、亚里士多德和孔子。随着工业社会的到来，20世纪初，以"能力"为中心对素养的概念进行了新的思考与分析，代表人物有让·皮亚杰（Jean Piaget）、戴维·麦克利兰（David McClelland）、霍华德·加德纳（Howard Gardner）等。20世纪90年代以来，随着信息社会的到来，对"素养"的概念进行了扩展与升级，强调核心素养（Key Competencies）才是培养能自我实现、与社会和谐发展的高素质国民的基础。从认知的角度出发，素养被定义为一个人在具体的社会环境中对知识、技术能力、态度等的应用。

延伸阅读　　　　　　　　　**中国学生发展核心素养**

学生发展核心素养，主要是指学生应具备的，能够适应终身发展和社会发展需要的必备品格与关键能力。研究学生发展核心素养是落实立德树人根本任务的一项重要举措，也是适应世界教育改革发展趋势、提升我国教育国际竞争力的迫切需要。

十八大和十八届三中全会提出要把立德树人的要求落到实处，2014年教育部研制印发《关于全面深化课程改革落实立德树人根本任务的意见》，提出"教育部将组织研究提出各学段学生发展核心素养体系，明确学生应具备的适应终身发展和社会发展需要的必备品格和关键能力"。学生发展核心素养研究专业性强，必须基于对学生身心发展规律的科学认识，采取科学的程序和方法。研究工作历时3年，联合课题组由北京师范大学等多所高校的近百名研究人员组成。2016年9月13日上午，中国学生发展核心素养研究成果发布会在北京师范大学举行。北京师范大学校长董奇、教育部基础教育二司副司长申继亮出席会议并致辞。来自教育学界和心理学界的知名专家学者、教育行政部门人员和一线教育工作者代表等参加了会议。

中国学生发展核心素养以培养"全面发展的人"为核心，可分为文化基础、社会参与、自主发展3个方面，综合表现为人文底蕴、科学精神、责任担当、实践创新、学会学习、健康生活6大素养，具体细化为社会责任、国家认同等18个基本要点。各素养之间相互联系、互相补充、相互促进，在不同情境中整体发挥作用。根据这一总体框架，可针对学生年龄特点进一步提出各学段学生的具体表现要求，图3-2详细展示了核心素养的全貌。

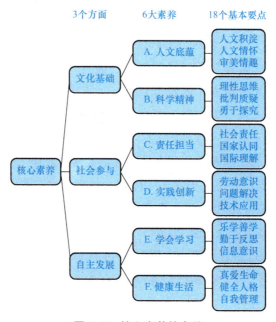

图3-2　核心素养的全貌

"素质"和"素养"在日常生活中常被人们交叉使用，但"素养"与"素质"的概念有所不同。素质在心理学上指人的某些先天的特点，是事物本来的性质。素养是由训练和实践而获得的技巧或能力。例如，人文素养是指人们在人文方面所具有的综合品质或达到的发展程度。其包括具备人文知识、理解人文思想、掌握人文方法、遵循人文精神。人文素养的形成主要有赖于后天的人文教育，包括语言教育、文学教育、历史教育、哲学教育、艺术教育、道德教育、思想教育、政治教育等内容。人文素质是指人具备的人文科学研究能力、知识水平和内在品质。其核心就是"人文精神"，一种为人处世的基本品德、价值观和人生哲学，科学精神、艺术精神和道德精神均包含其中。又如职业素养是劳动者对社会职业了解与适应能力的一种综合体现，其主要表现在职业兴趣、职业能力、职业个性及职业情况等方面。影响和制约职业素养的因素很多，主要包括受教育程度、实践经验、社会环境、工作经历及自身的一些基本情况（如身体状况等）。职业素质是指职业内在的规范和要求，是在从事职业过程中表现出来的综合品质，包含职业道德、职业意识、职业态度、职业技能、职业行为、职业作风等。素养是素质的表现，两者相辅相成。

延伸阅读 **素质冰山模型**

美国著名人力资源研究专家莱尔·斯潘塞（Lyle Spencer）和塞涅·斯潘塞（Signe Spencer）提出的人的素质冰山模型（Iceberg Model）将个体的素质分为动机、特质、自我概念、知识与技能五种基本素质。其中，动机是指一个人对某种事物持续渴望并付诸行动的内驱力；特质是指身体的特性及拥有对情境或信息的持续反应；自我概念是指一个人的态度、价值观及自我印象；知识是指个人在特定领域的专业知识；技能是指个人所拥有的动作技能和心智技能。上述五个方面的素质特征组成了一个人整体的素质结构，如图3-3所示。

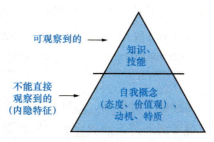

图3-3 人的素质结构冰山模型

知识和技能是可以看得见的、表层的、外显的个人特征，漂浮在水上；动机和特质更隐藏，位于人格结构的更深层；自我概念位于两者之间。表面的知识和技能相对容易改变，可以通过培训促使其发展；自我概念，如态度、价值观和自信也可通过培训而得以改变，但这相对知识和技能的培训要困难；核心的动机和特质处于人格结构的最深处，难以对其进行培训和发展。内隐特征是决定人们行为表现和行为结果的关键因素。

麦克利兰认为，水上冰山部分知识和技能是基准性素质，是对胜任者基础素质的要求，但它不能将表现优异者与表现平平者准确区别开来；水下冰山部分可以统称为鉴别性素质，是区分优异者和平平者的关键因素。企业在招聘人才时，不能仅局限于对技能和知识的考察，而应从应聘者的求职动机、个人品质、价值观、自我认知和角色定位等方面进行综合考虑。如果没有良好的求职动机、品质、价值观等相关素质的支撑，能力越强、知识越全面，对企业的负面影响会越大。

2. 劳动素养

劳动素养是指个人能够从劳动的角度来分析劳动问题且运用劳动技能来解决问题的内

在涵养，由劳动认知、劳动态度、劳动能力等组成。一个人在劳动素养的发展必须具备两个特点：一是在日常教育生活中积极主动地学习劳动知识，提高劳动认知水平，围绕劳动问题引发思考，培养良好的劳动态度；二是具备很强的劳动能力。《中国学生发展核心素养》的研究成果在最后实践创新核心素养部分中指出："劳动意识重点：尊重劳动，具有积极的劳动态度和良好的劳动习惯；具有动手操作能力，掌握一定的劳动技能；在主动参加的家务劳动、生产劳动、公益活动和社会实践中，具有改进和创新劳动方式，提高劳动效率的意识；具有通过诚实合法劳动创造成功生活的意识和行为等。"其中，"劳动素养"是重要内容，强调学生要尊重劳动，培养良好的劳动习惯、劳动态度和劳动能力。劳动素养维度见表3-1。

表 3-1　劳动素养维度

劳动素养维度	内容表述
劳动认知	认识、尊重劳动，对劳动的重要性有明确的认知，有正确的劳动观
劳动态度	积极健康的劳动热情、良好的劳动习惯和崇高的劳动品质
劳动能力	结合已有知识掌握劳动技能，具有动手操作能力、实践能力、创新能力；利用已有资源解决实际问题的能力。承担社会责任，具有通过诚实合法劳动创造成功生活的行动

劳动素养不仅重视知识，还涵盖了价值观、态度和能力的发展，最终目标是实现学生的全面发展。劳动素养不能单纯考虑通过劳动教育来传授知识，还应重视其态度和能力等方面的全面发展。同时，一个人的能力与其态度是密切相关的。大学生劳动教育的最终目标不单单是劳动技能水平的提升，而是通过劳动教育改善学生的认识结构、开发其潜能、丰富其情感与情操。依据劳动素养基本指标的成果，将劳动素养划分为劳动认知、劳动态度及劳动能力3个层面，改变过去只注重知识，孤立态度和忽视能力的观点，真正使其相互融合，相互作用。下面就从劳动认知、劳动态度及劳动能力3个层面阐述劳动素养的基本内涵。

（1）劳动认知层面。青年阶段生命个体的思维能力发展较快，概括能力及系统思考能力也都有较好的发展和提高。因此，大学阶段教育要注重学生认知能力的培养。从现代认知心理学角度而言，认知是指人的一种认识活动，它是刺激与反应之间的一种中介因素，也是影响人类行为的一个重要因素。也就是说，认知是人们通过外界环境认识事物的过程，并对认识的事物进行加工，通过获得信息来认识和理解事物。人们经过外界环境的刺激和影响，做出认知选择。在这一过程，人们自身会产生不同的观点，从而产生不一样的行为表现。因此，劳动认知是指获取劳动知识和进行劳动实践（包括在学校学习劳动教育的课程或是参加课外实践活动），根据自身的劳动兴趣对劳动有关的知识或信息进行选择和加工，重新认识和评价劳动素养。劳动素养认知层面主要体现在正确的劳动价值观方面。

劳动价值观是劳动者对劳动的思想认识、根本看法，它直接决定劳动者的价值判断、情感取向与行为选择，是劳动素养的重要内容。习近平总书记多次强调"劳动最光荣、劳动最崇高、劳动最伟大、劳动最美丽"，这是对新时代劳动价值观的明确定位。落实这一定位，需要结合唯物史观教育和劳动科学知识的学习，引导大学生充分认识"人民创造历史，劳动开创未来。劳动是推动社会进步的根本力量"的真理性意义；真正明白"劳动是财富的源泉，也是幸福的源泉"的道理，真切体验在劳动创造中"把自己的理想同祖国的前途、把自己的人生同民族的命运紧密联系在一起，扎根人民，奉献国家"的幸福感；深刻理解按劳分配是实现社会主义的基本原则，"全社会都要以辛勤劳动为荣、以好逸恶劳为耻"，鄙视"不劳而获""少劳多获"的投机思想；正确认识新时代劳动的复杂性和多样性，由衷地认同"劳动没有高低贵贱之分，任何一份职业都光荣""一切劳动，无论是体力劳动还是脑力劳动，都值得尊重和鼓励"的道理，切实改变轻视体力劳动和体力劳动者的错误心态；深入理解为什么"尊重劳动"为"四个尊重"之首，不能离开"尊重劳动"去谈时代精神。正确的劳动价值观主要体现如下：

1）劳动创造人类文明。在人类从猿进化为人的漫长历程中，劳动起了决定性作用。它不仅帮助人从爬行状态转向直立行走，更帮助人在弱肉强食、自然条件恶劣的情况下得以存活与繁衍。在人类求本能生存、求优质生活、求高效生产的发展过程中，劳动越来越成为群体共识、自卫盔甲、致富手段。人类文明的每一次进步和跨越都离不开劳动的助推，在习近平总书记看来，人间万事出艰辛，越是美好的未来，越需要我们付出艰辛努力。只有付出和投入智力、物力、体力，劳动才可以挖掘人类意识的潜能、唤醒蕴藏在人体中的无限本能，进而形成丰富多彩、光辉灿烂的世界文明。对于当前所取得的一系列崭新成就，习近平总书记认为，这些成就是全国各族人民撸起袖子干出来的，是新时代奋斗者挥洒汗水拼出来的。可以说，一部人类文明的发展史，就是一部劳动的纪念史和讴歌史。

2）劳动托起中国梦。习近平总书记在参观《复兴之路》展览时首次提出"中国梦"，强调"实现中华民族伟大复兴，就是中华民族近代以来最伟大的梦想"。此后，"中国梦"成为目之所及、耳之所闻的高频词汇，在党的十九大报告中"中国梦"更是出现13次之多。习近平总书记指出，伟大的事业呼唤着我们，庄严的使命激励着我们。只有汇聚起亿万国人的磅礴之力，在追求梦想中探寻正确方向，在砥砺前行中摸索清晰路径，才能不负手中的事业和肩上的使命。习近平总书记强调，我国工人阶级和广大劳动群众要更加紧密地团结在党中央周围，勤奋劳动、扎实工作，锐意进取、勇于创造，在实现"两个一百年"奋斗目标的伟大征程上再创新的业绩，以劳动托起中国梦。他用坚定的话语表述，还劳动以道义，还劳动者以尊严，充分论证了劳动助力国家富强、民族振兴、人民幸福的重要作用，进而得出只有劳动才能铸就中国梦的经典论述。在习近平总书记看来，伟大事业"始于梦想""基于创新""成于实干"。尤其是在机遇与挑战面前，"大家还要一起拼搏、一起奋斗""我们都在努力奔跑，我们都是追梦人"。这既凸显了劳动的恒久性，也彰显了梦想只有在劳动中才能散发出耀眼的光辉。

3）劳动成就人的价值。恩格斯赞美"劳动创造了人本身"；马克思更认为劳动是人的本质。从猿进化成原始人，再从原始人进化为现代人，劳动始终起着不可替代的重要作用。劳动不仅让人成为人，而且让人成为更好的人。随着历史进程的推演，人的需要向高级的自我价值跃进，而劳动能够助力培塑人的正确价值观、助力人的全面发展、助力实现人的社会价值。习近平总书记指出，一切劳动者，只要肯学肯干肯钻研，练就一身真本领，掌握一手好技术，就能立足岗位成长成才，就都能在劳动中发现广阔的天地，在劳动中体现价值、展现风采、感受快乐。所以，劳动不仅是谋生手段，也是公民的责任和义务，更是每个人实现自身价值的根本途径。无论是穿行于大街小巷的快递小哥，还是凌晨挥动扫把的环卫工人；无论是在田野里辛勤耕耘的农民，还是埋头创新攻关的科研人员……不同的群体，千万种忙碌，各行各业的劳动者都在用奋斗的姿态追寻更好的自己，在全力奔向美好生活的同时，铸就了新时代最美的风景。

（2）劳动态度层面。劳动态度主要是指学生接受劳动教育之后，愿意增强对劳动的认识和理解。学生经过学习劳动知识，开始参与劳动，对劳动实践产生兴趣和好奇心，在此基础上，学生也学会热爱劳动、尊重劳动人民和珍惜劳动成果，学会树立正确的劳动观念，形成优良的劳动品质。"即使是大学毕业生，如果没有正确的劳动观、劳动态度和劳动习惯，缺乏热爱劳动人民的思想感情，也不可能成为社会现代化建设需要的人才。"可见，大学生劳动态度的培养至关重要。

1）劳动热情。劳动情感态度是劳动者的个体心理特征的反应，是个体在一定劳动价值观的支配下、在长期劳动情感体验基础上形成的一种相对稳定的对待劳动的心理倾向。"爱劳动"一直是我国劳动教育特别重视培养的基本劳动情感态度。新时代劳动情感态度教育既要强调热爱劳动、勤于劳动，又要强调热爱创造、善于劳动。因为热爱劳动、热爱创造是立业为人的根本，是实干兴邦的基石，更是富民强国的动力。

培育大学生热爱劳动、热爱创造的情感态度，要在培养热爱劳动者的真挚情感上下功夫，教育引导大学生真正做到"任何时候、任何人都不能看不起普通劳动者，都不能贪图不劳而获的生活"，认识到尊重普通劳动者、珍惜他们的劳动成果是人的基本修养；要在科学构建劳动实践训练体系上下功夫，着力优化大学生专业实习实训、精心组织社会实践与志愿服务、全面推进创新创业教育、不断深化产教融合，引导大学生在广阔的生产劳动与实践中加强磨炼、增长本领，教育大学生"要敢于做先锋，而不做过客、当看客，让创新成为青春远航的动力，让创业成为青春搏击的能量"；要在培养大学生勤奋学习、刻苦钻研上下功夫，狠抓学风建设，教育大学生由衷认识到认真学习、刻苦钻研，不仅是增进知识的过程，更是磨炼意志、锤炼品行、提高自己的辛勤劳动过程，让勤奋学习成为青春飞扬的动力。

案例

毛泽东学打草鞋

秋收起义后，毛泽东带着队伍上了井冈山。由于国民党反动派的封锁，井冈山生活十分困难。为了应对困难，毛泽东向红军指战员发出号召：没有粮，我们种；没有菜，我们栽；没有布，我们织；没有鞋，我们自己动手编！

一天，毛泽东望见半山坡的一间小茅屋前坐着一位白发老汉。走近一看，老人正在打草鞋。毛泽东高兴地走上前去，笑着说："老人家，我拜你为师来啦！"毛泽东坐在一旁仔细地向老人学习打草鞋，每个步骤、每个动作都默默地记在心里。

不一会儿，一只草鞋打好了。毛泽东学会了打草鞋，又一招一式地教给战士们，给大家树立了一个勤劳俭朴的好榜样。

2）良好劳动习惯。劳动习惯是个体在长期劳动实践训练中形成的稳定的行为模式。新时代互联网的飞速发展、数字经济的到来、人工智能的崛起，在带给人类生活极大便利的同时，也在无形中滋长了年轻一代企图不劳而获、渴望一夜暴富、追求一夜成名的不良心理。习近平总书记一直强调"空谈误国，实干兴邦"，倡导"在全社会大力弘扬真抓实干、埋头苦干的良好风尚"，强调"幸福不会从天而降，梦想不会自动成真"，"人世间的美好梦想，只有通过诚实劳动才能实现；发展中的各种难题，只有通过诚实劳动才能破解；生命里的一切辉煌，只有通过诚实劳动才能铸就"，实现我们的奋斗目标，开创我们的美好未来，"必须依靠辛勤劳动、诚实劳动、创造性劳动"，正是对前述种种不良现象的有力纠偏。

大学生要养成真抓实干、埋头苦干的生活方式。2018年5月2日在北京大学师生座谈会上的讲话中，习近平总书记更是谆谆教诲广大青年"要力行，知行合一，做实干家"，"不论学习还是工作，都要面向实际、深入实践，实践出真知；都要严谨务实，一分耕耘一分收获，苦干实干"。新时代高校劳动教育要回到全面的、本原的劳动观上，将劳动看成人类创造世界、改造世界的一切实践活动，是劳动、工作、做事、干事、奋斗的统称，让"真抓实干、埋头苦干"成为新时代大学生学习、工作、做人、做事的基本行为方式。

3）优秀劳动品质。劳动品质体现了劳动的伦理要求，是指人们在劳动过程中所表现出来的对他人和社会的稳定的心理特征与倾向。辛勤劳动、诚实劳动、创造性劳动，是习近平总书记对新时代劳动的基本要求。辛勤劳动、诚实劳动和创造性劳动是统一的。辛勤劳动是诚实劳动和创造性劳动的前提和基础。"一勤天下无难事"，"民生在勤，勤则不匮"，这些中国人自古秉承的劳动信念在新时代依然熠熠生辉，"坚持艰苦奋斗，不贪图安逸，不惧怕困难，不怨天尤人，依靠勤劳和汗水开辟人生和事业前程"依然是新时代大学生需要发扬的美德。诚实劳动是辛勤劳动的表现，也是创造性劳动的前提。习近平总书记高度讴歌诚实劳动的价值，将其视为实现人世间的美好梦想、破解发展中的各种难题、创造生命里的一切辉煌的必由之路。创造性劳动是辛勤劳动、诚实劳动的发展，也是劳动的核心和本质要求。新时代是创新发展的时代，大学生是新时代创新发展的重要新生力量，要深刻理解新时代的劳动者"不仅有力量，还要有智慧、有技术、能发明、会创新"，以科学家、大国工匠和劳动模范为榜样，胸怀理想、脚踏实地、勤奋学习、锐意进取、敢为先锋、勇于创造，不断谱写新时代的劳动创造之歌。劳动品质是劳动素养的核心和方向标，传统的劳动品质主要凸显的是吃苦耐劳、诚实守信、勤俭节约、坚忍顽强、乐于奉献等，在新时代背景下，劳动品质增加了新的时代特征，更加凸显了为国争光、团结协作、开放融合、创新创造、精益求精、坚持专注、追求卓越等特征。

（3）劳动能力层面。劳动能力主要是指个体能够在劳动实践活动中，通过自己的劳动行为充分发挥自身的操作技能、实践能力和创新能力，做到自我培养和自我判断，有能力组织和实现个人任务或集体任务，是大学生劳动素养全面提升的必备基础。正如习近平总书记所强调的那样，"素质是立身之基，技能是立业之本。广大劳动群众要勤于学习，学文化、学科学、学技能、学各方面的知识，不断提高综合素质，练就过硬本领"。应该说，大学各专业知识的学习本身就是一种劳动知识学习，大学生的专业实习、毕业实习也都是被明确列入教学计划的劳动技能训练，这正是大学劳动教育区别于中小学的重要一维，必须抓紧抓好，为建设宏大的知识型、技术型、创新性劳动大军奠定基础。劳动者素质对一个国家、一个民族发展至关重要。劳动者的知识和才能积累越多，创造能力就越强。

1）劳动技能。劳动技能是个体从事一定劳动所必须具备的知识、技术、技巧及综合运用这些知识、技术、技巧的能力。劳动技能包括一般劳动技能和专门劳动技能。一般劳动技能是劳动者从事一般工作的能力，是劳动技能的基础；专门劳动技能是劳动者的独特能力，是创造财富的核心能力。劳动技能可分为个体劳动技能和组织劳动技能。个体劳动技能是组织劳动技能的基础；组织劳动技能是个体劳动技能的有机整合。一般来说，组织的结构体系越科学、劳动力配置与激励越合理、组织变革越及时，则组织的劳动技能越强。劳动技能按照其状态可以划分为显现的劳动技能和潜在的劳动技能。显现的劳动技能是已经发挥出来的劳动技能，潜在的劳动技能是尚未发挥出来的劳动技能。潜在的劳动技能是显现劳动技能的基础，潜在的劳动技能越大，能够显现出来的劳动技能才可能越多，发挥的质量才可能越高；反之，显现的劳动技能发挥得越多、越充分，越能够有效地促进潜在劳动技能的提升。劳动技能的形成与发挥受许多因素的影响，一方面既包括个体的因素，也包括组织的因素；另一方面既包括组织内部的因素，也包括组织外部的环境因素。

2）实践能力。实践能力是指参与校内外的劳动实践活动，获得实践体验，如在卫生清洁、内务管理、勤工助学、志愿服务、创新创业、专业实践等活动中表现出来的能力。劳动实践活动是开展劳动教育的一条重要途径，学生将学到的劳动知识运用到社会实践中，学会与生活密切联系，这样有助于学生拓展学习领域，还可以进一步地发展他们自己的兴趣和爱好，为其提供众多选择，并且有利于学生在社会实践中整合知识，发挥实践能力。

3）创新能力。创新能力是指学生善于发挥自身的创新意识和探究意识。通过劳动发展学生的实践能力和创新能力，也是苏霍姆林斯基非常鼓励的一种劳动教育方式。他希望学生能够在不断劳动的过程中加入新的东西，使其拥有热情和兴趣，保持创造的欲望，真正发挥劳动的作用，带来兴趣，促进学生全面发展，增强其克服困难的意志。勇于创新是劳动素养的新时代特征，因此创新能力是劳动能力的关键因素。

延伸阅读　　**北斗三号开通之日，习近平总书记为何提出"新时代北斗精神"**

　　人类梦想追逐到哪里，就希望时空定位到哪里。人类脚步迈进到哪里，就希望导航指引到哪里。2020 年 7 月 31 日，源自中国的北斗系统（见图 3-4）迈入为全球定位、导航的新阶段。在这个重要时刻，习近平总书记提出要传承好、弘扬好新时代北斗精神。在中国智慧、中国坐标背后，蕴含着什么样的中国精神呢？

图 3-4　北斗系统

　　2020 年 7 月 31 日上午，北斗三号全球卫星导航系统建成暨开通仪式在北京人民大会堂举行。

　　深邃夜空，斗转星移。北斗星自古为中华民族定方向、辨四季、定时辰。我国全球卫星导航系统以"北斗"命名，恰如其分。昔有指南之针，今有北斗导航，这是中国智慧遥隔时空的接力。从 2000 年 10 月第一颗北斗一号实验卫星成功发射，到 2020 年 6 月 23 日北斗三号最后一颗全球组网卫星完成部署，20 年来，44 次发射，中国先后将 4 颗北斗实验卫星，55 颗北斗二号、三号组网卫星送入太空，完成全球组网，为世界贡献全球卫星导航的"中国方案"。

　　北斗系统是党中央决策实施的国家重大科技工程，习近平总书记始终牵挂。《时政新闻眼》梳理发现，习近平总书记不仅在 2014 年、2016 年、2018 年三届两院院士大会上"点赞"

北斗导航，还先后两次在新年贺词中介绍北斗导航的进展。从 2019 年新年贺词中"北斗导航向全球组网迈出坚实一步"，到 2020 年新年贺词中"北斗导航全球组网进入冲刺期"，再到 2020 年 7 月 31 日建成开通，北斗系统"瓜熟蒂落"，我国也由此成为世界上第三个独立拥有全球卫星导航系统的国家。

国之大器，利国惠民。火神山、雷神山医院的修建，离不开北斗为复杂地形地貌实现高精度定位、精确标绘。2020 年 5 月，中国登山健儿再登珠穆朗玛峰峰顶，采用的数据同样以北斗数据为主。北斗的创新应用还体现在工业互联网、物联网、车联网等新兴领域。2035 年前，北斗还将建设完善更加泛在、更加融合、更加智能的综合时空体系。

航天人的"造梦"接力

2020 年 4 月 24 日"中国航天日"前夕，孙家栋等 11 位参与"东方红一号"任务的老科学家给习近平总书记写信，表达实现中国梦、航天梦的信心。他们很快收到习近平总书记的回信。信中说："你们青春年华投身祖国航天事业，耄耋之年仍心系祖国航天未来，让我深受感动。"

孙家栋是"两弹一星"元勋、"东方红一号"卫星总体设计工作负责人，后来又带领团队完成了我国北斗一号、北斗二号建设任务，以及北斗三号立项和论证。孙家栋院士还是绕月探测工程技术总负责人。2020 年 7 月 31 日，91 岁的孙家栋院士坐着轮椅来到人民大会堂。这是一年之后他和习近平总书记在人民大会堂的再次见面。2019 年 9 月，孙家栋荣获国家最高荣誉勋章——"共和国勋章"。2015 年，杨长风接替孙家栋院士担任北斗卫星导航系统总设计师，带领团队继续为航天梦奋斗。

仰望星空、北斗璀璨，脚踏实地、行稳致远。中共中央、国务院、中央军委的贺电指出，北斗三号全球卫星导航系统的建成开通，凝结着一代又一代航天人接续奋斗的心血，饱含着中华民族自强不息的本色。为何要传承好、弘扬好新时代北斗精神？在参观北斗系统建设发展成果展览展示时，习近平总书记强调，26 年来，参与北斗系统研制建设的全体人员迎难而上、敢打硬仗、接续奋斗，发扬"两弹一星"精神，培育了新时代北斗精神，要传承好、弘扬好。

什么是新时代北斗精神

当天中共中央、国务院、中央军委的贺电指出，要大力弘扬"自主创新、开放融合、万众一心、追求卓越"的新时代北斗精神。为什么要传承好、弘扬好新时代北斗精神？因为这一精神的每一层面都饱含时代意义。

自主创新

中国始终坚持自主建设、发展和运行北斗系统。研制团队首创星间链路网络协议、自主定轨、时间同步等系统方案，填补了国内空白。北斗导航卫星单机和关键元器件国产化率达到 100%。习近平总书记多次谆谆告诫："自主创新是我们攀登世界科技高峰的必由之路。""不能总是用别人的昨天来装扮自己的明天。"

开放融合

北斗系统鼓励开展全方位、多层次、高水平的国际合作与交流，提倡与其他卫星导航系统开展兼容与互操作。习近平总书记在向国际热核聚变实验堆计划重大工程安装启动仪式致贺信时说，10 多年来的积极探索和实践充分证明，开放交流是探索科学前沿的关键路径。

万众一心

习近平总书记指出，北斗三号全球卫星导航系统的建成开通，充分体现了我国社会主义制度集中力量办大事的政治优势。2014 年 6 月，习近平总书记在两院院士大会上说："我国社会主义制度能够集中力量办大事是我们成就事业的重要法宝。我国很多重大科技成果都是依靠这个法宝搞出来的，千万不能丢了！"

追求卓越

"中国的北斗、世界的北斗、一流的北斗。"这是北斗系统的发展理念。北斗三号卫星采取了多项可靠性措施，使卫星的设计寿命达到 12 年，达到国际导航卫星的先进水平。2018 年 5 月，习近平总书记在两院院士大会上寄语广大科技工作者："追求卓越、赢得胜利，积极抢占科技竞争和未来发展制高点。"

灿烂星空，北斗闪耀。中国"星网"，导航全球。新时代北斗精神，在中国人的心灵深处，铸就闪亮的精神坐标。

二、当代大学生劳动素养现状

劳动素养是经过生活和教育活动形成的与劳动有关的人的素养。其包括劳动的价值观（态度）、劳动的知识与能力等维度。一个有良好劳动素养的人，不仅要有对于劳动价值的正确认识及积极态度，还要有对劳动知识和技能的娴熟了解与掌握，并具有良好的劳动习惯。青年大学生群体富有活力、充满激情，对待生活和学习积极乐观，但物质丰裕的环境决定了当代大学生缺少艰苦环境的历练和艰难生活的磨炼，导致部分大学生劳动素养偏低。当前大学生的劳动素养现状表现为以下特点：

1. 劳动认知不足

认知是态度和行为的基础，对劳动的积极认知，能够指导大学生热爱劳动，尊重劳动，投身劳动；反之，大学生就可能对劳动持消极和抗拒态度。然而，由于社会环境、成长经历和应试教育等因素的长期影响，当前大学生对劳动的认知普遍不足。劳动包含体力劳动和脑力劳动，但不少大学生对劳动简单化理解，片面地将体力劳动等同于劳动的全部，对劳动充满抵触情绪；也有一部分学生轻视体力劳动，认为从事体力劳动低人一等，对体力劳动者缺乏应有的尊重；部分学生毕业后找不到满意的工作，宁愿在家"啃老"也不愿意到基层一线去；还有一些学生不能理解国家开展劳动教育的意义和价值，对劳动教育是"人生的第一教育""劳动教育是立德树人的重要载体"认识不到位，觉得当下开展劳动教育多此一举。

2. 劳动态度消极

认知影响态度。对劳动教育认知的不足，导致了部分学生劳动意识淡薄，劳动态度不够端正。如有学生认为经济社会发展了就无须发扬艰苦奋斗精神，甚至认为辛勤劳动是愚蠢的行为，因而，依赖父母积累的物质财富和社会资本，不思进取，逐渐养成了逃避劳动的心理，形成了好逸恶劳的思想和懒散消极的习惯，成为"啃老族"；少数学生劳动取向功利化，参加志愿服务及社会实践活动不以认识社会和提升能力为目的，而是关注能否在综合测评中"加分"，是否有助于"评优评先"，一旦认为得不到应有的回报，便选择逃避。日常生活中对劳动的消极态度，影响着大学生对劳动及劳动人民的情感，并进一步影响大学生的就业观，表现为就业时眼高手低，追求不切实际的薪酬待遇，随意毁约。

3. 劳动品质欠佳

社会主义的劳动教育最重要的目的是培养学生的劳动价值观，使学生知道劳动的价值，欣赏劳动的过程，尊重劳动的果实。然而受劳动认知不足和劳动态度消极的影响，不少大学生没有养成良好的劳动品质，且劳动情怀比较缺失。如有的学生崇尚安逸享乐，渴望不劳而获，梦想一夜暴富；有的学生劳动意志脆弱，不能够吃苦耐劳，在劳动面前容易产生退缩心理；也有学生缺乏艰苦奋斗精神，生活不够节俭，铺张浪费，攀比享乐；还有学生以自我为中心，不善于团队协作；部分学生在学校宁愿将大部分时间花在娱乐消遣上，也不愿意打扫宿舍卫生，导致寝室脏乱不堪；还有一部分学生缺乏劳动意识和劳动自觉，不仅不愿意亲自动手劳动，而且难以理解劳动过程的辛勤，不爱惜、不尊重别人的劳动成果，随手丢垃圾、随地吐痰等现象时有发生。

4. 劳动能力弱化

娴熟的劳动能力需要在长期的学习和动手实践中培养与练就。由于劳动观念淡薄、劳动价值模糊、劳动实践不足，当前大学生普遍动手能力较差，缺乏基本的劳动技能，更有甚者，连自己的日常生活都不能自理。如有的学生不会做饭烧菜，甚至不会整理房间和清洗衣物，以至于新生开学常有父母帮忙挂蚊帐的现象，媒体中时有大学生邮寄脏衣服回家清洗的报道。部分学生不会使用劳动工具，扫把不会拿，拖把不会用，将劳动工具当玩具，劳动技能几乎为零。一些毕业生眼高手低，只会纸上谈兵，不能很好地胜任工作岗位，且不愿意向有经验的先辈学习。以前的农村大学生对农活还有所了解，并能从事简单的农务活动，但现今农村学生吃不了苦，受不了累，不仅劳动技能大幅下滑，甚至"五谷不分"，更谈不上土地情结。另外，由于校内外实践资源相对短缺和实践环节落实不到位，不少大学生很少参加劳动，缺乏实践锻炼，这使他们将劳动看得过于简单，眼高手低，大事做不来，小事不愿做。当前国家倡导"大众创业、万众创新"，有些学生仅凭一股热情就去创业，不仅创业失败，自信心还遭受打击。由于平时努力不够，也缺乏必要的培训，他们的知识、技能、经验、心态等都不足以支撑其创业的热情。

项目二 提升劳动素养

一、提升劳动素养的意义

1. 社会主义建设的时代呼唤

习近平总书记 2016 年在宁夏考察时指出："社会主义是干出来的，就是靠着我们工人阶级的拼搏精神，埋头苦干，真抓实干，我们才能够实现一个又一个的伟大目标，取得一个又一个的丰硕成果。"我们的社会主义事业取得如此大的成功，没有千千万万劳动者的辛勤劳动是不可能的，没有众多具有高素养的劳动者的付出是不可能的。

微课：养成
劳动习惯

2022 年 5 月 18 日，教育部举行"教育这十年""1+1"系列发布会，介绍中国共产党第十八次全国代表大会以来我国高等教育改革发展成效。我国接受高等教育的人口达到 2.4 亿，在学总人数达到 4 430 万，高等教育毛入学率从 2012 年的 30%，提高至 2021 年的 57.8%，提高了 27.8%，进入世界公认的普及化阶段。我国已建成世界规模最大的高等教育体系，培育了一大批高素质专门人才，为民族振兴、经济建设、社会发展、科技进步发挥了重要作用。

青年群体关乎未来我国社会主义事业建设是否源源不断、后继有人。因此，进一步提升当下高校大学生劳动素养事关社会主义事业建设成败。习近平总书记曾指出，"以劳动托起中国梦"，进行伟大斗争、建设伟大工程、推进伟大事业、实现伟大梦想，全面建成小康社会，进而建成富强民主文明和谐美丽的社会主义现代化强国，根本上要靠劳动，要靠劳动者的辛勤劳动、诚实劳动和创造性劳动。新时代的劳动，无论是体力劳动还是脑力劳动，无论是简单劳动还是复杂劳动，都是为我国社会主义现代化建设做出贡献的劳动。提高大学生的劳动素养不仅能够促进个体全面和谐健康发展，实现自我价值，同时也能助力国家经济发展、繁荣富强，为实现中华民族伟大复兴的中国梦添砖加瓦。

2. 落实劳动教育的客观要求

劳动教育是国民教育体系的重要内容，是学生成长的必要途径，具有树德、增智、强体、育美的综合育人价值。落实劳动教育重点是在系统的文化知识学习之外，有目的、有计划地组织学生参加日常生活劳动、生产劳动和服务性劳动，让学生动手实践、出力流汗，接受锻炼、磨炼意志，培养学生正确的劳动价值观，提升学生的劳动素养。

3. 实现人生价值的内在需要

实现中国梦的前提是每一个中国人能够努力实现自己的梦想，大学生是实现中华民族伟大复兴的中国梦的生力军和主力军，祖国的未来和民族的希望都寄托在青年身上。因此，只有提高大学生的劳动素养，使他们具备劳动精神、劳模精神、工匠精神，做到"知劳动、爱劳动、会劳动"，不断刻苦钻研、求真务实、锐意进取、创新创造，全力投身社会主义劳动实践，才能够使大学生实现自我价值，凸显人生价值，为社会主义建设添砖加瓦。

延伸阅读 **开展劳动教育有三重意义**

在教育家苏霍姆林斯基眼中，劳动教育及劳动素养的培养都具有重要的意义。苏霍姆林斯基认为，劳动素养包括劳动创造活动的智力充实性和完满性、道德丰富性和公民目的性。劳动教育在大学阶段的意义可以从以下三个方面着手进行分析。

（1）劳动帮助智力体系得到完善。首先，可以通过学习与劳动相结合，更好地掌握事物之间的联系。其次，可以利用劳动发展才能和爱好。对某一种劳动的共同热爱有利于将学生聚集到这个或那个集体中。在整个过程当中，要着重培养那些天赋还没有显著表现出来的学生的才能和爱好。

（2）劳动教育也是人格教育。学校是育人的场所，教师在校的所有行为对学生都是教育，其中也包括必要的体力劳动。学校应当教会学生懂得敬重劳动和劳动者，而不是鄙视劳动。引导学生意识到每一个劳动者都值得尊敬，任何一种劳动都值得尊重。

（3）生活的真正幸福源于劳动。没有劳动就谈不上真正的幸福。幸福源于劳动，学校教育的重要使命之一就是要使学生理解和领悟到一个人获得的生活及文化的财富是与他参加的劳动有直接联系的。好逸恶劳、贪图享受、期盼不劳而获、少劳多得都是病态的劳动价值观，需要全社会确立正确的劳动价值观去克服。

为了有效地开展劳动教育，培养学生的劳动素养，学校应该致力于形成有效的综合性学习的课程，因势利导地开展家务劳动、校园劳动、校外劳动、志愿服务等形式多样的劳动，让劳动教育成为激发孩子学习动机、巩固学习成果的重要渠道。

二、提升劳动素养的途径

1. 弘扬劳动传统美德

中国共产党作为以马克思主义为理论基石的政党，始终高扬劳动光荣的理念，坚持教育与生产劳动相结合的理论。党百年来领导的劳动教育经受住了实践检验，呈现出阶段性特征，同时也内蕴着丰富的经验。

新民主主义革命时期，1936年中共中央在内无统一、外有入侵的困局中创办中国人民抗日军政大学，在肩负抗日救亡教育使命的同时，注重对青年学生进行生产劳动教育，以便保障战争物资供给并不失时机地改造青年学生的思想观念。社会主义革命和建设时期，为适应国家生存与发展的基本要求，这一时期劳动教育所贯穿的主题是劳动教育与工农业生产相结合。在这一主题的呼吁下，"爱劳动"成为中华人民共和国国民的五项公德之一。在改革开放和社会主义现代化建设新时期，劳动教育得到高度重视，并以服务社会主义现代化建设为中心。邓小平同志对之前"劳动者"片面化和教条化理解的现象进行深刻批判，从体力劳动中延伸出脑力劳动，实现了从重劳动到重教学、重实践的深刻转变。同时，现代化的发展路标赋予劳动教育更为丰富的内涵与意义。劳动教育的社会功能由集体主义逐步转向兼顾个性发展，使学生的个体需求得到了前所未有的重视。进入新世纪，劳动教育迎来转型发展，是素质教育取得成效的重要一环，是实现应试教育向素质教育转化的重要桥梁，在学生了解社会、体察社会风气、增强社会责任感方面发挥着不可替代的教育作用。这一时期劳动教育注重社会实践与服务性劳动，强调学生在社会实践中运用知识服务社会，以此涵养学生的奋斗精神、奉献精神与服务精神。

进入新时代，劳动教育提倡劳动与创新一体化，注重培养具有创新创造能力的时代新人。劳动与创新一体化是时代所需、大势所趋，是我国能否进入创新型国家行列的重要指标。中国共产党在不同历史时期领导的劳动教育有着特定的时空背景，其侧重点虽不尽相同，但都坚持教育的劳动属性，都沿着马克思主义教育与生产劳动相结合的轨道向前发展，都服务于解决和实现党在不同时期的中心工作与奋斗目标。新时代劳动教育是对中国共产党百年来劳动教育实践的升华，传承了党在历史上领导的劳动教育的共性，着力于弘扬中华优秀传统劳动文化，同时创新着当代条件下劳动教育发展所要求的个性，不断提升劳动者的劳动素养。

2. 积极参加劳动实践

劳动是一个实践的过程，因此，提升劳动素养需要课堂学习与课外实践的有机统一，如果课堂学习与课外实践不结合起来，大学生对劳动的认同感和敬畏心就不可能真正形成。因此，大学生要加强实践体验，通过开展多种形式的劳动实践，切实感悟劳动的获得感和成就感。

（1）加强校内劳动锻炼，主动参与校园卫生保洁和花木修剪，通过自己的劳动营造清洁美丽的校园环境，在"流自己的汗"的劳动实践中形成积极的劳动情怀。

（2）参加校外劳动实践，如志愿服务公益活动、社会实践、勤工助学、校外实习、假期打工等，发挥专业所长，在奉献社会的实践过程中增强与劳动人民的接触，加强对劳动人民的认识，培养对劳动人民的热爱情感，培育劳动品质，训练劳动技能，提升劳动能力。

（3）利用学校搭建的劳动教育实践基地及职业体验实践基地，在接地气、接生活的劳动体验课程中，积极进车间、下田野，通过学工学农实践发展自己，通过各种形式的创新创业实践内植创新精神，创造财富，收获幸福。

总之，要通过劳动实践，充分感受劳动的乐趣，享受劳动成果的喜悦，养成吃苦耐劳的品质及独立担当的品格，进而形成尊重劳动、热爱劳动的真挚情感。大学生要在自己的生活实践中体会劳动素养提升与自身健康成长和全面发展的内在联系，积极参加校内外组织的劳动教育和劳动锻炼活动，并积极寻找劳动机会，在劳动过程中训练劳动技能，形成热爱劳动的良好品德，锻炼吃苦耐劳的意志品质，全面提高劳动素养。

3. 自觉养成劳动习惯

大学生要学会提升自己的个人修养，时刻保持主动学习的精神，自觉养成良好的劳动习惯。只有坚持主动学习，才能尽可能地获得知识，培养自我、提升自我，要有意识地进行自我反省、自我判断、自我学习和自我教育。在接受劳动教育的过程中，能充分认识劳动素养对自身的作用，从而在劳动实践中强化自己对劳动素养的认识，增强培养劳动素养的意识，除通过学校教育、家庭教育等途径获得对劳动素养的了解外，还可以通过自我服务和自我充实的方式来认识劳动素养，加强自我劳动教育。

首先，大学生要自觉主动地学习，对在学校获得的劳动知识进行自我消化和自我认知。其次，在学校要主动认真地学习劳动教育课，遇到不懂的问题积极思考和提问，尽自己最大的能力做到自主学习、自我管理、自主思考和自己行动，培养正确的劳动观念；还可以发挥同伴关系，一起学习和讨论劳动知识和参与劳动，可以在集体学习过程中表现自己，充分认识到集体荣誉感所带来的那一份责任，感悟体验劳动带给自身的力量和磨炼。最后，要不断了解我国国家荣誉称号获得者、劳动模范、改革先锋等人物故事和精神，不断弘扬和践行劳动精神、劳模精神、工匠精神，不断地积累并加以运用，这是提高劳动素养水平的基础。

延伸阅读

新时代如何做好劳动教育

在 2018 年全国教育大会上，习近平总书记强调要构建德智体美劳全面培养的教育体系。党的十九届四中全会进一步明确了"培养德智体美劳全面发展的社会主义建设者和接班人"的培养目标。中央全面深化改革委员会第十一次会议审议通过的《关于全面加强新时代大中小学劳动教育的意见》，强调劳动教育是中国特色社会主义教育制度的重要内容，要全面贯彻党的教育方针，坚持立德树人，将劳动教育纳入人才培养全过程，贯通

微课：幸福都是奋斗出来的

大中小各学段，贯穿家庭、学校、社会各方面，把握育人导向，遵循教育规律，创新体制机制，注重教育实效，实现知行合一，促进学生形成正确的世界观、人生观、价值观。

新时代呼唤劳动教育，是对劳动教育本质认识的回归。它既有马克思主义"教劳结合"思想的引领，又传承了"耕读传家久"的传统，还具有鲜明的时代特征，强调教育要与科学技术为基础的劳动相结合、书本知识与实践经验相结合，培养学生的专业精神、职业精

神、劳动精神。

将劳动教育纳入人才培养全过程，必须坚持以习近平新时代中国特色社会主义思想为指导，全面贯彻党的教育方针，从立德树人的高度来思考体系建构，突出传承性、制度性、操作性和时代性。

（1）突出传承性，弘扬中华优秀传统劳动文化。中华民族始终将勤勉劳作视为社稷之基和生活之本，崇尚"天道酬勤""民生在勤，勤则不匮"等理念。加强新时代劳动教育，必须坚持在继承传统中创新发展，推动中华优秀传统文化中劳动思想的现代转化，在劳动教育中融入社会主义核心价值观，培育敬业奉献精神。

（2）突出制度性，完善劳动教育的制度建构。"仁圣之本，在乎制度而已。"构建大中小幼相互贯通，职业教育与普通教育、校内教育与校外教育有机衔接的教育机制，突出制度的刚性，明确各主体的责任，建立评价、督导、激励机制等一系列制度建构。教育行政管理部门是劳动教育管理的主体，要依法治教，依法监督、管理、规范劳动教育实施机构的教育活动；学校是劳动教育实施主体，必须在劳动教育的课程设置、开展劳动教育评价、建立劳动教育档案等方面起到主导作用；社会和家庭有配合实施劳动教育的责任与义务，是配合学校劳动教育实施的主体；学生直接参与劳动，是接受劳动教育的主体，在不同年龄阶段必须接受相应的劳动教育。教育管理部门要建立切实可行的评价机制，将学生的劳动素养纳入学校综合考评机制，探索建立考评结果全方位使用的激励机制。

（3）突出操作性，建立系统科学的操作体系。可在国民教育体系各阶段中设置劳育科目和课程，针对大中小幼不同阶段，制定科学的劳动教育大纲，编写切实可行的劳动教育教材，对家务劳动、班务劳动、校务劳动、公益劳动、简单生产劳动、技术性劳动和工艺劳动等劳动教育内容进行科学的编排。探索建立专兼职结合的劳动教育教师队伍，广开渠道，开门办学，聘请能工巧匠、专业技术人员担任兼职教师。设置劳动教育的专门教室或场所，配齐相关设备，并在校外设立综合实践基地。

（4）突出时代性，与时俱进推进劳动教育。积极与物联网、云计算、大数据、人工智能等新技术相衔接，不断创新劳动教育形式，运用人工智能技术搭建网络空间、虚拟环境教育情景，鼓励学生运用多元学科知识，开展创造性劳动。与新产业、新业态、新技术相呼应，挖掘劳动教育新内涵。与德智体美相结合，通过劳育，达到在劳力上劳心的效果，最终实现道德的提升、智慧的增长、体质的强健、美感的涵养，从而更加彰显劳动教育的综合育人价值。

 实践课堂　　　　　　　学生综合劳动素养现状调查

活动目的

通过调查大学生劳动素养现状，引导学生正视自身不足，激发学生的劳动热情。

活动方式

各班级以任课教师为指导教师，带领学生编制《学生综合劳动素养调查问卷》，展开校园大调查，并撰写调研报告。学生综合劳动素养现状调查问卷见表3-2。

表3-2　学生综合劳动素养现状调查问卷

维度	题号
劳动认知	45，46，47，48，49，50，51，52，53，54，55，56，57，58，59，60，61，62
劳动情感	1，3，4，5，10，23，27，29，32，34，42
劳动意志	6，11，12，20，22，28，37，44
劳动行为	2，7，8，9，13，14，15，16，17，18，19，21，24，25，26，30，31，33，35，36，38，39，40，41，43

亲爱的同学，您好！

非常感谢您在百忙之中抽出时间填写这份问卷。我们正在进行一项关于学校劳动教育现状与效果的调查研究。本问卷采用不记名方式填写，回答没有对错之分，全部资料仅用于统计分析，您的任何答题信息及个人资料都将被严格保密！请您依据实际情况填写，谢谢您的配合。祝您学习快乐，学业有成！

（1）您就读的学校：［填空题］

_____

（2）您的培养层次：［单选题］

○中职（中专）

○高职（大专）

○本科（普通本科）

○本科（对口本科）

○本科（专升本）

○研究生（硕士）

○研究生（博士）

（3）您就读的专业：［填空题］

_____

（4）您的年级：［单选题］

○一

○二

○三

○四

（5）您的性别：［单选题］

○男

○女

（6）您的年龄：［填空题］

_____

（7）您的生源地：［单选题］

○城市

○农村

○乡镇

（8）您的家庭常住人口有：［多选题］

□父亲

□母亲

□兄弟姐妹

□祖父母

□外祖父母

□其他

（9）您对就读专业的喜爱程度：［单选题］

○非常喜欢

○喜欢

○一般

○不喜欢

○非常不喜欢

（10）您对就读专业前景的了解程度：［单选题］

○非常了解

○了解

○一般

○不了解

○非常不了解

（11）您毕业时的就业意愿：［单选题］

○本行业／专业内就业

○其他行业／专业领域就业

○升学

○不就业

（12）您的实践经历有：［多选题］

□校外兼职

□校内勤工助学

□专业顶岗实习

□暑期社会实践

□志愿服务

□无

（13）请选择以下说法与您实际情况的符合程度：[矩阵单选题]

题目	非常符合	比较符合	符合	较不符合	完全不符合
1.我从不浪费粮食	○	○	○	○	○
2.我愿意积极参加各类创新比赛和活动	○	○	○	○	○
3.我尊重身边每一位劳动者及其劳动成果	○	○	○	○	○
4.我愿意参加学习或宣传劳模精神、工匠精神的活动	○	○	○	○	○
5.我喜欢劳动，乐于参与力所能及的劳动	○	○	○	○	○
6.在社会实践和公益劳动中，即使遇到各种困难，我也会坚持完成任务	○	○	○	○	○
7.我了解生活中常见劳动工具的基本知识，如功能、构造、使用和维护等	○	○	○	○	○
8.我能够灵活运用所掌握的劳动技能解决复杂问题	○	○	○	○	○
9.我知道服务性劳动的相关知识和工作原则	○	○	○	○	○
10.成功完成一项劳动任务时，我觉得很激动	○	○	○	○	○
11.我能够积极面对劳动挑战，不断追求卓越和进步	○	○	○	○	○

续表

题目	非常符合	比较符合	符合	较不符合	完全不符合
12. 我能够在寝室和班级等集体中履行自己的劳动职责	○	○	○	○	○
13. 我能够及时处理自己的个人内务和卫生，保持个人整洁	○	○	○	○	○
14. 我能够综合运用自己的知识储备创新性解决问题	○	○	○	○	○
15. 我总是提前做好生活和学习规划并按计划完成	○	○	○	○	○
16. 在劳动过程中，我总是积极与他人合作	○	○	○	○	○
17. 我可以快速习得新的知识和技能以完成劳动任务	○	○	○	○	○
18. 我能够熟练运用社交沟通、口语表达、文案写作和活动策划等基本技能	○	○	○	○	○
19. 我能够根据实际需要，独立客观地对劳动过程、劳动成果进行评价	○	○	○	○	○
20. 如果有需要，我能够为他人、为社会和国家积极奉献自己的责任感和担当	○	○	○	○	○
21. 我知道日常生产劳动中的安全常识	○	○	○	○	○
22. 我能够专心致志对待劳动，讲诚信、重品质，厉行节约	○	○	○	○	○

续表

题目	非常符合	比较符合	符合	较不符合	完全不符合
23.我愿意为中华民族伟大复兴而不懈奋斗	○	○	○	○	○
24.我能够按照劳动计划，在规定时间内保质保量、坚持不懈地完成劳动任务	○	○	○	○	○
25.我知道劳动权益保护等相关劳动法律法规知识	○	○	○	○	○
26.我能够严格遵守劳动规范与要求，具有较强的安全规范意识和习惯	○	○	○	○	○
27.在劳动过程中，我能够及时调整自己的不良情绪	○	○	○	○	○
28.在生活和学习上遇到困难时，我从不轻言放弃，总会想办法解决问题	○	○	○	○	○
29.劳动都是艰辛的，我愿意珍惜劳动成果	○	○	○	○	○
30.我经常向身边的劳动榜样（模范）学习	○	○	○	○	○
31.在生活中，我有意识地改良劳动工具或优化劳动过程	○	○	○	○	○
32.参加劳动时我会有积极的情绪体验	○	○	○	○	○
33.我可以进行简单的手工作品或劳动产品的设计与制作	○	○	○	○	○

续表

题目	非常符合	比较符合	符合	较不符合	完全不符合
34. 我认为每个人都应该力所能及地参加劳动	○	○	○	○	○
35. 我能够熟练使用常见劳动工具、材料和设备，并根据需要进行比较、分析和选择	○	○	○	○	○
36. 我知道生物节律计算、疲劳和工作负荷等方面的劳动心理知识	○	○	○	○	○
37. 我能够在劳动中不畏困难、长期坚持，具有较强的抗逆能力	○	○	○	○	○
38. 在专业学习和劳动中我能够提出创意，积极进行创新和创造	○	○	○	○	○
39. 我能熟练运用各项专业劳动技能	○	○	○	○	○
40. 我具备完成专业劳动的基本知识储备	○	○	○	○	○
41. 我能够熟练运用日常生活的基本技能，如清洁、收纳和简单厨艺等	○	○	○	○	○
42. 我能够冷静地解决劳动过程中遇到的问题	○	○	○	○	○
43. 在劳动过程中，我总能根据劳动情景的需要表达出该有的情绪	○	○	○	○	○
44. 在劳动过程中，即使受了轻伤，我也能继续坚持参加劳动	○	○	○	○	○

（14）请选择您对以下说法的赞同程度：［矩阵单选题］

题目	完全赞同	比较赞同	赞同	较不赞同	完全不赞同
45. 劳动是人类社会生存和发展的基础	○	○	○	○	○
46. 爱岗敬业是一项基本守则	○	○	○	○	○
47. 劳动没有高低贵贱之分	○	○	○	○	○
48. 劳模精神、工匠精神值得在全社会发扬	○	○	○	○	○
49. 劳动才能托起中国梦	○	○	○	○	○
50. 勤俭节约是传统美德	○	○	○	○	○
51. 劳动创造了人本身	○	○	○	○	○
52. 辛勤劳动是很光荣的事情	○	○	○	○	○
53. 随手乱扔垃圾、破坏卫生是令人讨厌的行为	○	○	○	○	○
54. 只有通过劳动，才能创造美好生活	○	○	○	○	○
55. 各行各业劳动者对社会发展及中华民族复兴都具有重要价值	○	○	○	○	○
56. 职业只是社会分工不同，无高低贵贱之分	○	○	○	○	○
57. 劳动对社会发展和进步具有重要意义和价值	○	○	○	○	○
58. 任何一种劳动都是体力劳动和脑力劳动不同比例的组合	○	○	○	○	○

续表

题目	完全赞同	比较赞同	赞同	较不赞同	完全不赞同
59. 劳动对个人生存和发展具有重要意义和价值	○	○	○	○	○
60. 新时代劳动包括体力型劳动、技能型劳动、创新型劳动等多层次内容	○	○	○	○	○
61. 只有通过诚实劳动，我们才能实现自己的理想与目标	○	○	○	○	○
62. 所有劳动均应符合伦理道德	○	○	○	○	○

思考题

1. 评价自己的劳动素养现状，思考哪些方面需要改善。

2. 如何提升自己的劳动素养？

3. 通过前面几个模块内容的学习，思考在新时代社会背景下，作为中国公民，可以从哪些方面助力全民劳动素养提升。

模块四

赋劳动之能

知识导航

知识目标：

1. 了解家务劳动、校园劳动、生产劳动的主要目标。

2. 掌握家务劳动、校园劳动、生产劳动的基本技能。

素质目标：

1. 增强劳动意识。

2. 坚定劳动信心与决心。

技能目标：

提升劳动技能。

课程引入

志愿者"新兵"不忘初心

很多第一次参与奥运会志愿服务的"新兵"，同样与奥运结有不解之缘（见图4-1）。

图4-1　北京冬奥会志愿者

袁菲，北京 2022 年冬奥会志愿者，河北工业大学学生，虽然只有 21 岁，她却已是一名资深志愿者。有过 50 多次志愿服务经历、近 400 小时志愿服务时长的她笃信"机会总留给有准备的人"。

2008 年北京奥运会使 8 岁的袁菲爱上了体育；2018 年平昌冬奥会，她和父亲一起收看了短道速滑所有比赛。袁菲被武大靖从女队陪练逆袭成冬奥冠军的故事打动，这是她了解冬奥会的起点，也是她立志当冬奥会志愿者的开始。

2018 年到 2019 年，袁菲学习了滑雪，参加了旱地冰壶赛，上大学后，她第一时间加入学校青年志愿者协会。北京冬奥会志愿者招募启动的第一天，她就报了名。

为满足赛时志愿者技能要求，袁菲参加了日常体能训练、英语口语表达、志愿服务技能、中国传统文化、涉外服务礼仪、应急救援技能等多项培训，为冬奥会做好了准备。

在冬奥会倒计时 500 天，袁菲带领全校的志愿者承诺："尽己所能、不计报酬！"站在国家越野滑雪中心的场馆，袁菲说体会到了作为一名中国志愿者的自豪："北京成为既举办过夏奥会，又将举办冬奥会的'双奥之城'，说明我们国家的实力日渐强大，作为志愿者，我感到无比骄傲，我也会在冬奥舞台展示新时代中国青年的形象。"

从梦想到圆梦，正是无数的袁菲们用青春铺路，让理想延伸，为北京冬奥会注入活力与激情。

2020 年 3 月 26 日，《中共中央国务院关于全面加强新时代大中小学劳动教育的意见》中明确指出，实施劳动教育重点是在系统的文化知识学习之外，有目的、有计划地组织学生参加日常生活劳动、生产劳动和服务性劳动，让学生动手实践、出力流汗，接受锻炼、磨炼意志，培养学生正确劳动价值观和良好劳动品质。

2020 年 7 月 15 日，教育部印发的《大中小学劳动教育指导纲要（试行）》中明确指出，劳动教育主要包括日常生活劳动、生产劳动和服务性劳动中的知识、技能与价值观。日常生活劳动教育立足个人生活事务处理，结合开展新时代校园爱国卫生运动，注重生活能力和良好卫生习惯培养，树立自立自强意识。生产劳动教育要让学生在工农业生产过程中直接经历物质财富的创造过程，体验从简单劳动、原始劳动向复杂劳动、创造性劳动的发展过程，学会使用工具，掌握相关技术，感受劳动创造价值，增强产品质量意识，体会平凡劳动中的伟大。服务性劳动教育让学生利用知识、技能等为他人和社会提供服务，在服务性岗位上见习实习，树立服务意识，实践服务技能；在公益劳动、志愿服务中强化社会责任感。

项目一　家务全能

清代的刘蓉在《习惯说》一文中说："一室之不治，何以天下家国为？"其义为如果连一间屋子都打扫不干净，如何能够治理天下？细节决定成败，大学生通过家务劳动，树立正确的劳动观念，养成劳动习惯，培养独立生活的能力。家庭中的劳动教育对培养健全人格、促进人的全面发展有重要的作用。

微课：劳动精神的知行合一

一、衣之有形

千里之行，始于足下。"不会""我有更重要的事情做"不该是大学生拒绝家务劳动的借口，而应是大学生学习、践行家务劳动的动力。大学生应该从洗衣、熨烫、针线活、收纳等方面学起，在日常生活中养成好的劳动习惯，做到"衣之有形"。

1. 洗衣

（1）衣服分类。洗衣服时，不仅要按颜色分类，还要看衣服的材质、种类。衣服按颜色可以分为四类：纯白色、艳色（红、黄、橙等）、深色（黑、蓝、褐等）、浅色（包括带白色条纹的衣物）。材质方面，一定要将毛绒多的衣物（毛巾、毛衣、灯芯绒衣物等）和容易起球的衣服分开洗，避免把衣服洗坏；贴身衣物如内裤、秋衣裤等，要单独洗涤。

（2）水温应合适。一般情况下，内衣、床单等要用60 ℃以上的热水洗，丝质、羊毛织物等物品应用冷水洗。

（3）先放洗衣液，后放衣物。洗衣服时，应先放水和洗衣液，并进行搅动，待洗衣液充分溶解后再放入衣物。

（4）洗衣液的用量应适度。在使用洗衣液前，应先阅读洗衣液的使用说明，明确洗衣液与水的比例。

（5）洗衣机不能塞太满。衣物体积最多占洗衣机滚筒体积的2/3。

2. 熨烫

熨烫指的是通过加热熨斗烫平衣料。"熨斗"也称"火斗""金斗"，一般由金属制成，古时多用炭火加热后熨烫衣料。

（1）熨烫步骤。

1）熨烫机内注水。注水时应往熨烫机内灌注冷开水，以减少水垢的产生，避免喷气孔堵塞。

2）选择温度。熨烫机上一般会有调节温度的旋钮，使用时可根据衣物的材质选用不同的温度，也可根据衣物上的熨烫标识选用合适的温度（见图4-2）。

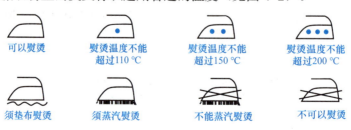

图4-2　衣物熨烫标识

3）熨烫。熨烫过程中应保持衣物平整，以免熨烫过后衣物再次留下褶皱。

4）熨烫完的衣物不要马上挂入衣柜，而应先挂在通风处，待衣物完全干透之后再挂进衣柜，以免衣物发霉。

（2）不同布料衣物的熨烫方法。

1）毛衣。毛衣、针织一类的衣服，如果直接用熨斗去烫会破坏组织的弹性，此时最好是在皱褶处喷水，使用蒸汽熨斗将其熨平。如果皱得不是很厉害，也可以挂起来直接在皱褶处喷水，待其干后就会自然顺平。另外，可将衣服挂在浴室中，利用洗澡的热蒸汽使其平顺。针织衣物易变形，不宜重重地压着熨，只要轻轻按即可。

2）天鹅绒服装。天鹅绒的长毛布料，处理时以不伤害其原有性质为原则。因此，将其里面翻出当成表面，将毛和毛相互重叠当作烫垫，然后由内侧用蒸汽熨斗熨过，便能使它的特殊性质更加显现出来。

3）毛绒类棉质服装。毛绒类棉质服装其面料主要是灯芯绒、平绒等。熨烫时，必须把含水量在 80% ～ 90% 的湿布盖在衣料的正面，把熨斗温度调至 200 ～ 230 ℃，直接在湿布上熨烫，待湿布烫到含水量为 10% ～ 20% 时，将湿布揭去，用毛刷把绒毛刷顺。然后把熨斗温度降低到 185 ～ 200 ℃，直接在衣料反面熨烫，将衣料烫干。熨烫时要注意，熨斗的走向要均匀，不能用力过重，以免烫出亮光。

4）羽绒服装。羽绒服装不宜用电熨斗熨，出现皱褶时，可用一只大号的搪瓷茶缸，盛满开水，在羽绒服装上垫上一块湿布再熨，这样做不会损伤面料，还能避免衣服表面出现难看的印痕。毛料衣物穿过后的压痕，通常很难恢复，主要是因为其中的纯毛毛料倾倒。热蒸汽可使衣物复原。把蒸汽熨斗半悬在距离毛料衣料约 1 cm 的高度，毛料纤维吸足了热蒸汽，便会重新"站起来"。压纹除去后，若想使衣物更美观，记得要把温度调回中温，并且加盖一块衬布来烫整。

5）皮革服装。皮革服装起皱，熨时温度不可过高，掌握在 80 ℃ 以内，熨时要用清洁的薄棉布做衬熨布，然后不停地来回均匀移动熨斗，用力要轻，并防止熨斗直接接触皮革，烫损皮革。

6）绒面皮服装。经清洗去污的绒面皮服装要进行定型熨烫。对于水洗后的绒面皮服装，由于遇水后抽缩的原因导致皮板发紧，可用硬毛刷将衣服全身刷一遍，这样就会使衣服变软，然后再进行熨烫。

7）西装。较深色的西装穿用一个时期后，常会在肘部、膝盖、臀部等地方呈现反光现象，冬天更甚。要用一盆温水加入少量洗涤剂，用毛巾蘸湿揩拭反光部位，再垫上一层布，用熨斗熨烫一下，反光现象会自然消失。

8）衬衫。熨烫衬衫时，要从袖子开始，再依序熨烫领子、垫肩、背后、前襟。先喷湿，再用手指将衣服上的花边、袖口、领口等缝线处捋一捋，并将衣服上下拉扯展平，使衣服顺着布纹及缝线保持挺括。

3. 针线活

做好针线活的前提是要学会常用的针法，常用的针法包括平针法、锁边缝、藏针法、缩缝法等。

（1）平针法。平针法是最基础的针法，也是最常用的针法。这种针法主要用于拼接布料和缝制布料的轮廓。缝制时要注意针脚间隔均匀，间隔一般为 3 毫米左右，也可根据实际情况调整（见图 4-3）。

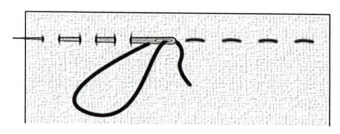

图 4-3　平针法

（2）锁边缝。锁边缝一般用于缝制织物的毛边，以防织物的毛边散开（见图 4-4）。

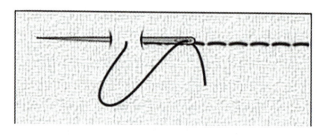

图 4-4　锁边缝

（3）藏针法。藏针法一般用于两块布料的缝合。这是一种很实用的针法，能够有效隐匿线迹，常用于衣服上不易在反面缝合的区域（见图 4-5）。

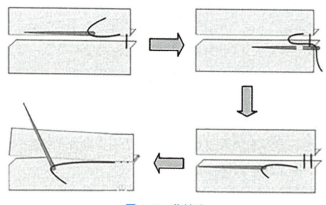

图 4-5　藏针法

（4）缩缝法。缩缝法可以在缝制过程中拉出松紧度，一般用于缝制缩口。

4．收纳

收纳是一门技巧，也是一门艺术，对于营造舒适的家庭环境起着至关重要的作用。

（1）衣物分类。将衣服按照样式进行分类，如衬衫、T恤、毛衣、裤子等。

（2）衣服折叠。将分类好的衣服一一折叠（见图4-6）。

图4-6　衣物的分类与折叠

（3）将折叠好的衣服按季节进行分类。当季的衣服可放于衣柜中易于拿取的位置；其他季节的衣服可放于衣柜顶层或收纳盒、收纳袋中。另外，内衣裤、袜子等小衣物可放于抽屉中收纳（见图4-7）。

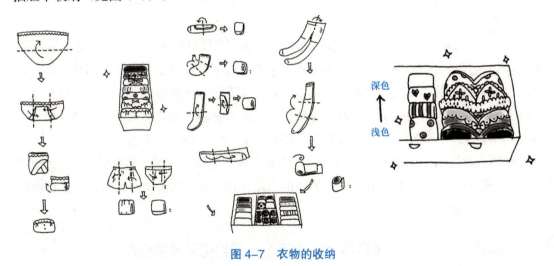

深色

浅色

图4-7　衣物的收纳

二、食之有味

做饭这样的"小事"，对于即将迈入社会的大学生，常常也是考验独立生活能力的"大事"。从"家常菜"到"营养均衡、色味俱佳的佳肴"，做饭不仅是一项生活技能，更能让大学生们享受到烹饪的乐趣，用美食调剂生活。学做饭，首先要了解我国源远流长的饮食文化。

1．中国饮食文化

饮食文化是指食物原料开发、食品制作和饮食消费过程中的技术、艺术，以及以饮食为基础的习俗、传统思想和哲学，即由人们饮食生产和饮食生活的方式、过程、功能等组合而成的食事总和。简而言之，饮食文化就是人们在长期的饮食实践活动中创造和积累的物质财富与精神财富的总和。

我国的饮食文化博大精深，有着悠久的历史。在中国传统文化教育中的阴阳五行哲学思想、儒家伦理道德观念、中医营养摄生学说，以及文化艺术成就、饮食审美风尚、民族性格特征诸多因素的影响下，创造出彪炳史册的中国烹饪技艺，形成博大精深的中国饮食文化。

中国是文明古国，饮食文化悠久。中国饮食文化是一种广视野、深层次、多角度、高品位的悠久区域文化；是中华各族人民在长年的生产和生活实践中，在食源开发、食具研制、食品调理、营养保健、饮食审美等方面创造、积累并影响周边国家和世界的物质财富及精神财富。中国饮食文化具有四季有别、讲究美感、注重情趣、食医结合四个特点。

（1）四季有别。一年四季，按季节而吃，是中国烹饪的一大特征。自古以来，中国厨师一直按季节变化来调味、配菜。冬天味醇浓厚，夏天清淡爽口；冬天多炖焖煨，夏天多凉拌冷冻。

（2）讲究美感。中国的烹饪，不仅技术精湛，而且有讲究菜肴美感的传统，注意食物的色、香、味、形、器的协调一致。对菜肴美感的表现是多方面的，无论是红萝卜，还是白菜心，都可以雕出各种造型，独树一帜，达到色、香、味、形、美的和谐统一，给人以精神和物质高度统一的特殊享受。

（3）注重情趣。中国烹饪很早就注重品味情趣，不仅对饭菜点心的色、香、味有严格的要求，而且对它们的命名、品味的方式、进餐时的节奏、娱乐的穿插等都有一定的要求。中国菜肴的名称可以说出神入化、雅俗共赏。菜肴名称既有根据主、辅、调料及烹调方法的写实命名，也有根据历史掌故、神话传说、名人食趣、菜肴形象来命名的，如"全家福""将军过桥""狮子头""叫花鸡""龙凤呈祥""鸿门宴""东坡肉"等。

（4）食医结合。中国的烹饪技术与医疗保健有密切的联系，在几千年前就有"医食同源"和"药膳同功"的说法，利用食物原料的药用价值，做成各种美味佳肴，达到药膳同功、对某些疾病加以防治的目的。

延伸阅读　　　　《舌尖上的中国》：献给劳动者的颂歌

一部名为《舌尖上的中国》（见图4-8）的系列纪录片热播，勾起了无数人心头上的乡愁。剧组跨越国内60个地区，涵盖了包括港澳台在内的中国各个地域，以食材、主食、转化、储藏、烹饪、调和、生态等主题讲述了千百年来中国人独特的饮食习惯。

《舌尖上的中国》以食物为线索，以食带民，将中国各地不同的地理气候、风俗礼仪、生活状态等一路铺开，如同对中国各地方文化的一次巡礼。每一集的主线采取了碎片式的剪辑方式，进行了不同地域之间的组合和嫁接，讲述了同一种食材在天南地北之间的变化，这部纪录片用味道营造出了一个个真实的故事。从文化角度所探讨的问题并不只是"吃"这么简单，从传统劳作到食物创新，生活的艰辛和几代人的智慧结晶，中国人"吃"的传承和变化已经逐渐凸显出它特有的国人气质。

《舌尖上的中国》是献给普通劳动者的颂歌，不见"烹饪大师"，不见"美食专家"，更没有"厨艺大赛"，有的是手工挖莲藕、两小时采竹笋、全中国只剩 5 人继承的高跷式捕鱼，70 多岁吉林"鱼把头"、卖黄馍馍的陕北老汉、陪外婆制作年糕的浙江慈城小姑娘。《舌尖上的中国》对食物朴素细腻的描述，对人和食材的关系的微妙理解，悄然传达出几千年来中国人在劳动中所产生的智慧思考及味觉审美，每一道食物都能勾起观者浓浓的思乡之情。正是因为这些，才使这部纪录片呈现出与众不同的魅力感召。

《舌尖上的中国》系列纪录片在戛纳电视节上受到世界媒体的关注，不少主流媒体表达了购买意向。外国网友在看了影片片段后表示："中国也并不那么难以理解。"对此，导演陈晓卿称："饮食文化是中国可以通行世界的软实力。"

图 4-8　《舌尖上的中国》

2. 膳食指南

膳食指南是根据营养科学原则和人体营养需要，结合当地食物生产供应情况及人群生活实践提出的食物选择和身体活动的指导意见。均衡的膳食、合理的营养搭配不仅可以保证人体正常生理功能的需要，还可以提高机体的抵抗力和免疫力，有利于预防和控制某些疾病的发生与发展。

2022 年 4 月 26 日，中国营养学会发布《中国居民膳食指南（2022）》，提炼出了 8 条平衡膳食准则（见图 4-9）。

（1）食物多样，合理搭配。坚持谷类为主的平衡膳食模式。每天的膳食应包括谷薯类、蔬菜水果、畜禽鱼蛋奶和豆类食物。平均每天摄入 12 种以上食物，每周 25 种以上，合理搭配。每天摄入谷类食物 200~300 克，其中包含全谷物和杂豆类 50~150 克；薯类 50~100 克。

（2）吃动平衡，健康体重。各年龄段人群都应天天进行身体活动，保持健康体重。食不过量，保持能量平衡。坚持日常身体活动，每周至少进行 5 天中等强度身体活动，累计 150 分钟以上；主动身体活动最好每天 6 000 步。鼓励适当进行高强度有氧运动，加强抗阻运动，每周 2~3 天。减少久坐时间，每小时起来动一动。

（3）多吃蔬果、奶类、全谷、大豆。蔬菜水果、全谷物和奶制品是平衡膳食的重要组成部分。餐餐有蔬菜，保证每天摄入不少于 300 克的新鲜蔬菜，深色蔬菜应占 1/2。天天吃水果，保证每天摄入 200~350 克的新鲜水果，果汁不能代替鲜果。吃各种各样的奶制品，

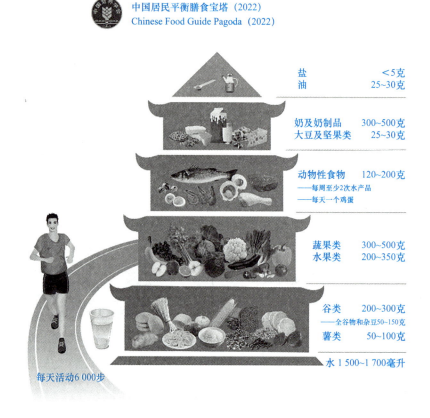

图 4-9 中国居民平衡膳食宝塔

摄入量相当于每天 300 毫升以上液态奶。经常吃全谷物、大豆制品，适量吃坚果。

（4）适量吃鱼、禽、蛋、瘦肉。鱼、禽、蛋类和瘦肉摄入要适量，平均每天 120~200 克。每周最好吃鱼 2 次或 300~500 克，蛋类 300~350 克，畜禽肉 300~500 克。少吃深加工肉制品。鸡蛋营养丰富，吃鸡蛋不弃蛋黄。优先选择鱼，少吃肥肉、烟熏和腌制肉制品。

（5）少盐少油，控糖限酒。培养清淡饮食习惯，少吃高盐和油炸食品。成年人每天摄入食盐不超过 5 克，烹调油 25~30 克。控制添加糖的摄入量，每天不超过 50 克，最好控制在 25 克以下。反式脂肪酸每天摄入量不超过 2 克。不喝或少喝含糖饮料。儿童、青少年、孕妇、乳母及慢性病患者不应饮酒。成年人如饮酒，一天饮用的酒精量不超过 15 克。

（6）规律进餐，足量饮水。合理安排一日三餐，定时定量，不漏餐，每天吃早餐。规律进餐、饮食适度，不暴饮暴食、不偏食挑食、不过度节食。足量饮水，少量多次。在温和气候条件下，低身体活动水平成年男性每天喝水 1 700 毫升，成年女性每天喝水 1 500 毫升。推荐喝白水或茶水，少喝或不喝含糖饮料，不用饮料代替白水。

（7）会烹会选，会看标签。在生命的各个阶段都应做好健康膳食规划。认识食物，选择新鲜的、营养素密度高的食物。学会阅读食品标签，合理选择预包装食品。学习烹饪，传承传统饮食，享受食物天然美味。在外就餐不忘适量与平衡。

（8）公筷分餐，杜绝浪费。选择新鲜卫生的食物，不食用野生动物。食物制备生熟分开，熟食二次加热要热透。讲究卫生，从分餐公筷做起。珍惜食物，按需备餐，提倡分餐不浪费。做可持续食物系统发展的践行者。

延伸阅读

钟南山院士的健康饮食秘诀

1936 年出生的中国工程院院士钟南山（见图 4-10），仍以良好的健康状态奋战在医疗一线，连续多日为工作忙碌，却依旧身体健硕，这背后和他的健康饮食息息相关。

图 4-10　钟南山

一是早餐吃好，食不过饱

两个橙子、一个鸡蛋、加了芝士的面包片、一碗加了全麦饼干的牛奶、一大碗红豆粥，"这就是我每天的早餐，估计很多人吃不下。早餐大概占全天摄入热量的 30% 以上。"钟南山还笑称，"两个橙子，挺贵的。早餐吃这么多，所以我每天的精神都很好。"

"多数国人的饮食习惯都是早餐吃很少，中午也马马虎虎应付，晚上就吃大餐或是应酬、宴会等。实际上晚上吃得多，对消化及身体健康都不好。"钟南山指出，中午他吃得也多一些，摄入热量占全天的 40%，以肉、鱼、禽、蛋、豆类为主；晚餐一般吃得少，摄入热量占全天的 30% 就够了，以谷类食物为主。

而且，钟南山每天还要求自己多吃五谷杂粮，"我其实不爱吃杂粮，但现在把杂粮当'药'来吃了。虽然精米、白面好吃，但实际上很多营养都会丢失。"

他还说，食用红肉会增加动脉粥样硬化风险，过分摄入盐也没有好处。少吃盐，避开过咸的食物，做菜少放盐。有高血压的朋友更应控制盐的摄入量。

"食不过饱"则是钟南山的另一条饮食原则。他表示，所有长寿的人非常重要的一条养生秘诀就是不要吃太饱。中年以上人群，吃七八分饱最好，这时消化效率特别高，食物对整个消化系统的负荷也比较小。饮食过饱会导致大脑早衰、肠胃负担过重、过胖，引发"三高"等问题。

二是饮食清淡，植物性食物要占八成

因为常年生活在广州，钟南山推崇口味清淡的菜。"我从小就喜欢吃布拉肠、艇仔粥、

云吞面、叉烧包，一看就很想吃。我也很喜欢喝鱼头豆腐汤，它的营养价值非常高。"

说起广州美食，钟南山如数家珍，煲仔饭、老火汤、牛三星、广式腊肠、"油炸鬼"（油条），不过，他特别提醒，"吃货"还得讲究健康，牛三星属于动物内脏，烧鹅、煲仔饭等则高脂、高热量，不能经常吃。用腌制、烧烤、油炸等方法做出的食物，即使再美味，从健康角度来讲也不宜天天吃。动物性食物也不能多吃，植物性食物要占总食物量的80%，动物性食物只能占总食物量的20%。

3. 烹饪基础

烹饪指的是膳食的艺术，是一种复杂而有规律地将食材转化为食物的加工过程，是对食材加工处理，使食物更可口、更好看、更好闻的处理方式与方法。一道美味佳肴，必然色香味意形养俱佳，不仅让人在食用时感到满足，而且能让食物的营养更容易被人体吸收。

（1）食材。可用于烹饪的食材可分为蔬菜、水产品、畜禽、粮食作物和果品五类。

1）蔬菜主要为人体提供维生素、矿物质和膳食纤维。

2）水产品富含蛋白质、脂肪、矿物质和维生素。

3）畜禽是人体所需优质蛋白质、脂溶性维生素和 B 族维生素的主要来源。

4）粮食作物包括谷类作物、薯类作物和豆类作物三大类。谷类作物的主要作用是提供生命活动中所需的淀粉、植物蛋白、维生素等；薯类作物内含淀粉、维生素等；豆类作物主要为人体提供蛋白质和脂肪。

5）果品可为人体提供维生素、矿物质和人体所需的微量元素。

（2）调料。调料是人们用来调制食品等的辅助用品。它包括各种酱油、食盐、醋等单一调味料，以及鸡精等复合调味料。

1）咸味调料。咸味自古就被列为五味之一。烹饪应用中咸味往往是主味，是绝大多数复合味的基础味，有"百味之主"一说。几乎所有的菜品都需要加入适量的咸味才能使其滋味浓郁适口。人类认识并利用咸味的历史相当悠久，文献记载中国最早制取利用食盐约在黄帝时期。咸味调料包括酱油、食盐、酱等。

2）甜味调科。甜味古称甘，为五味之一。甜味在烹饪中可单独用于调制甜味食品，也可以参与多种复合味型的调剂，使食品甘美可口，还可用于矫味、去苦、去腥等，并有一定的解腻作用。在中餐烹饪中南方应用甜味较多，其中以江苏的无锡菜甜味最重，素有"甜出头，咸收口，浓油赤酱"之说。自然界存在蜂蜜等天然甜味物早已为人类所食用，早在殷墟出土的甲骨文中就有"蜜"字。根据历史记载，在东汉已有用甘蔗汁制成的糖味调料。

3）酸味调料。酸味同为五味之一，在烹饪中应用十分广泛，但一般不宜单独使用。酸有收敛固涩的效用。可助肠胃消化，还能去鱼腥、解油腻、提味增鲜、生香发色、开胃爽口、增强食欲，尤宜春季食用。酸味调料包括醋、番茄酱等。

4）辣味调料。辣味实际上是触觉痛感而非味觉，不过由于习惯，也把它当作一味。其功能是促进食味紧张、增进食欲。辣味调料包括花椒、辣椒、姜、葱、蒜等。

5）鲜味调料。鲜味是人们饮食中努力追求的一种美味，它能使人产生一种舒服愉快的感觉，鲜味主要来自氨基酸、核苷酸和琥珀酸，大多存在畜肉、鱼类、禽蛋等主料中，味精、鱼露、蚝油、鲜笋等食物也可以提鲜。鲜味不能单独存在，只有同其他味配用，方可烘云托月、交相生辉，故有"无咸不鲜、无甜不鲜"的说法。鲜味调料包括鱼露、味精、蚝油等。

（3）火候。火候，是菜肴烹调过程中，所用的火力大小和时间长短。烹调时，一方面要从燃烧烈度鉴别火力的大小，另一方面要根据原料性质掌握成熟时间的长短。两者统一，才能使菜肴烹调达到标准。烹调中运用和掌握好火候要注意以下因素的关系：

1）火候与原料的关系。菜肴原料多种多样，有老、有嫩、有硬、有软，烹调中的火候运用要根据原料质地来确定。软、嫩、脆的原料多用旺火速成，老、硬、韧的原料多用小火长时间烹调。如果在烹调前通过初步加工改变了原料的质地和特点，那么火候运用也要改变。如原料切细、走油、焯水等都能缩短烹调的时间。原料数量的多少也和火候大小有关。数量较少，火力相对就要减弱，时间就要缩短。原料形状与火候运用也有直接关系，一般地说，整体形状大块的原料在烹调中，受热面积小，需长时间才能成熟，所以火力不宜过旺；而碎小形状的原料因其受热面积大，急火速成即可成熟。

2）火候与传导方式的关系。在烹调中，火力传导是使烹调原料发生质变的决定因素。传导是以辐射、传导、对流三种传热方式进行的。传热媒介又分无媒介传热和有媒介传热，如水、油、蒸汽、盐、砂粒传热等。这些不同的传热方式直接影响着烹调中火候的运用。

3）火候与烹调技法的关系。烹调技法与火候运用密切相关。炒、爆、烹、炸等技法多用旺火速成。烧、炖、煮、焖等技法多用小火长时间烹调。根据菜肴的要求，每种烹调技法在运用火候上也不是一成不变的，只有在烹调中综合各种因素，才能正确地运用好火候。

（4）技巧。

1）烹。烹通常是指在煎或炸的基础上，烹上清汁入味成菜的一种烹调技法。烹可分为两种具体方法，一是炸烹，二是煎烹。利用烹制作的菜肴汁清不加芡粉呈隐红色，配料一般用葱姜丝、蒜片、香菜段，口味咸鲜、微带酸甜。烹类菜肴一般只选用肉质饱满肥润、鲜嫩易熟的原料，如鸡、鸭、鱼、肉、虾、蟹等；或质地脆嫩易熟的时令蔬菜。这些原料一般改刀成条、段、块、片等小型形状，以保证菜肴的质量要求。

2）炸。炸是指用火加热，以食油为传热介质的烹调方法。炸有很多种，如清炸、干炸、软炸、酥炸、面包渣炸、纸包炸、脆炸、油浸、油淋等。炸的特点是旺火，用油量多，菜肴的特点是香、酥、脆、嫩。

3）煎。煎通常是指用锅把少量的油加热，再把加工成形（一般为扁形）的原料放入锅中，使其熟透的一种烹调方法。通常以中小火加热，食物表面会变成金黄色乃至微糊。煎时要不停地晃动锅，使原料受热均匀，色泽一致。

4）炒。炒是最基本的烹饪技法，主要是以油为主要导热体，将加工成片、丝、干、条、块等形状的小型原料用中旺火在短时间内加工成熟、调味成菜的一种烹调方法。炒时

要用旺火，要热锅热油，所用底油多少随料而定。依照材料、火候、油温高低的不同，可分为生炒、滑炒、熟炒及干炒等方法

5）熘。熘是用旺火急速烹调的一种方法。将加主、切配的原料用调料腌制入味，经油、水或蒸汽加热成熟后，再将调制的卤汁浇淋于烹饪原料上或将烹饪原料投入卤汁中翻拌成菜的一种烹调方法。

》》案例

可乐鸡翅制作

可乐鸡翅是一道人气极高的家常菜，很多年轻人都爱吃。它的做法非常简单，让我们一起来学习做一道美味的可乐鸡翅，和家人分享吧！

原料：鸡翅、可乐、食用油、盐、生姜、葱、生抽、老抽、熟白芝麻。

做法：

（1）在鸡翅背面划两刀，方便入味（见图4-11）。

（2）鸡翅冷水入锅，加生姜，小火烧开后焯水去掉血沫，控干水分待用（见图4-12）。

图4-11 步骤（1）　　　　图4-12 步骤（2）

（3）锅内放适量油烧热，放入鸡翅，煎至外皮两面泛黄（见图4-13）。

（4）倒入可乐没过鸡翅（见图4-14）。

图4-13 步骤（3）　　　　图4-14 步骤（4）

（5）加入生抽、老抽、葱、生姜，大火烧开后转小火，炖至汤汁浓稠（见图4-15）。

（6）装盘，撒上熟白芝麻（见图4-16）。

图4-15 步骤（5）

图4-16 步骤（6）

三、起居有序

1. 清洁妙招

家是温馨的港湾，每个人都离不开自己的家，家的寄托让人们的生活变得更加舒适。不过，有了家也得让家看起来整洁和干净，如何才能让家居环境变得整洁清爽呢？

（1）地面清扫。清扫室内地面宜用按扫的方式，即扫地时扫把尽量不要离地面；挥动扫把时，可稍用力向下压。这样既能把灰尘、垃圾扫净，又能防止灰尘扬起。清扫时一般采用从狭窄处扫向宽广处、从边角处扫向中央处、从屋里扫向门口的清扫顺序。如地上头发多时，可将废弃的旧丝袜套在扫把上扫地，由于丝袜会与地面产生静电效应，很容易吸附起地上的毛发和灰尘。

（2）拖地技巧。

1）巧用食盐。在拖地的水中加点食盐，不仅能促进水分的蒸发，还不留水渍。另外，用盐水拖地还能杀菌、抑菌。

2）巧用洗洁精、醋和小苏打。在擦洗地板的水中加入少量洗洁精、醋和小苏打，擦洗地板时不仅能轻松除尘，还能有效去油污。

3）巧用花露水。拖地时，在水里加少量花露水，不仅能驱除小飞虫，还能保持空气清新。

（3）玻璃除水印。

1）巧用啤酒。按照啤酒与水1∶10的比例调配后，用干抹布蘸着啤酒水擦玻璃。如此擦过的玻璃不仅不会留下水印，而且还能让玻璃长时间不沾灰。

2）巧用白醋。擦玻璃时，可用一半醋一半水调匀，喷在玻璃上随喷随擦，用旧布或旧报纸擦亮，擦过的玻璃不仅干净而且明亮。

3）巧用白酒。取一干一湿两块抹布，先用湿布将玻璃两面擦一遍，再用干抹布蘸少量白酒，用力擦拭玻璃，就能达到干净明亮的效果。

2. 绿植美化

绿植不仅能美化居室，让人们的居住空间充满生机与活力，还能净化空间，使室内空气更加清新，更可以陶冶情操，增添生活乐趣。植物室内装饰设计不仅要利于植物生长，更重要的是，要让人感到舒适、雅致、美观，如同身处宁静、优美的大自然中。那么，在布置植物时应该如何合理布置？不同的空间布置的植物是否有区别呢？

（1）室内绿植的选择。在选择室内绿植时，不仅要考虑自己的喜好，还要考虑绿植与居室环境的搭配。选择的绿植要兼顾观赏性和实用性，绿植的数量要与房间空间相协调（一般不超过居室面积10%）；植物的色彩要与室内色彩搭配和谐。

（2）常见室内绿植。

1）能净化空间的绿植。芦荟、吊兰、橡皮树、绿萝、虎皮兰等都是天然的"清道夫"，可以清除空气中的有害物质。

2）能减少辐射的绿植。仙人掌是减少电磁辐射的最佳植物，具有很强的消炎灭菌作用，可以吸收空气中的有害气体，它在夜间吸收二氧化碳，释放氧气。居室内放有仙人掌，晚上就可以补充氧气，利于睡眠。

3）能驱逐蚊虫的绿植。蚊净香草是芳香类天竺葵科植物，从澳大利亚引进。该植物耐旱，半年内可生长成熟，能散发出一种清新淡雅的柠檬香味，在室内有很好的驱蚊效果，对人体没有毒副作用。

4）能杀菌的绿植。玫瑰、桂花、紫罗兰、茉莉、柠檬、石竹、铃兰、紫薇等芳香花卉产生的挥发性油类具有显著的杀菌作用。

（3）绿植装点原则。

1）客厅。客厅空间较大，也是待人接物的地方，应该选择具有较高观赏价值且高大的常绿植物，来凸显空间的大气，如富贵竹、发财树等都是不错的选择。

2）卧室。卧室是人们休息的场所，不建议摆放太多植物，也不适合摆放香气浓郁的花卉，一般选择清新淡雅、植株矮小的植物，如君子兰、文竹白鹤、常春藤、绿萝等，在功能上起到吸尘、净化空气的作用，同时要与窗帘、家具、床上用品、墙面等搭配协调。

3）书房。书房是人们工作、学习的地方，装点一些绿色植物有利于调节书房的氛围，但植物的选择不宜过多，可以选择一些具有吸纳能力的绿植，以观叶植物或色彩淡雅的盆栽为宜，既可以活跃气氛，也可以减轻计算机辐射，如仙人掌等。

4）厨房。厨房是油烟比较大的地方，摆上几盆绿植可清新空气。在植物的选择上尽量选择生命力顽强、有清洁作用、无病虫害、无异味的花草（如蒜苗、小葱、冷水花等），让做饭的心情也变得更加美好。在厨房里，植物最好远离灶台，选择窗台或水槽旁，这样植物既可以吸收阳光，还方便浇水。

5）卫生间。卫生间通常灯光暗淡，潮湿阴凉，难免会有异味，需要选择喜阴、喜湿、有香味的植物，既美观又能保持空气清洁。在卫生间内放上开花植物也是一种视觉上的享受，如蝴蝶兰、海棠等喜阴花卉。

项目二　守护校园

2020 年 3 月 2 日，习近平总书记在北京考察时强调"坚持开展爱国卫生运动"；在浙江考察时强调"要深入开展爱国卫生运动，推进城乡环境整治，完善公共卫生设施，提倡文明健康、绿色环保的生活方式"。爱国卫生运动是中国人民的一项伟大创举，是确保人民群众生命安全和身体健康的传家宝。新时代，我们要继续用好这一传家宝，把爱国卫生运动提高到新水平。

整洁的校园是师生身体健康、生命安全的重要保障，有利于师生学习和工作。优美宁静的校园环境可以净化人的心灵，凸显人文追求，提升学生的审美品位，激发学生的学习热情，从而达到教书育人的目的。

一、劳动周

2020 年 3 月，中共中央、国务院印发了《关于全面加强新时代大中小学劳动教育的意见》（以下简称《意见》），就加强大中小学劳动教育进行了系统设计和全面部署。《意见》中明确提出"大中小学每学年设立劳动周，可在学年内或寒暑假自主安排，以集体劳动为主。小学低中年级以校园劳动为主，小学高年级和中学可适当走向社会、参与集中劳动，高等学校要组织学生走向社会、以校外劳动锻炼为主"。

1. 意义

劳动周是指每学年设立的、以集体劳动为主的、具有一定劳动强度和持续性的课外、校外劳动实践时间。一般在学年内或寒暑假自主安排。劳动周是家、校、社会实施劳动教育的一种重要途径和手段，是学校内以课程形式实施劳动教育的一种补充和拓展，是学生体验劳动过程、联系生产生活实际、形成劳动素养的重要形式。

劳动周的目的是让学生在相对集中的时间里体验劳动人民的劳动过程，体验劳动过程艰辛与快乐，体验劳动成果的来之不易，体验科学与技术进步给人类生产生活带来的变化，进而形成自觉自愿为自己及他人劳动、崇尚劳动创造、珍惜劳动成果、热爱劳动人民的意愿和情感。

2. 实施

劳动周的实施包括主题选择、内容、活动场所、评价、注意事项等。

（1）主题选择。劳动周的主题选择要注意以下五点：

1）要体现真实的生活和生产实践，要以学生的实际生活和社会生产实际为起点。

2）劳动周主题要有一定的开放性，鼓励学生进行创造性的劳动实践。

3）劳动周主题要体现不同学段的进阶，如"卫生清洁"主题，可在不同学段重复安排，在劳动内容、劳动强度和方式上体现进阶。

4）体现传统技术和现代科技相结合，主题选择既要考虑传统劳动也要考虑新形态劳动，如"现代农业""现代服务业"等。

5）与现有实践活动相结合，如可以与艺术节、科技节、班团主题教育活动、研学旅行等活动相结合。

（2）内容。劳动周的内容原则上应以日常生活劳动、生产劳动、服务性劳动为主，本质上与劳动教育的内容是相同的。围绕劳动周主题设计一系列项目和劳动任务，促进学生在任务完成和问题解决的过程中提高劳动素养。劳动周中的劳动任务要与劳动周主题相关，内容循序渐进、相互关联、互为支撑，可以根据劳动周主题的内在逻辑关系，分解劳动任务、确定劳动实践内容。劳动周也可以是多个任务的组合，如"个人内务的整理"，可以涉及衣物整理、书籍整理、床被整理等多项劳动任务。

（3）活动场所。劳动周的活动场所主要在课外或校外，以家庭、班级、室外、社区、农田、工厂、企业为主，按照全国不同地域情况、学生已有知识与技术能力设置劳动周实践任务。劳动内容难度要循序渐进，按照"简单—复杂—综合"，逐渐提高，同时要考虑季节更替，将春种秋收的任务有效衔接。劳动过程要始终强调劳动安全，包括劳动环境安全、劳动过程安全等相关内容。

（4）评价。劳动周的评价应以实践体验为主，知识、技能、方法为辅，重在考查学生在相对集中的一段时间内的劳动素养的形成过程。这里的劳动素养包括劳动观念、劳动能力、劳动习惯和品质。劳动周评价的目的是让学生能够认识到劳动的重要性与意义，知道"不劳动者不得食"的道理，懂得珍惜劳动成果、热爱劳动人民，最终使学生将自觉自愿、持之以恒地主动参与劳动内化成一种良好的品质与习惯。

首先，要评价学生全程参与劳动实践过程的程度，这个程度因人而异，与劳动观念和劳动能力相关，不是单一要素。也就是说，学生应和自己比较是否"尽力而为"。这个层面的评价可以有学生自评、生生互评、指导教师点评等多种形式，注意不要以劳动成果为评价标准，重在学生经历劳动过程的内省与外显的变化。

其次，是知识、技能、方法的应用评价，也就是要体现在科学与技术指导下的合理的劳动过程，是劳动习惯和品质的外显。评价要素可以包括劳动过程的设计与筹划、劳动过程科学与技术的应用、劳动者之间分工合作与交流。这个层面重在体现有计划、有智慧、有合作的劳动，让学生明白劳动不是空喊一句口号，不是简单的重复性的劳动，不是漫无目的的形式主义，可以采用过程记录单的方式，记录劳动过程的设计与筹划、劳动过程科学与技术的应用、劳动者之间分工合作与交流的情况。

最后，是劳动成果的评价，这里的劳动成果不一定都是具体的实物产品，也可以是抽象的思维变化。可采用劳动成果展示与汇报、劳动经验分享、"谁是身边最美丽的劳动者"

主题汇报等多种方式。通过劳动成果的评价，让学生认识到劳动成果本身对于人类活动的意义，对人类的生产、生活价值，懂得"不劳动不成人"的道理。

（5）注意事项。劳动周的设置要妥善处理好个体劳动与集体劳动的关系。学生在劳动周中，要学会分工合作、处理好个人与集体的关系，感受个体劳动与集体劳动之间的关联。劳动周的设置要体现学校劳动与社会生活与生产实践之间的关系。选择适当的劳动实践场地和环境，确定适当的劳动主题，体现学校劳动教育与社会生活、生产实践的直接联系，帮助学生在劳动中认识社会。劳动周要支持学生参与劳动的完整过程，让学生在具体的劳动体验中树立正确的劳动观、培养积极的劳动精神、形成良好的劳动品质。

二、寝室卫生

寝室是在校大学生日常生活、学习、交流的重要场所，从某种意义上讲，学生寝室是学生精神境界和校风校貌的重要窗口。对于来自天南海北、性格各异、爱好不同的学生而言，在寝室中营造干净整洁的环境、创造和谐的人际关系、营造文明温馨的寝室氛围、塑造独特的寝室文化，对自身的成长助益颇多。

1. 意义

大学生寝室是学生在大学里的一个"家"，也是和谐校园建设的重要组成部分。大学生寝室不仅是一个休息的场所，还是大学生生活、学习、娱乐、社交的重要场所。寝室环境对于大学生的身心发展有着至关重要的作用。其中，作为寝室环境的一个重要方面——寝室卫生，对大学生成长成才起着潜移默化的影响。寝室卫生不单单是一个清洁问题，还反映出寝室文化、学习氛围、同学关系、个性品质等深层次问题。

寝室是大学生日常起居的场所，并且大学生与寝室的大部分物品进行直接接触，床、衣物、地面、卫生间、生活用品的卫生状况直接与大学生身体健康息息相关，如不注意清洁卫生，很容易引发疾病，影响个人并波及整个寝室成员的身体健康。寝室成员为了营造良好的生活环境，齐心协力，共同打扫，维持寝室卫生，有利于增加交流的机会，增进友谊和感情，培养集体精神，增强凝聚力，促进良好人际关系的形成。但当其中有学生不履行、不遵守寝室卫生制度，则会引发其他遵守卫生制度学生的消极、不满心理，久而久之就会造成寝室成员关系紧张，引发矛盾。

寝室卫生状况基本能够反映寝室成员的心态。良好的寝室卫生环境让人心情愉悦、积极上进，促使大学生自觉地去校正、规范自己的行为，有助于大学生形成积极向上的心态。而脏乱的寝室卫生环境易给人造成涣散、抑郁等消极情绪，卫生习惯良好的学生在这种环境下坚持自己的行为，也显得举步维艰，并容易被同化，变得消极怠慢。

寝室个人卫生是检验一个人道德素质高低的重要标准。人们常说的一个人只有在鲜为人知的时候所体现出来的道德才是这个人真正的道德，这个鲜为人知的地方就包括寝室。良好的寝室卫生环境是所有成员共同努力的结果，也是所有成员良好道德素质的反映，并进一步促进成员良好卫生习惯的形成与道德素养的提高；反之亦然。

2. 标准

寝室卫生是大学生劳动教育的重要方面。寝室卫生状况对寝室成员的生活方式、学习态度、行为规范、价值理念等的塑造都有着深刻的影响。因此，打造一个整洁、美观规范、有序、和谐的寝室对大学生来说尤为重要，不仅有利于养成良好的卫生习惯，对于提高自我约束、自我教育的意识和能力也有举足轻重的作用。

整体要求：窗明几净、整洁有序、摆放规范、空气清新、温馨舒适。

卫生标准：

（1）学生宿舍要安排好值日表，轮流值日，保持室内清洁卫生。

（2）地面干净。地面、阳台及客厅要整洁、无垃圾、无积水、无杂物等。

（3）墙面干净。室内外墙壁保持干净，不乱贴、乱写、乱画，不乱挂衣物及其他物品。

（4）门窗干净。门面干净，无污迹，不挂门帘，不乱粘贴纸、画等；保持门上窗户玻璃干净，不允许钉窗纱或张贴任何物品，室内玻璃擦拭干净、窗框无积尘。

（5）桌面、床面干净。桌面物品摆放整齐干净，不乱放物品；床铺被褥要叠放整齐，床上不准堆放各类杂物。

（6）室内设施干净。物品柜、洗漱台无积灰、无损坏。日光灯等要保持干净，窗台不乱放杂物。

（7）讲究个人卫生。个人物品及时整理、清洗，保持整洁，每日清理宿舍垃圾。

 案例

工科男花300元装饰寝室，被赞最美男寝

男生寝室变天空之城，创意源于山城天气

走进重庆大学虎溪校区松园一栋355男生寝室，当灯光亮起，被蓝色覆盖的屋顶折射的光，让整个房间犹如置身海洋一般，大海之蓝，清澈夺目。一颗颗黄色的五角星化作了夜空中最亮的星……

该寝室的主要设计者是吴康杰，来自浙江，从小住在临海地区的他，经常见到蓝色的大海。他说，设计灵感源于重庆的天气。"来到重庆后，阴雨天气不少，蓝天白云很少见，夜空的星星更是几乎没见过，所以希望将蓝色的天空搬到寝室里来。"除对蓝天的渴望外，吴康杰选择蓝色为寝室装扮的主色调，还有一番用意。他解释道："每个颜色都会带给人不一样的情绪反应。蓝色带给人一种深邃、平静的力量，能帮助人在喧闹的生活中静下心来。"他认为，大学生在日常生活中都比较活泼，但寝室是用来供学生学习和休息的，因此，希望借助大量的蓝色，帮助寝室同学回归平静安宁的心理状态。

4人纯手工制作，约300元打造梦幻寝室

设计阶段完成后，寝室4个人开始动手，先从材料的购买和制作开始。巨大的工

作量难住了 4 位小伙子。"我们只买了几种颜色的海绵纸和卡纸，星星等图案都打算自己动手剪，但后来发现工作量太巨大了。"寝室长王强说。压力之下他们本想放弃自己动手的想法，去网上购买成品粘贴，"但成品花费过高，后来我们开会商量，决定坚持一下，手工制作试试看，哪怕不能成功也不留遗憾。"

寝室成员朱飞说，由于工作量太大，几乎天天满课的他们，只能牺牲中午和晚上的休息时间，在一周之内完成了所有装饰，有时为了赶进度还熬到半夜两点多。寝室从设计到装扮完成，仅花费了约 300 元。

获奖后陆续被围观，女生称干净漂亮"胜过女寝"

因为干净整洁和别具匠心的设计风格，松园一栋 355 寝室在重庆大学"优秀学生之家"的评选活动中摘得"五星级寝室"称号。

此后，同一栋公寓楼里不断有其他同学陆续来到他们寝室参观，曾有一名女生因社团活动需要进入他们寝室，看到寝室装饰后称赞说："第一次看到男生寝室如此干净整洁，比我们女生寝室还漂亮！"

此次装饰寝室，对吴康杰和他的室友来说，是一次加强沟通、促进情感交流的难得机会。"大一进来时寝室关系还好，后来慢慢变得有些冷淡，交流也不像以前那么多。趁着装饰寝室的机会，我们 4 个人的沟通比以前更多了，关系更深了。"王强说道。

三、勤工助学

勤工助学是指学生在学校的组织下利用课余时间，通过自己的劳动取得合法报酬，用于改善学习和生活条件的社会实践活动。勤工助学是学校学生资助工作的重要组成部分，是提高学生综合素质和资助家庭经济困难学生的有效途径。

微课：勤工助学

1. 意义

勤工助学是学校学生资助政策体系的重要组成部分，是提升学生综合能力和素质的有效途径，是实现全程育人、全方位育人的有效平台。勤工助学不仅可以帮助学生掌握系统的理论知识，提高实践能力，顺利完成学业，而且使他们把握勤工助学过程带来的契机，培养创新意识，凝聚创造能力，为将来就业、创业打下良好的基础，成为建设现代化社会主义的栋梁之材。勤工助学具有以下意义：

（1）有利于经济困难学生减缓经济压力，保持自尊和自信的良好心态。

（2）有利于学生进一步增长知识、得到能力上的锻炼。

（3）对已经掌握的理论知识进行适当的、深入的运用，培养学生的能力、组织协调能力、处理突发事件的能力等，使学生更全面了解自己，提前做好职业生涯规划。

2. 实施

（1）简介。

1）活动管理。学生在学有余力的前提下，向学校提出勤工助学的申请，接受必要的勤工助学岗前培训和安全教育，再由学校统一安排到校内或校外的岗位上进行勤工助学活动。学校不得安排学生参加有毒、有害和危险的生产作业，以及超过身体承受能力、有碍健康的劳动。任何单位和个人未经学校同意，不得聘用在校学生打工。

2）时间安排。学生参加勤工助学不应当影响学业，原则上每周不超过 8 小时，每月不超过 40 小时。

3）劳动报酬。学生参加校内固定岗位的勤工助学，其劳动报酬由学校按月计算。每月 40 个工时的酬金原则上不低于当地政府或有关部门制定的最低工资标准或居民最低生活保障标准，可以适当上下浮动。学生参加校内临时岗位的勤工助学，其劳动报酬由学校按小时计算，每小时酬金原则上不低于 8 元人民币。学生参加校外勤工助学的酬金标准不低于学校所在地政府或有关部门规定的最低工资标准，具体数额由用人单位、学校与学生协商确定，并写进聘用协议。

4）权益保护。学生在开始勤工助学活动前应当与有关单位签订协议，保护自身的合法权益。学生在进行校内勤工助学前，应当与学校的学生勤工助学管理服务组织签订具有法律效力的协议书。学生在进行校外勤工助学前，应当与代表学校的学生勤工助学管理服务组织、用人单位签订具有法律效力的三方协议书。协议书应当明确学校、用人单位和学生三方的权利和义务，以及意外伤害事故的处理办法和争议解决方法。

（2）任务评价。学生利用课余或假期时间，结合自身能力结构、专业特点、职业规划，主动参加校内或校外的工作；如与专业相关的基层工作、销售工作或服务工作等（见表 4-1）。

表 4-1　学生勤工助学实践项目任务评价表

姓名：		性别：	班级：	学院：
劳动实践项目名称：				
评价维度	评价内容		配分	评分
劳动能力	A. 组织执行能力		8 分	
	B. 沟通表达能力		8 分	
	C. 团结协作能力		8 分	
	D. 问题解决能力		6 分	
劳动过程	A. 劳动持续性		8 分	
	B. 劳动态度		8 分	

续表

评价维度	评价内容	配分	评分
劳动过程	C.劳动内容、形式的创新性	8分	
	D.劳动过程的完整性	6分	
劳动效果	A.社会影响力	8分	
	B.服务对象认可度	8分	
	C.学校、教师、学生评价	8分	
	D.成果经验借鉴	6分	
自我评价		10分	
教师评价		总分	

说明：评价等级分为优秀、良好、合格、不合格，大于等于90分为优秀等级，大于等于75分小于90分为良好等级，大于等于60分小于75分为合格等级，小于60分为不合格等级

项目三　生产劳动

三百六十行，行行出状元。无论是从事农业的农民还是从事工业的工人，都不是低人一等的劳动者，而是靠双手创造幸福生活的奋斗者，值得所有人尊敬。作为新时代的大学生，应以他们为榜样，提高自己的职业技能水平，培育精益求精的工匠精神和爱岗敬业的劳动态度，为以后的就业打好基础。

高校生产性劳动教育主要是让大学生体验物质生产性劳动，培养大学生将所学理论知识运用到实际情境中解决现实问题的能力，包括开展专业实验劳动、专业实训劳动、专业实习劳动、参与志愿服务等形式，旨在通过生产性劳动实践，让大学生体验从简单劳动到复杂劳动再到创造性劳动的过程，感受劳动创造价值。

一、专业实验劳动

1.概念

专业实验是指组织学生对已经认定的科学定理和试验结果进行验证性的操作，通过验证结果或找出与结果不同的实验条件，让学生掌握一定的科学知识的一种实践性教学活动。

2. 分类

实验可分为教师演示、学生动手、师生协作等。

（1）教师演示是指教师通过展示各种实物、教具，进行示范性实验，或通过现代化教学手段，使学生获取知识。

（2）学生动手是指学生参与活动，通过听觉、视觉、空间知觉、触觉等在大脑指挥下协同活动而获取知识。

（3）师生协作是指教师与学生之间形成一种良好的合作关系中开展教学活动，它以教学班的全员为合作对象，强调师生合作，形成了课堂全员参与并合作的教学过程。

3. 特点

（1）教学过程直观、明了、生动，易引起学生兴趣。

（2）便于加深学生对有关学习内容的理解，加强学生对相关知识的记忆。

（3）可以充分地调动学生的积极性，使学生主动地参与到学习过程中去。

4. 评价

学生按照实验活动要求，完成专业实验活动后，填写实验报告，提交相关佐证材料（见表 4-2）。

表 4-2　学生专业实验实践项目任务评价表

姓名：	性别：		班级：		学院：
劳动实践项目名称：					
评价维度	评价内容			配分	评分
劳动能力	A. 应用专业知识和技术的能力			10分	
	B. 分析及解决问题的能力			10分	
	C. 团队协作能力			10分	
	D. 自主学习能力			10分	
劳动过程	A. 劳动态度			10分	
	B. 劳动纪律			10分	
	C. 劳动规划和执行			10分	
劳动效果	A. 劳动完成的质量和效率			10分	
	B. 劳动的创新性和创造性			10分	
	C. 成果经验借鉴			10分	
教师评价				总分	
说明：评价等级分为优秀、良好、合格、不合格，大于等于 90 分为优秀等级，大于等于 75 分小于 90 分为良好等级，大于等于 60 分小于 75 分为合格等级，小于 60 分为不合格等级					

二、专业实训劳动

1. 概念

专业实训是指将学生带到实训现场去学习，通过对某一专业工种或岗位技能的模拟仿真训练，深化理论知识，学生基本掌握实训工种的操作技术和工作方法的一种实践性教学活动。

2. 分类

专业实训可分为单项实训、专项实训、综合实训、毕业设计等。

（1）单项实训是指配合理论课程，针对课程中的某一技能点所进行的实践性教学活动。

（2）专项实训是结合某一门课程所有知识所进行的实践性教学活动。

（3）综合实训是结合多门课程知识进行的实践性教学活动。

（4）毕业设计是教学过程最后阶段的一种总结性的实践性教学活动。

3. 特点

（1）实践性。通过理论联系实际，开展多种形式的专业技能训练，掌握相关专业知识，强化对专业技术知识的理解和实际运用，提升专业动手能力和解决实际问题的能力，为高质量就业打下坚实基础。

（2）针对性。专业实训针对具体的专业知识目标进行科学设置，训练的内容具体、明确、有针对性，学生在专业实训的过程中有目标、有方向，教师能通过专业实训有针对性地了解、发现学生训练中存在的问题和不足，提高专业教育教学质量和水平。

（3）自主性。学生是专业实训的主体。专业实训客观要求学生主动参与实践性学习的全过程，在教师的有效指导下进行自主学习、自主实践、自主反思。

4. 评价

学生根据专业教学任务开展单项实训、专项实训、综合实训、毕业设计，完成实训规定要求，提交相关佐证材料（见表4-3）。

表4-3　学生专业实训实践项目任务评价表

姓名：		性别：		班级：		学院：
劳动实践项目名称：						
评价维度		评价内容		配分		评分
劳动能力		A. 应用专业知识和技术的能力		10分		
		B. 分析及解决问题的能力		10分		
		C. 团队协作能力		10分		

续表

评价维度	评价内容	配分	评分
	D. 自主学习能力	10分	
劳动过程	A. 劳动态度	10分	
	B. 劳动纪律	10分	
	C. 劳动规划和执行	10分	
劳动效果	A. 劳动完成的质量和效率	10分	
	B. 劳动的创新性和创造性	10分	
	C. 成果经验借鉴	10分	
教师评价		总分	
说明：评价等级分为优秀、良好、合格、不合格，大于等于90分为优秀等级，大于等于75分小于90分为良好等级，大于等于60分小于75分为合格等级，小于60分为不合格等级			

三、专业实习劳动

1. 概念

专业实习是指将学生带到生产现场去学习，通过参加生产实践，深化理论知识，培养和提高学生的专业工作技能水平与综合运用专业知识、专业技能解决生产现场中的技术及管理问题的能力的一种实践性教学活动。

2. 分类

专业实习可分为认识实习和岗位实习等。

（1）认识实习。认识实习是指组织学生到实习单位观摩和体验，形成对实习单位和相关岗位的初步认识的实践性教学活动。

（2）岗位实习。岗位实习是指具备一定实践岗位工作能力的学生，在专业人员的指导下，辅助或相对独立参与实际工作的活动。

3. 特点

（1）教育性与职业性。专业实习与专业培养目标密切相关，是学校培养合格人才十分重要的一个教学环节。在专业实习的过程中，通过学校和实习单位教师的指导，学生的专业知识能获得一定的增长，实践操作技能也能实现一定的提高。专业实习时，学生到企（事）业等用人单位工作，教学场所由校内转向校外，学生从以课堂和学校为中心转变为以岗位和企业为中心，学生在实习单位通过岗位上的职业操作开展相关的教学计划，是一种职业劳动过程。

（2）学生具有双重身份。在专业实习中，实习的学生既是学校的学生，也是企业的员工，身份具有双重性。专业实习的学生必须接受学校和实习单位的双重管理。在专业实习期间，学生既要完成学习任务，也要履行专业实习单位员工的岗位职责；既要遵守学校的规章制度，也要遵守实习单位的相关规定。

（3）教学模式的特殊性。专业实习强调教学实践与工作过程相结合，是实施工学结合人才培养的有效模式。在专业实习过程中，学生是实习单位的准员工，应将所学的理论知识与工作相结合。专业实习是职业院校人才培养过程中特殊的环节，这种特殊性决定了学生在专业实习中必将有一个学习和角色转变与适应的过程。

4. 评价

根据专业特点，学生根据学校安排开展认识实习、跟岗实习，通过学校推荐企业或自主选择企业开展顶岗实习，根据指导教师要求提供相应的实习佐证材料（见表4-4）。

表4-4　学生专业实训实践项目任务评价表

姓名：	性别：	班级：	学院：
劳动实践项目名称：			

评价维度	评价内容	配分	评分
企业评价	A. 专业知识和技能	10分	
	B. 劳动完成的质量和效率	10分	
	C. 遵守企业规章制度	10分	
	D. 团队协作意识	10分	
学校评价	A. 应用专业知识和技术的能力	10分	
	B. 分析、解决问题的能力	10分	
	C. 劳动态度	10分	
	D. 劳动纪律	10分	
自我评价		20分	
教师评价		总分	
说明：评价等级分为优秀、良好、合格、不合格，大于等于90分为优秀等级，大于等于75分小于90分为良好等级，大于等于60分小于75分为合格等级，小于60分为不合格等级			

四、志愿服务

我们要坚持走中国特色志愿服务之路，大力弘扬奉献、友爱、互助、进步的志愿精神推进志愿服务制度化，提高志愿服务能力，营造志愿服务发展良好环境，充分发挥广大志愿者在经济社会发展工作中的重要作用。

1. 兴起

志愿服务是指在不求回报的情况下，为改善社会、促进社会进步而自愿付出个人的时间及精力所做出的服务工作。

我国的志愿服务活动是随着改革开放而发展的，开始于 1978 年。1993 年年底，共青团中央开始组织实施中国青年志愿者行动，中国志愿服务进入了有组织、有秩序的阶段。中国青年志愿者行动实施以后，志愿服务日益广泛发展，全社会对志愿服务的认知程度已大大提高。

2006 年 11 月共青团中央印发的《中国注册志愿者管理办法》规定："团组织、志愿者组织根据服务对象的需求，向注册志愿者发布服务信息、提供服务岗位，志愿者按照相关要求开展志愿服务。注册志愿者也可按照相关规定自行开展志愿服务。提倡具有相同服务意向和志趣爱好的注册志愿者在团组织、志愿者组织指导下结成志愿服务团队开展服务。"

2015 年 10 月出台了《志愿服务信息系统基本规范》（MZ/T 061—2015）（以下简称《基本规范》）。实施应用《基本规范》要做好三方面工作：一是在工作手段上实现信息化，要在志愿服务管理过程中，按照《基本规范》的要求通过信息系统完成公示、审核、表彰奖励、证书出具等工作，确保志愿服务管理工作的规范便捷和公开透明；二是要在工作方式上实现标准化，《基本规范》对志愿服务基本术语、信息系统基本功能和数据元进行统一定义，对志愿服务工作的若干重点环节和关键因素进行统一规范，是标准化在志愿服务领域的具体实践；三是要在工作效果上实现科学化，《基本规范》主要规定了志愿服务信息系统建设的基础数据元、功能要求、信息共享与交换接口、安全要求等内容，没有套用一般信息系统基本规范的架构，对系统性能指标、硬件配置、运行环境等做出规定。

2017 年 6 月 7 日，《志愿服务条例》（中华人民共和国国务院令第 685 号）经国务院第 175 次常务会议通过，由国务院于 2017 年 8 月 22 日发布，自 2017 年 12 月 1 日起施行。《志愿服务条例》指出，志愿服务是指志愿者、志愿服务组织和其他组织自愿、无偿向社会或者他人提供的公益服务。开展志愿服务，应当遵循自愿、无偿、平等、诚信、合法的原则，不得违背社会公德、损害社会公共利益和他人合法权益，不得危害国家安全。志愿者是指以自己的时间、知识、技能、体力等从事志愿服务的自然人。志愿服务组织是指依法成立，以开展志愿服务为宗旨的非营利性组织。

2. 原则

开展志愿服务应当遵循自愿、无偿、平等、诚信、合法的原则，不得违背社会公德、损害社会公共利益和他人合法权益，不得危害国家安全。

（1）自愿参加。自愿原则体现了两个方面的意思：一是任何组织和个人不得胁迫他人从事志愿服务；二是志愿者参加志愿活动具有自觉性，是主动的，而不是被动的，是自觉的，而不是被强迫的。只有"自愿"才能成为"志愿者"，只有"自愿"才能发自内心地积极参加志愿活动，只有"自愿"才能调用志愿者的积极性和主动性。因此，自愿是开展志愿服务活动的前提。

（2）无偿帮助。无偿原则指的是一切志愿活动都不得收取任何费用。志愿服务不应该被当成达到其他目的的手段。志愿者在提供志愿服务时应该始终坚持利他和公益的基本出发点。志愿者服务可以获得回报，但是不应该以获得回报为基本目的，即使完全没有回报，也应坚持志愿服务。因此，无偿是从志愿服务的动机而确定的志愿服务的基本原则之一。

（3）人人平等。在公益活动中，志愿者对帮助对象应一视同仁。同时，志愿者和受助者之间也是互相帮助的平等关系，志愿者不应有"施与""救世主""赠予"的心理和态度。志愿者在活动中不能高高在上，要给予受助者尊重和爱护，保护他们的隐私，尊重他们的人格，保障他们的权益不受侵犯。同时，被救助对象之间也是平等的。人与人之间，虽然有种族、信仰等的不同，但都是平等的，志愿者在活动中要树立人人平等的意识，不能厚此薄彼。

（4）讲求实效。讲求实效首先就是要办实事。志愿者行动的出发点和立足点，就是要上为政府分忧，下为群众解难，为社会、为群众办实事。其次是要在志愿服务中狠抓落实。面上的示范性的活动要搞，但工作重点是狠抓在基层的落实。志愿服务只有落实到基层，落实到具体人、具体事，真正成为基层广大志愿者的经常行为，才有生命力和发展前途。最后是求实效。求实效集中表现为在实践中使社会和群众体验并享受到志愿服务的成效。这三点缺一不可。

（5）合理合法。志愿服务要遵守我国的一切法律法规，上至宪法、民法、刑法、民事诉讼法，下至志愿服务条例、中国注册志愿者管理办法，皆需要遵守。而且，近年来志愿服务越来越规范化和制度化，青年学生在志愿服务的过程中，要严格按照流程操作，听从组织安排，不可单独行动。

（6）量力而行。对青年学生来说，要进行志愿服务活动，还要注意量力而行。要根据公益组织自身的人力、物力和财力允许条件的程度来开展工作。志愿服务要从自身的实际出发，从社会需求的实际出发，将主观愿望和客观实际结合起来，将社会需求和服务能力结合起来，实事求是。对于自己能力有限无法承担的工作，要主动说明，不可强行接受。

社会上需要关注、帮扶的人很多，需要努力的方面也很多，但是青年学生力量有限、能力有限，不可能满足所有的社会需求。要做的便是知道自己能做什么，既不能无所作为，也不能大包大揽。

3. 内涵

志愿服务的精神概括起来为奉献、友爱、互助、进步。奉献、友爱、互助、进步的志愿精神与中国传统文化一脉相承，与社会主义核心价值观相契合。

（1）奉献。"奉献"是志愿者以无偿奉献的独特方式，推动人类文明发展。奉献精神是高尚的，是志愿服务精神的精髓。志愿者在不计报酬、不求名利、不要特权的情况下参与推动人类发展、促进社会进步的活动，这些都体现着高尚的奉献精神。

（2）友爱。"友爱"是志愿者跨越人类一切障碍与差异，传递关爱，使社会充满温暖。志愿服务精神提倡志愿者欣赏他人、与人为善、有爱无碍、平等尊重，这便是友爱精神。志愿者之爱跨越了国界、职业和贫富差距，没有文化差异，没有种族之分，没有收入高低之分，是一种平等之爱，它让社会充满了阳光般的温暖。如医者仁心，他们不分种族、政治及宗教信仰，为受天灾、人祸及战火影响的受害者提供人道援助，他们奉献的是超国界之爱。

（3）互助。"互助"是志愿者以爱心、所长助人自助，促进社会和谐。志愿服务包含着深刻的互助精神，它提倡"互相帮助、助人自助"。志愿者凭借自己的双手、头脑、知识、爱心开展各种志愿服务活动，帮助那些处于困难和危机中的人们。志愿服务者以"互助"精神唤醒了许多人内心的仁爱和慈善，使他们付出所余，持之以恒地真心奉献。"助人自助"帮助人们走出困境，自强自立，重返生活舞台。受助者获得生活的能力后，也会投入关心他人、帮助他人、为社会做贡献的志愿活动中，这些志愿活动都蕴涵着深刻的"互助"精神。

（4）进步。进步精神是志愿服务精神的重要组成部分，志愿者参与志愿服务，使自己的能力得到提高，同时促进了社会的进步。在志愿活动中无处不体现着"进步"的精神，正是这一精神使人们甘心付出，追求社会和谐之境的实现。

>>> 案例

"花式"宣传带动"垃圾分类"时尚

江苏省苏州市吴中区光福镇青年开动脑筋，"花式"带动"垃圾分类"时尚。

快递传达"垃圾分类"时尚

在快递包装盒的醒目位置张贴垃圾分类宣传贴，再由快递小哥将贴有温馨提示的快递派送到各家各户，让小小的快递盒成为宣传垃圾分类新时尚的新载体，平时不在家的居民通过收取快递也能及时了解垃圾分类小常识。光福镇垃圾分类专班、镇团委、科协与光福镇顺丰、申通、菜鸟裹裹三个快递驿站联合开展了一场快递"入户"垃圾分类宣传活动，让居民在拆快递的同时还能学习"垃圾分类"小知识。

彩绘描绘"垃圾分类"时尚

手绘乡村，让乡村更美。光福镇充分利用"农村人居环境整治"契机，粉刷老旧墙面、整理活动场地，将垃圾分类画在墙上、绘在地上，累计开展垃圾分类主题墙绘活动8次，255平方米的墙面成为垃圾分类宣传新阵地。通过色彩鲜艳的图画将手绘和垃圾分类宣传活动相融合，提升乡村面貌的同时让居民了解垃圾分类知识，进一步让"绿色、低碳、环保"的理念深入人心。

志愿提倡"垃圾分类"时尚

光福镇组织年轻干部训练营，128名志愿者下沉到村、社区参与垃圾分类（见图4-17）。青年志愿者们走进小区、村庄，悬挂宣传横幅、发放宣传单页，流动"小喇叭"循环播放垃圾分类小常识，营造垃圾分类"三维立体"宣传氛围；进行垃圾分类宣讲，讲清楚垃圾分类的必要性，让居民自觉参与其中；组织小型知识竞赛，提升垃圾分类趣味性，让居民掌握相关知识；现场示范精准分类生活垃圾，指导居民正确投放……通过多种"花样"形式，充分调动居民共同参与垃圾分类，共建文明村庄、文明小区。

图4-17　"垃圾分类"时尚

光福镇将不断加强工作推进力度，加强设施配套，健全收运体系，开展全方位、多层次、立体化的宣传活动。努力形成"抬头可见、驻足可观、铺天盖地、入脑入心"的宣传效果，让更多的居民群众参与其中，使垃圾分类新时尚理念深入人心。

1. 请就如何更好地完善垃圾分类处理提出你的建议。
2. 针对大学生如何培育公共服务意识，践行志愿精神，谈谈你的感受和体会。

创劳动之新

知识导航

知识目标：

1. 把握创新、创业的重要内涵。

2. 理解"大众创新、万众创业"的当代价值。

素质目标：

1. 树立正确职业观、就业观与择业观。

2. 培养创新意识和创业精神。

技能目标：

提升创新创业能力。

课程引入

创业物流快递广告

随着居民消费结构的升级和转型，快递业的发展前景非常广阔。在电子商务爆炸式增长的环境下，一位"90后"女孩发现了一个创业理念，创立了中国第一家"快递单广告"商业公司，月营业额近 100 万元。

郭星是一个标准的"90后"。毕业后，她找到了第一份工作，并为一家公司散发了广告传单。每天，她都能看到快递公司的员工拖着大量的货物，穿梭于街道和居民区，拿着快递单寻找门牌号，并将货物送到门口。她顿时灵感闪现，如果广告印在快递公司的送货清单上，那么至少有两个人可以看到或阅读广告，一个是送货人员，另一个是收货人。

几天后，在没有任何资金的情况下，一个由 10 多人组成的"快递单广告"创业团队成立了，郭星和胡薛梅是联合创始人和领导者。他们很快分成两组，进行分工和行动。分工之一是联系物流和快递公司，而另一组人去寻找愿意在快递单上做广告的顾客。所有的事情在完成之前都是困难的。另外，他们是充满激情和缺乏社会经验的应届毕业生。在过去的几天里，团队才开始工作，当他们一无所获时，有些人无法坚持，选择了退出。半个多月过去了，尽管几家快递公司声称愿意合作，但他们还没有找到愿意在快递单上刊登广告的客户。这时，不知道是谁急中生智地想出了一个好主意：让郭星把"快递订单广告"的宣传材料放进快递信封，伪装成快递公司的员工，直接去商店或公司，督促前台工作人员将快递转给相关部门和领导。就这样等了一个星期后，一家小吃公司联系了郭星。经过双方的深入沟通，该公司愿意支付 8 000 元，以尝试的态度在快递单上购买了两个广告位。"快递单广告"创业团队最终获得了第一笔订单，受到了极大的鼓励。这 8 000 元成了这个团队的启动资金。

不久之后，郭星成功注册了自己的快递订单广告公司。郭星从"快递单广告"业务的创业理念到团队和公司的建立，逐渐赢得了众多商家和客户的青睐。他们一个接一个地加入并投放广告，吸引了业界和媒体更多的关注和追求。

快递公司成立后，郭星和她的公司经历了一个多月的快速扩张。他们与 11 家快递公司建立了长期合作伙伴关系，业务标准是一个广告点收费 0.4 元，一万份开始印刷。与此同时，50 多家商家将自己的品牌和广告放在快递单广告业务上。公司的业务和收入日益增长，一个月内累计收入 100 万元。如今，在成都成华区的一栋住宅楼里，在一个简单的办公环境下，这位年轻的"90 后"女大学生已经很忙，要么接受物流和快递公司的访问，要么在计算机上寻找有广告需求的商业客户。无论是创业时间、业务增长、业务配额和品牌价值，他们的物流快递广告公司都创造了惊人的神话。

项目一　正确就业择业

一、提高职业能力

1. 表达能力

表达能力是指运用语言、文字或肢体动作阐明自己观点、意见或抒发感情的能力，它包括口头表达能力、数学表达能力、图示表达能力和肢体表达能力等几种形式。大学生进入社会工作，就必须与周围社会进行各种信息的交流。而在求职过程中，表达能力的好坏往往显得尤为重要，因为表达是帮助他人了解和认识自己的重要手段。从自荐书的撰写、求职材料的准备到求职面试，每一个环节都离不开表达能力的运用。因此，要学会运用语言、文字、体态等方式进行信息传递，使思想、情感得以准确、鲜明、生动地表达出来。一方面，大学生在校期间要多读书，以增加自己表达思想的深刻性、观点的新颖性、内容的丰富性；另一方面，要多实践，以培养自己思路的敏捷性，表达的条理性、准确性和生动性。

2. 交往能力

交往能力是指以社会认可的方式，妥善处理人与人之间的关系，并与他人和谐共处、共同发展的能力。社会越发达，人与人之间的联系就越广泛，形成的关系种类就越多。大学生在生活和工作中需要与许多人交往，只有具备一定的人际交往能力，善于处理各种人际关系，才能在工作中充分施展自己的才能。在人际交往中，要学会真诚和尊重，"将心比心，以诚相待"，多为他人设身处地地着想，这样才能得到他人的尊重；要学会"既能干大事，又能做小事"的本领；要学会处理具体问题，既要坚持原则，又要不失灵活；要学会求大同存小异，待人宽厚，谦虚好学；学会团结协作，在集体活动中实现自身的价值；要学会避免和克服庸俗的人际关系及"个人奋斗"的人生理念。

3. 创新能力

创新能力是人们用已积累的丰富知识，通过不断探索研究，在头脑中独立地创造出新的形象，提出新的见解和做出新的发明的能力。它是人才素质的核心，包括发现问题、提出问题、探求规律的能力，创造性地分析问题和解决问题的能力，发明新技术、创造新产品的能力等。它是由观察敏锐性、记忆保持性、思维灵活性和创新意识等基本要素构成的。在实际工作中，人们将会遇到很多前人从未遇到的新课题，有的人能对这些问题进行科学的分析，理出头绪、分清主次、抓住本质、提出方案，充分利用自己解决实际问题的能力进行不断的探索、研究，得出科学的结论，取得创新的成果；也有的人面对无成规可循的问题不知所措，或者乱撞乱碰，到头来一事无成。这些差异正是由于创新能力的不同所致。因此，当代大学生必须是富有创新精神和创造能力的人，只有这样才能适应未来社会对人才的需求。

4. 适应能力

适应能力是指人随着外界环境和时代的变迁而改变个性心理特征，改变自己的生活方式、交往方式、思维方式、行为方式和管理方式的能力。人与环境的关系是既要适应又要改造，是适应与改造的辩证统一，适应就是改变自身以迎合客观环境的要求，改造就是改变客观环境使之符合自身发展的要求。在人类社会进步与发展过程中，人对环境的改造固然起着主导作用，但改造不能离开适应。社会生活的纷繁多样和生活环境的不断变化，要求每一个人必须培养适应环境的能力，只有这样才能在社会和工作岗位中立足，也才能谈得上对环境的改造。适者生存，生存正是为了发展。步入社会后，只有自觉地、有意识地适应现实，才能尽快完成从学生到社会人的转变，迎来在工作上、事业上开拓进取的新阶段。作为即将走上工作岗位的大学毕业生，要培养健康的心理素质，理性地面对时代的要求，增强自己的适应能力，不断更新自我，对不断变化的社会做出正确的选择，勇敢地迎接新工作的挑战。

5. 实践能力

南宋著名诗人陆游在《冬夜读书示子聿》中写道："纸上得来终觉浅，绝知此事要躬行。"指从书本上学习到的知识，总是不够扎实，也不够用，只有经过自己身体力行地去实践，才能够获得全面的知识。书本知识与实际工作总会有一定的距离，书本知识学好了并不一定就能做好实际工作，经常有一些毕业生满腹经纶却夸夸其谈，到实际工作中束手无策。我国的高等教育制度过分重视知识教育，而对学生实际动手能力的培养和训练则明显缺乏，使不少毕业生"高分低能"。一些毕业生形成了一种思维的误区，即认为大学毕业生到实际工作中就是要干大事，只需动脑子即可，动手的事情交给工人就行了。这种错误的观念使毕业生在学校忽视了实践能力的培养，到工作单位以后往往好高骛远、眼高手低，不愿下基层，即使下到基层也不认真对待，这样的毕业生显然已经不能满足目前社会的需要了。因此，大学生在学校不仅要积累知识，还要通过参加科研活动，利用生产实习和勤工助学等机会，着力培养和提高实际动手能力，以满足今后工作的需要。

>>> **案例**

竞争能力

　　三个女大学生通过层层筛选，进入了最后一关，竞争同一个岗位，并由公司副总经理亲自考查、定夺。副总经理发给她们每个人一套职业装，让三人着装面试。从着装到面试只有10分钟时间。但是她们的每套衣服都有问题，李同学的衣服前有明显的皱痕；张同学的衣服前有一块污迹；王同学的衣服前有一个醒目的洞。由于面试时三人被分隔开来，无法商量，只得各自处理。

　　李同学第一个面试，她始终用右手小心翼翼地遮掩衣服的皱痕，但是副总经理却要求参与面试的其他人员——和她握手，她只能无奈地伸出右手，这样，衣服的皱痕便暴露无遗。

　　张同学第二个出场，她用自带的笔记本遮盖住衣服上的污迹，但副总经理要求她不能带任何东西，无可奈何之下她只得让污迹展现在主考官面前。

　　第三位面试的是王同学，面对小洞，她用身上带刺绣的红手帕麻利地折成一朵花，用一根头发巧妙地系好，进入考场。副总经理没说什么，当场宣布面试结果，李、张二人落选。对于面试结果，副总经理是这样解释的：三人都有很好的应变能力，李同学虽然用手遮住皱痕，但没有很好地运用身边的工具，更衣间里，她的衣服旁边有公司赠送的一张纪念牌，却没用上；张同学用笔记本遮住了污迹，可是，一旦让她把东西拿到一边，污迹就显露出来了，在她换装的房间墙壁上，公司特意备了一条丝巾，还专门留有字条"供所有面试者使用！"张同学只要稍加注意，就能用它盖住污迹了，可是她没有很好地观察；王同学巧妙地用手帕折成一朵花，遮住了衣服上的小洞，其实，公司也在她的更衣间准备了一件东西——公司的出入牌，也留有一张字条

"面试人员用后请归还。"她虽然没有用上，但是在如此短的时间内用手帕做成花遮住小洞，比公司预想的要好，这就是公司选择她的原因。

分析：这则求职故事说明了大学生就业的竞争是对他们观察能力、应变能力、创新能力等综合能力的考验。因此，大学生在大学学习期间就应注意培养创新能力，加强学习，提高自己的竞争力。

二、树立正确就业观

随着我国高等教育从精英教育向大众化教育的推进，就业观念要不断适应这一社会发展的需要。通过转变观念，大学生就业问题逐步实现由思想碰撞到思想统一转变。社会评价标准从适应精英教育观念向适应大众化教育观念转变。在精英教育条件下，评价大学毕业生就业的标准是看有没有用人单位接收，派遣证的报到单位是否与大学毕业生的学历匹配，注重签约率，注重完全就业。在大众化教育条件下，评价大学毕业生就业的标准是看大学毕业生是否能为社会做贡献，能否通过自己的劳动，获得生活和发展的条件。过去那种只有到大城市、大机关、高薪企业才算就业的观念，逐渐向自主创业、民营企业、个体企业甚至家庭作坊拓展；从注重签约率、完全就业向注重就业率、充分就业转变；从关注就业指导、就业教育向就业与创业并重、就业指导和创业教育并举转变。同时，就业单位必须与大学毕业生的学历匹配的观念，随着社会的发展与全民素质的提高，也要不断转变。

对大学毕业生而言，就业是迈入社会的第一道门槛。在就业过程中，大学毕业生面临的是复杂的就业择业问题，而大学毕业生正由学生向社会进行角色转换，心理发展不平衡、不稳定，还不能摆正自己的位置，难以客观地进入求职状态、认识社会、了解社会，尤其是就业指导与心理咨询工作开展得不够深入，导致大学生的就业心理出现了一些误区。因此，如何树立正确的就业观是大学毕业生成功就业的关键。

（一）摒弃旧观念，接受新观念

我国大学生就业难，并不意味着大学生过剩。据统计，我国大学毕业生占从业人员的比例仅有发达国家的1/8。从总体上看，我国经济快速发展，对高素质人才的需求日益增加。但是，一些大学生找工作时一门心思盯着大城市、大单位，甚至数千人竞争一个岗位，边远地区、基层单位虽急需人才却应者寥寥。因此，大学生就业难，固然有高校迅猛扩招与就业岗位增长缓慢之间矛盾的原因，更重要的是一些大学生的就业观念存在问题。树立正确的就业观，培养良好的心态，是解决大学生就业难题的一剂良药。

1. 树立普通劳动者的观念

转变"精英"意识，树立普通劳动者观念。目前，我国高等教育已经从精英教育向大众化教育转变，但不少大学生依然抱有"天之骄子"的优越感，认为读了大学就理所应当有个好工作，留在大城市、大单位才能体现自己的人生价值，一些家长更是希望孩子毕业后能抱上"金饭碗"。因此，找工作时一味追求物质待遇，重地位、重名利，缺少吃苦精神、奉献精神。实际上，不同工作岗位只是社会分工不同，并无高低贵贱之别，大学生也是社会阶层的普通成员，要以普通劳动者的心态和定位选择工作。

2. 脚踏实地地从自身出发降低期望值

降低期望值，拓宽就业领域。每一位大学生都希望找到一份称心如意的工作，这是无可厚非的。但是，每个人能得到什么样的工作都会受到自身条件客观因素的制约。有的大学生好高骛远，对自身期望值过高，盲目追求超出本身能力的热门岗位、高薪待遇，最终落入高不成、低不就的尴尬境地。大学生就业时，首先要实事求是地认识自己，不仅要考虑"我想从事什么"，更要考虑"我适合干什么，我能做什么"，确定符合实际的期望值。放宽视野，把目光从竞争激烈的热门岗位移开，更多从自身实际、发展空间考虑，往往会发现"海阔天空"。

3. 认清个人能力，学会从工作中学习

有文凭不代表就一定有水平，有学历不一定有能力。大学毕业，只能说明具备了一定的学习能力和专业理论知识，并不能说明一定就是人才，一定能够被社会接受。社会是大课堂，对大学毕业生来说，要能够适应社会，把课本上所学的东西运用到实践中，还有许多事情要做，还有一个再学习的过程。即使是毕业时找到了一份比较理想的工作，如果工作中好高骛远、自以为是，不注重知识的更新、吃老本，用不了多长时间，同样会被社会淘汰。即使所从事的不是本专业的工作，只要埋下头来，坚持向书本学、向实践学、向身边的同事学，同样可以干出一番事业，得到社会认可。因此，对大学毕业生来说，从事什么工作并不重要，重要的是要树立终生学习的理念，充分利用工作外的时间，坚持边工作、边学习、边提高。这才是成功就业、择业乃至立业、展业的关键。

4. 勇敢地迈出人生事业的第一步

在计划经济体制下"一次就业定终身"，造成大学毕业生就业择业时顾虑重重，生怕入错行误终生，如今竞争上岗、人才流动和再就业已成为普遍现象。职业是可以变化的，就业是一个动态过程，大学生要以平常心对待第一次就业，树立"先就业、后择业，先生存、后发展"的心态。即使初次就业不理想，以后也可以重新择业。

我国目前的国情是人才供需整体失衡，社会就业竞争加剧。在整体就业环境不容乐观的情况下，"先就业、后择业"应该是智者的选择。大学生在求职时，都想找一份称心如意的职业，选择一个满意的单位，但要想一步到位，实现自己的职业理想，成功的概率比较小。尤其是对于应届大学毕业生来说，他们对社会了解甚少，受专业限制及社会工作经验等因素的影响，很难一次性找到真正适合自己的工作。比较实际的办法还是先找份工作做，然后再寻找新的机会，分步到位。否则，就容易失去许多起步的机会。毕竟先要有工作岗位，才能锻炼能力，能力强了，才能更好地发展事业。一个人参加工作，只是职业生

涯的开始，并不表示只能在这个岗位上工作一生，随着人才市场的日趋完善，人才流动渠道逐步畅通无阻，就业以后如果再择业，优点更多。所以，"先就业、后择业"是比较明智而又务实的选择。

（二）敢于"下基层""自主创业"

1. 面向基层就业

广大农村、边远地区、基层是吸纳大学毕业生就业的最大空间，可供大学生施展才华的空间也很广阔。一些大学生不愿下基层，一是怕吃苦，二是认为没有"前途"。近年来，国家为鼓励大学生到基层就业、到西部就业制定了一系列优惠政策，大学生在基层能得到多方面锻炼，积累实践经验，更有发展的潜力，对个人成长是极为有益的。北京招聘的"大学生村官"就已经在基层取得了很大成绩。

2. 变被动就业为自主创业

近几年自主创业成为就业新方向。国家对大学生自主创业提供了税收、贷款等多方面优惠政策，鼓励自主创业。知识经济时代，大学生拥有较高的知识和技术，富有开拓精神，蕴含着巨大的创业潜能。自主创业，不仅能缓解巨大的就业压力，更是大学生发挥自己主观能动性、施展才智的广阔舞台，是符合时代要求的就业趋势。

（三）要先就业再择业

就业与择业，孰先孰后，关键是根据自身的实际情况和所处的环境条件决定，因势利导，为我所用。例如，有的大学生学的是"热门"专业，愿意也有可能在适合自己专业的诸多单位中进行选择，这种"先择业、后就业"当然很好。有的大学生一时找不到适合自己专业的工作，且苦于生计原因，先找份工作，积累经验，然后再图发展，这种"先就业、后择业"也不能说不好。有的大学生面对严峻的就业形势，降低要求，到民营企业、私立学校工作，既人尽其才，学用结合，又能为企业、学校贡献智力，"既就业、又择业"，可谓两全其美。有的大学生为了学到更多更新的知识，或继续深造，或到国外留学，为将来谋得高层次、高薪酬的岗位打下坚实的基础，他们现在的"不择业、不就业"是为了将来有更多更好的择业就业机会。总之，择业、就业可以说是大学生们一道无可回避的"课题"。但是孰先孰后、何时何地、孰是孰非，还要立足现实，准确定位，量体裁衣，适合自己的才是最好的。

（四）自立自强，不再等靠要

在国外，年轻人满18周岁就要在经济上独立。我们国家的一些大学生，父母供其完成学业，毕业后，一时找不到称心的工作，就"漂"在校园或待在家里，经济上完全依赖父母。据不完全统计，我国24岁至30岁的年轻人中，有超过20%还是依靠父母供养的"啃老族"。

在就业形势日趋严峻的今天，先降低要求，找份工作干起来，一方面减轻了父母的经济负担，另一方面增加了自己的社会阅历，增强了实际工作能力；工作中，对自己的个性、能力、优缺点，以及胜任什么工作，会逐渐有比较理智与成熟的看法，工作经历能够让人发现自己的多个侧面。即使几年后从事其他职业，现在的工作经历也不是没有用处，隔行不隔理。人类社会的发展证明，先生存才能发展。大学生作为社会的一员，首先考虑的应该是生存。因此，大学生应先考虑就业，然后再在条件成熟时选择自己喜欢的职业。

>>> 案例

择己所爱

于敏，广西人，他的身影经常出现在北海大大小小的港口、码头，甚至是渔民家的窗前屋后。一看到破旧的渔船，哪怕是一段几乎腐朽的古船木，他马上就像看到宝贝一样，兴奋不已，又摸又敲，爱不释手。这位四处寻找破旧古船的人，是一个土生土长的广西北海人。

几年前，于敏还是中国银行的一名职员。可是人人都羡慕的工作并没有给于敏带来快乐。他自己的兴趣爱好和儿时的梦想在银行里始终不能得到施展和满足。他不想在银行工作，认为数钱都数烦了。在银行工作，坐在铁栏杆内，就好像坐牢的感觉。他像是困在笼子里渴望高飞的小鸟，整天还没上班就盼着下班，他总是想早一点逃脱这个束缚他的牢笼。当他喝醉酒时就想着画画。30岁那天晚上他怎么也睡不着，对自己说："人要这样做下去就要完了。"

他母亲回忆说："他从小就喜欢蹲在地上拿着小棍子在地面上画这画那，有时候拿些小棍子做些小玩意，像飞机、汽车、房子什么的，做啥像啥。"父亲说于敏小时候就爱美术，画起图画就着迷，一天两天不吃不喝也没有问题。

于敏从小就酷爱画画，从来没有正式学过画画的他，靠自学成才，油画画得相当不错。在银行工作，跟自己喜爱的东西毫不沾边，于敏自然无法忍受。

30岁那年，于敏想，我30岁了！人家都说三十而立，我30岁还是一事无成，工作也不顺利，钱也没有赚到，想做的事情不能放开手脚去做。于是，于敏毅然决定离开银行，做发掘自己的事情，做真正的自己。

只和弟弟打了声招呼，于敏就这样背起行囊，像个懵懂少年一样，离家出走。离开生活了30多年的家，到广东找了一家愿意接收自己的装饰公司，搞装饰设计，开始了自己的打工生涯。同时，于敏一有时间就坚持画画，既能满足自己的爱好，还能增加一些收入。

于敏画的画大多都与海有关，他也常用一些废旧的古船木做成画框，别有一番味道。他觉得把船丢在海边的那种沧桑感非常有艺术效果，好像一种很抽象的雕塑的感觉，想象用古船木做成画框，做成艺术品很有成就感。

不是科班出身的于敏，画画倒画出了名堂。辛辛苦苦地打了一年工，画了一年画，他终于可以举办一场自己的画展了。但是，如何能让自己的画展与众不同呢？于敏突发奇想，找来一艘废弃的古船，罩上渔网，用纸箱装了上千只蝴蝶，放在船内。当上千只五彩斑斓的蝴蝶纷纷从古船中飞起，穿过渔网，自由飞翔的时候，观众们惊呼、赞叹。不用说，这次画展很成功，也正是因为如此，复活古船木的念头，在于敏的脑海中萌发了！

可是用什么形式复活，于敏心中并没有方向。有一次，于敏想起了自己在装饰公司陪客户选购家具时客户们说过的一番话。一些港台地区来的客户要去买家具，看家具时都说那些家具是垃圾，太重复，已经让他们审美疲劳了。

于敏灵机一动，那些蕴含着关于海的沧桑与故事的古船，完全可以用家具的形式将它们的沧桑和美延续下去！于敏想到古船木，还想到了自己家乡三面环海的天时地利，还有一个了解大海的弟弟。

于敏对艺术的执着追求一下迸发出来。一瞬间的灵感，成了他最强的动力。他似乎找到了一个能够让自己的爱好变成事业的最好契机。

当他触摸古船木被风化了的钉眼，心里会很平静。他想象着用古船木做成一件件家具放在家里面用，也非常有创意。他实在是欲罢不能，因为他终于找到了属于自己的位置。

开始家里人不理解。于敏没有那么多时间去跟他们解释，因为他全部的激情和全部的心思都投进去了。他只想着怎么把家具做得更好，如何分工序、清理板材、拆钉，还有怎样选料，怎么搭配，然后再到制作、打磨、成型、定型等。

经过一年多的努力，于敏终于把第一件产品设计制作出来。他兴奋、激动、满足。大家慢慢都喜欢上了这些古朴的家具，有人出高价要买他的家具。开始于敏对自己做出来的家具确实太喜欢了，所以舍不得卖，可最终还是把这东西投入了市场。他在东莞、深圳开了两家店，这些纯手工的家具，虽说价钱不低，却很受欢迎！

现在的于敏，用他自己的话说，已经把自己的生活，甚至生命，与古船木紧紧地联结在一起了。他很沉迷、很陶醉。虽然他四处奔波，很忙碌，也没有时间休息，但他做起事来精神饱满、充满激情。

项目二　提升创新创业素质

一、激发创业兴趣

（一）创业的含义

《现代汉语词典》对创业的解释是"创办事业"，其中"事业"是指人所从事的，具有一定目标、规模和系统而对社会发展有影响的经常活动。《辞海》解释"创业"就是创立基业，其中基业是指事业的基础。由此可见，创办事业是创业的本质。

创业有广义和狭义之分。广义的创业是指创业者对自己拥有的资源或通过努力能够拥有的资源进行优化整合，从而创造出更大经济或社会价值的活动。这种活动可以是营利性的，也可以是非营利性；可以是经济领域的，也可以是文化、教育、科学、政治等领域的。

狭义的创业是指个人或团队自主创办企业，是个人或团队在市场环境下发现了一个商机并用实际行动转化为具体的社会形态，获得利益，实现价值的过程。它是以利润为导向的有目的性的行为。

这个概念包括以下几层含义：

（1）创业是一个创造的过程，创业者要付出努力和代价。

（2）创业的本质在于对创业机会的商业价值进行发掘与利用，即要创造或认识到事物的一个商业用途。

（3）创业的潜在价值需要通过市场来体现，即市场是实现财富的渠道。

（4）创业以追求回报为目的，包括个人价值的满足与实现、知识与财富的积累等。

（二）创业的意义

大学毕业生选择自主创业对我国解决就业问题具有重要的战略意义。

（1）以创业带动就业，不仅能够从根本上解决大学生就业难的问题，缓解国家就业压力，而且创业的活力会形成带动就业的倍增规模效应。创业能力是一个人在创业实践活动中的自我生存、自我发展的能力。一个创业能力很强的大学毕业生不仅不会增加社会的就业压力，相反还能通过自主创业活动培养出许许多多的就业增长点，从而为社会增加就业岗位。

（2）以创业带动就业，有利于大学生把自我价值与社会价值统一起来，为社会做出更多的贡献。一方面，大学生要想创业成功，必须充分考虑社会的需要，根据社会需求选择创业方向和领域；另一方面，大学毕业生自主创业，一般会选择那些适合发挥自己的兴趣与专长的行业和领域，做自己最感兴趣、最愿意做和自己认为最值得做的事情，这样既可以最大限度地发挥自己的才能，又有利于为社会创造价值。

（3）以创业带动就业，有利于培养大学生的创新精神。创新是一个民族的灵魂，是一个国家兴旺发达的不竭动力。青年大学生作为中国最具活力的群体，如果失去了创造的冲动和欲望，那么将削弱中华民族持续发展的动力。大学生的创业活动，有利于培养勇于开拓创新的精神，把就业压力转化为创业动力，培养出越来越多的各行各业的创业者。

当前，大学生的就业观念正在悄然地发生改变，一个鼓励创业、保护创业、崇拜创业的大环境正在逐步形成。

（三）大学生创业环境

目前，大学生创业所面临的环境十分复杂。所谓创业环境，实际上就是创业活动的舞台。任何创业活动都是在一定的社会环境下进行的，在大学生迈向社会进入创业阶段时，呈现在面前的就是一个巨大的舞台。在这个舞台上，诸多事物和要素相互联系、碰撞，形成了一个面面俱到的现实环境系统。因此，创业环境对大学生创业具有十分重要的影响。在大学生就业形势日益严峻的社会背景下，采取有效措施，为大学生创业营造良好的环境，对促进大学生创业并带动其就业具有十分重要的作用。

1. 法律、政策、社会环境持续改善

（1）《中华人民共和国宪法》明确规定，国家保护个体经济、私营经济等非公有制经济的合法权利和利益。这就为私营经济的存在和发展从宪法层面给予了保障。与此同时，其他有关非公有制经济发展的法律也逐步制定、完善并实施，私营经济发展的法律环境逐步具备。

（2）创业门槛不断降低。首先，对私营经济在市场进入方面的限制将逐步取消，更多的行业领域将允许民营企业进入；其次，一些经营手续办理程序得到简化，使企业自主经营范围变得更为宽泛和自由。

（3）资本市场日趋健全和活跃。在融资方面，银行贷款、金融支持、融资担保、风险投资、产权交易等更多的业务不断推陈出新。为解决创业过程中融资难的问题，有关机构还启动了为创业者提供开业贷款担保和贴息的业务。

（4）创业载体和创业服务机构发展加快。创业载体，如各类企业孵化器、园区建设、社区建设、企业服务中心、指导机构等不断新增。风险投资机构、担保服务机构、信用评级机构、顾问咨询机构等服务机构得到发展，更有利于创业的启动与发展。

（5）过时观念正在改变。改革开放以来，人们对私营经济的看法和态度已经发生了根本的改变，劳动光荣、创业光荣、致富光荣已成为共识，鼓励创新、创业的社会观念正在形成。

2. 社会、经济、科技的发展为创业者提供了广阔的发展空间

快速发展的时代不仅需要人们创业，呼唤着人们创业，而且它也为创业者创造了前所未有的机遇，为创业者提供了一个前所未有的大舞台，为创业者提供了前所未有的优越条件。

（1）知识经济为大学生提供了巨大的创业舞台。知识经济时代最重大的变化，无疑是资金让位于知识，知识成为最宝贵的资源、最重要的资本，这为一切富有知识与智慧的人

提供了前所未有的机遇。如随着高科技的发展，大量的新兴行业不断涌现，这为受过良好教育并具有专业知识的人才提供了很多的机会，随着知识更新速度加快，教育成为人们的终身行为，文化教育、信息传播行业也成为大有前途的创业领域。

（2）第三产业成为我国目前及今后极具市场的投资领域。从总体上看，我国第三产业仍比较落后，特别是一些新兴第三产业领域还远远不能跟上时代的步伐。随着我国加入WTO和市场经济的进一步发展，第三产业可以为创业者提供许多大显身手的舞台，而且第三产业投资少、见效快，十分适合普通大众创业。

3. 大学生创业优惠政策

（1）税收优惠。持人社部门核发的就业创业证（注明"毕业年度内自主创业税收政策"）的高校毕业生在毕业年度内（指毕业所在自然年，即 1 月 1 日至 12 月 31 日）创办个体工商户、个人独资企业的，3 年内按每户每年 8 000 元为限额依次扣减其当年实际应缴纳的增值税、城市维护建设税、教育费附加和个人所得税。对高校毕业生创办的小型微利企业，按国家规定享受相关税收支持政策。

（2）创业担保贷款和贴息。对符合条件的大学生自主创业的，可在创业地按规定申请创业担保贷款，贷款额度为 10 万元。鼓励金融机构参照贷款基础利率，结合风险分担情况，合理确定贷款利率水平，对个人发放的创业担保贷款，在贷款基础利率基础上上浮 3%以内的，由财政给予贴息。

（3）免收有关行政事业性收费。毕业 2 年以内的普通高校学生从事个体经营（除国家限制的行业外）的，自其在工商部门首次注册登记之日起 3 年内，免收管理类、登记类和证照类等有关行政事业性收费。

（4）享受培训补贴。对大学生创办的小微企业新招用毕业年度高校毕业生，签订 1 年以上劳动合同并交纳社会保险费的，给予 1 年社会保险补贴。对大学生在毕业学年（即从毕业前一年 7 月 1 日起的 12 个月）内参加创业培训的，根据其获得创业培训合格证书或就业、创业情况，按规定给予培训补贴。

（5）免费创业服务。有自主创业意愿的大学生，可免费获得公共就业和人才服务机构提供的创业指导服务，包括政策咨询、信息服务、项目开发、风险评估、开业指导、融资服务、跟踪扶持等"一条龙"创业服务。

（6）取消高校毕业生落户限制。高校毕业生可在创业地办理落户手续（直辖市按有关规定执行）。

（7）创新人才培养。自主创业大学生可享受各地各高校实施的系列"卓越计划"、科教结合协同育人行动计划等，同时享受跨学科专业开设的交叉课程、创新创业教育试验班等，以及探索建立的跨院系、跨学科、跨专业交叉培养创新创业人才的新机制。

（8）开设创新创业教育课程。自主创业大学生可享受各高校挖掘和充实的各类专业课程与创新创业教育资源，以及面向全体学生开发开设的研究方法、学科前沿、创业基础、就业创业指导等方面的必修课和选修课；同时享受各地区、各高校资源共享的慕课、视频公开课等在线开放课程，以及在线开放课程学习认证和学分认定制度。

（9）强化创新创业实践。自主创业大学生可共享学校面向全体学生开放的大学科技园、创业园、创业孵化基地、教育部工程研究中心、各类试验室、教学仪器设备等科技创新资源和试验教学平台；参加全国大学生创新创业大赛、全国高职院校技能大赛和各类科技创新、创意设计、创业计划等专题竞赛，以及高校学生成立的创新创业协会、创业俱乐部等社团，提升创新创业实践能力。

（10）改革教学制度。自主创业大学生可享受各高校建立的自主创业大学生创新创业学分累计与转换制度；还可享受学生开展创新试验、发表论文、获得专利和自主创业等情况折算为学分，将学生参与课题研究、项目试验等活动认定为课堂学习的新探索。同时也享受为有意愿、有潜质的学生制订的创新创业能力培养计划，以及创新创业档案和成绩单等系列客观记录并量化评价学生开展创新创业活动情况的教学实践活动。优先支持参与创业的学生转入相关专业学习。

（11）完善学籍管理规定。自主创业大学生可享受高校实施的弹性学制，放宽学生修业年限，允许调整学业进程、保留学籍休学创新创业。

（12）大学创业指导服务。自主创业大学生可享受各地各高校对自主创业大学生实行的持续帮扶、全程指导、一站式服务，以及地方、高校两级信息服务平台，为他们实时提供国家政策、市场动向等信息与创业项目对接、知识产权交易等服务；还可享受各地在充分发挥各类创业孵化基地作用的基础上，因地制宜建设的大学生创业孵化基地，以及相关培训、指导服务等扶持政策。

二、提升创业能力

（一）培养创新能力

1. 创新的概念

创新是创业的基础。创新是指人为了一定的目的，遵循事物发展的规律，对事物的整体或其中的某些部分进行变革，从而使其得以更新与发展的活动。

创新是基于人类自身认知提高的基础上对客观世界的一种更新或改造，创新的无限性在于物质世界的无限性。人类能够创新的事物和法则

微课：创新创业

原本客观存在，但思维和认知的局限常常会蒙住人们的眼睛。人脑的正常思维在固定的运作秩序内活动，原有的概念、想象、记忆和经验等使人们不可避免地形成带有反刍、惯性、定向等特点的思维定式。打破这种思维定式，不断突破和超越原有观念，是取得创新成功的核心因素。

2. 创新能力的内容

创新能力是技术和各种实践活动领域中不断提供具有经济价值、社会价值、生态价值

的新思想、新理论、新方法和新发明的能力，是经济竞争的核心。

（1）发现问题的能力。爱因斯坦说："我没有什么特别的才能，不过喜欢寻根刨底地追究问题罢了。""提出一个问题，往往比解决一个问题更重要，因为解决问题也许仅是一个数学上或实验上的技能而已，而提出新的问题、新的可能性，从新的角度去看旧的问题却需要有创造性的想象力，而且标志着科学的真正进步。"要促进创新思维的发展，就要具备发现问题的能力，这样在提出问题和解决问题时，思维才能活动起来，思维能力才可能在解决问题的过程中发展起来。

（2）流畅的思维能力。流畅的思维能力使人们遇到问题时思维活动畅通无阻、灵敏迅速，在短时间能对某事物的用途、状态等做出准确的判断，提出多种解决的方法。创新能力以思维流畅作为基础。

（3）变通的能力。变通能力强的人思路开阔，善于根据时间、地点、条件等的变化，迅速灵活地从一个思路跳到另一个思路，从一种意境进入另一种意境，从多角度、多方位探索并解决问题。

（4）独立创新的能力。爱因斯坦说过，应当把发展独立思考和独立判断的一般能力放在首位。提高创新思维能力必须在思维实践中不迷信前人，不盲从已有的经验，不依赖已有的成果，能够独立地发现问题，独立地思考问题，在独辟蹊径中找到解决问题的有效方法。

（5）制定创新方案的能力。制定创新方案是创新的核心。创新首先要明确一个方向和目标，只有明确方向，才能制定创新方案，围绕方案努力下去，才可能有创新结果。

（6）评价的能力。创新是一个复杂的过程，在方案的实施中会遇到多种方案，要选择最优方案，就需要对其进行评价，做出决策，这就要求创新者具备评价能力。

3. 创新能力的培养

当今社会的竞争，与其说是人才的竞争，不如说是人的创造力的竞争。培养创新能力、争当创新人才能为即将到来的职业生涯做好准备。

大学生创新能力的培养，应从三个方面入手。

（1）树立自觉创新意识。创新意识是人们对创新与创新的价值性、重要性的一种认识水平、认识程度，以及由此形成的对待创新的态度，并以这种态度来规范和调整自己的活动方向的一种稳定的精神态势。

创新意识是创新的前提和条件，只有在自觉自愿的创新意识的强力催动下，才可能有创新实践活动的产生。在知识经济时代，创新包括了技术创新、制度创新、管理创新、文化创新等，涉及社会生活的方方面面。就大学生个人而言，创新既是前进的动力，又是发展的必经之途。所以，在就业和创业过程中，必须牢固树立创新意识。

1）激发自身的创造动力。寻找真正感兴趣的学习或工作，或者在现在从事的学习、工作中找到兴趣点；寻找学习、工作中的自我满足点；接受更具挑战性的任务；设立自己的目标，并努力达到目标。通过以上一系列措施，激发自身创造活力。

2）保持高涨的创造兴趣能促进创造活动的成功。对所学习或研究的事物要有好奇心，好奇心能使人们产生强烈的兴趣。牛顿少年时期就有很强的好奇心，他常常在夜晚仰望天上的星星和月亮。星星和月亮为什么挂在天上？星星和月亮都在天空运转着，它们为什么不相撞呢？这些疑问激发着他的探索欲望。后来，经过专心研究，他终于发现了万有引力定律。

能提出问题，说明在思考问题。在学习过程中，自己如果提不出问题，那才是最大的问题。正像爱因斯坦说的那样：我没有特别的天赋，只有强烈的好奇心。

3）具有正确的创造情感。创造情感是引起、推进乃至完成创造的心理因素，只有具有正确的创造情感才能使创新成功。

4）培养创造意志。创造意志是在创造中克服困难、冲破阻碍的心理因素，创造意志具有目的性、顽强性和自制性。爱迪生在 1 600 多次实验的失败后，仍能坚持不懈，在竹丝灯泡能够使用以后，还能继续研发，改进为钨丝灯泡。在日常学习生活中，大学生应培养严谨求实、坚持不懈、一丝不苟的优良品格才能取得创新的成功。

（2）提高创新思维能力。创新思维能力是可以通过有意识的培养和训练提高的。大学生在学习生活中要注重突破思维障碍，自觉提高创新思维能力，应从以下几方面入手：

1）对所学习或研究的事物要抱有怀疑态度。不要认为被人验证过的都是真理，要用发展的眼光看问题。许多科学家对旧知识的扬弃、对谬误的否定，都是从怀疑开始的。伽利略正是从对亚里士多德"物体依本身的轻重而下落有快有慢"的结论产生怀疑，发现了自由落体规律。怀疑是发自内在的创造潜能，它激发人们去钻研、去探索。

2）对所学习或研究的事物要有追求创新的欲望。如果没有强烈的、追求创新的欲望，那么无论怎样谦虚和好学，最终都是模仿或抄袭，只能在前人划定的圈子里周旋。要创新，我们就要坚持不懈地努力，勇敢跳出前人划定的圈子，勇敢面对困难，同时要有克服困难的决心，不要怕失败，要相信失败乃成功之母。

3）对所学习或研究的事物要有求异的观念，不要"人云亦云"。创新不是简单的模仿。要有创新精神和创新成果，必须有求异的观念。求异实质上就是换个角度思考，从多个角度思考，并对结果进行比较。求异者往往要比常人看问题更深刻、更全面。

4）对所学习或研究的事物要有冒险精神。创造实质上是一种冒险，因为否定人们习惯了的旧思想可能会招致公众的反对。这种冒险不是那些危及生命和肢体安全的冒险，而是一种合理性冒险。大多数人都不会成为伟人，但我们至少要最大限度地挖掘自己的创造潜能。

5）对所学习或研究的事物要做到永不自满。一个有很多创造性思想的人如果就此停止，害怕去想另一种可能比这种思想更好的思想，或已习惯了一种成功的思想而不能产生新思想，那么这个人就会变得自满，停止创造。

6）努力学习科学知识，构建合理的知识结构。一颗苹果砸到牛顿头上，他发现了万有引力；伽利略看到儿童玩玩具发明了温度计；门捷列夫玩纸牌发现了元素周期表。我们要用发展的眼光看问题，跳出思维定式和已有知识的束缚，永远行走在寻找真理的路上，从纷繁复杂的表象里，找到真理存在的一角，则为创新。但是，创新思维不是某天的突发奇想，牛顿、伽利略、门捷列夫哪一个不是知识渊博，对所研究事物殚精竭虑、不懈探索的人？所以，大学生应该努力学习，广泛涉猎，以丰富的知识和广博的学科视野撑起创新思维的翅膀，以不断提高的创新思维能力助推创新能力的起飞。

>> 案例

勇于批判的创新精神

　　袁隆平（见图 5-1）如果因循守旧、盲从权威，也许会成为一名很好的中专教师，但永远成不了伟大的科学家，更遑论解决中国的粮食问题。于此，袁隆平先生有自己的见解："要是说杂交水稻的成功有什么秘诀的话，那就是不囿于现存结论的创新思维。"正是在这样的创新思维的指引下，才有了袁隆平一步一步培育出杂交水稻的成功。1945 年到 1964 年，近 30 年的时间内，苏联的李森科的用以否定孟德尔－摩尔根学派的遗传学新概念在整个社会主义阵营占据强势地位，真正的遗传学研究受到批判，但袁隆平的特点是"尽信书不如无书"，他通过对李森科"无性杂交"理论的具体实践发现其学说的致命漏洞，冒着被批判的危险坚持了在孟德尔分离理论指导下进行杂交水稻研究，从而奠定了杂交水稻培育的正确基调。随后面对"水稻是自花授粉作物，没有杂种优势"的国际普遍论调，袁隆平反其道而行之，在发现"雄性不育株"之后独辟蹊径地提出了用"不育系""保持系""恢复系"配套培育体系。正是在"三系法"的独创理论框架下，杂交水稻才缓缓揭开其神秘的面纱。科学道路从来就是不平坦的，在杂交水稻的后续研究中，不育率低、制种产量低、杂交种子成本太高等问题接踵而至，袁隆平坚持以基本科学原理为基础，不断发挥自己的主观能动性，通过将"野败"培育成"不育系"，通过设计父本与母本分垄间种的栽培模式，将问题一一解决。在强调自主创新的今天，中国科学界面临着盲目跟风、盗版重复和低水平重复的硬伤考验。而袁隆平的经历告诉我们，唯有独立思考、大胆创新，坚持实践出真知，才有可能跨进科学的殿堂。每一位科学工作者都应该以袁隆平为榜样，敢于质疑权威，勇于在艰苦环境下挑战权威，将祖国的科研经费用在刀刃上，而不是挥霍在简单的重复上。

图 5-1　袁隆平

（二）培育创业精神

理想与实际毕竟存在差距，创业可能会失败，但经历却能受用一生。创业成功需要创业精神。

创业精神是个体对创业活动一种理性的认识，是一种总想用新的思路、新的方法去解决问题的态度和意愿。个人或某个群体通过有组织的努力，以创新的和独特的方式追求机会、创造价值和谋求增长，代表着一种突破资源限制，通过创新来创造机会、创造资源的行为，而不是简单地体现在创造新企业，或体现在创新上。创业精神包括发现机会和调度资源去开发这些机会，用有限资源去创造更大资源，反映了大学生对创业的认识水平和自觉主动的水平，是创业行为和创业能力的主导。

关于创业精神的定义包括以下几方面：

（1）发现和创造机会。创业精神是追求环境的趋势和变化，而且往往是尚未被人们注意的趋势和变化。一个新企业往往伴随着灵感或创意而出现。创业必须具备创业志向、目标。

（2）创新求异。创业精神包含变革、革新、转换和引入新方法，即新产品、新服务或做生意的新模式。要具有应变能力，追求用新颖独特的方式解决问题。

（3）追求增值。创业不满足于停留在小规模或现有的规模上，创业者希望其企业价值能够尽可能地增长，团队员工能够全心工作。创业者要有创业热情，自信、自强、自主、自立，还要有敢冒风险、敢于承担责任、应付各种复杂情况的思想准备，在坚持中寻找更多的商机。

大学生创业成功率不高，主要原因在于创业目标迷茫，想做赚钱多又轻松的工作，甚至顾忌到是否"体面"，理财、营销、沟通、管理方面的能力普遍不足，一旦遇到困难就半途而废。琢玉成器，磨难成才。创业是需要创业精神的，这种精神是创业的灵魂。

（三）养育创业素质

创业者必须具备以下素质：

（1）创业意识。有追求创业成功的强烈愿望，把创业目标作为人生的奋斗目标和自我实现的需求，敏锐地把握时机，这样才能规划充满挑战的人生。

必须要有一定的风险意识和防范风险的能力。判断一定要准确、合理，考虑自己的能力及风险承受能力。时刻注意环境的变化，把风险控制在最小的程度。

竞争是市场经济最重要的特征之一，是企业赖以生存和发展的基础，也是创办企业、发展企业的手段。只有具备了这种竞争意识才能把压力转化为动力。

（2）知识素质。创业者的知识素质对创业起着举足轻重的作用。创业者要进行创造性思维，要做出正确决策，必须掌握广博的知识，具有一专多能的知识结构。具体来说，创业者应该具有以下几方面的知识：做到用足、用活政策，依法行事，用法律维护自己的合法权益；了解科学的经营管理知识和方法，提高管理水平；掌握与本行业本企业相关的科学技术知识，依靠科技进步增强竞争能力；具备市场经济方面的知识，如财务会计、市场营销、国际贸易、国际金融等。

（3）良好的心理调控能力。所谓心理素质是指创业者的心理条件，包括自我意识、性格、气质、情感等心理构成要素。作为创业者，自我意识特征应为自信和自主；性格应刚强、坚持、果断和开朗；情感应更富有理性色彩。成功的创业者大多是不以物喜，不以己悲。选择了创业就是选择了挑战，面对莫测的商界、稍纵即逝的商机、随时出现的矛盾，一个创业者要具备独立性、敢为性、坚韧性、克制性、适应性、合作性等心理品质，它反映了创业者的情感和顽强意志。

（4）道德素养。当代大学生的人生理想和价值观与创业有密切的关系，它是人们一切行为的保障。离开了健康的道德，人的行为可能走向邪恶，如果人们没有健康的道德观念和优良的个人品德作为保障，创业能力可能会滑向邪恶的能力，变成对社会文明的破坏。具备社会责任感，为社会做贡献，就是实现自我价值。"君子爱财，取之有道"，应做到诚信为本。

（5）创业技能。虽有创业激情可还不足以使创业成功，了解和掌握经营企业所需的项目选择、资金筹措、注册程序、法律规章，以及财务、税务、营销、管理等方面的知识和技能，并且有社会交往能力，有一定的经营能力、组织能力，以及较强的团队协作能力，才有可能创造财富，实现梦想。

》》案例

大学生擦鞋擦出亮丽人生

罗福欢从某师范大学教育系毕业后，有了一份稳定的工作。但后来一次偶然的经历改变了他今后的人生道路。

他在一位老人的鞋摊擦鞋，看见老人在寒风中冷得瑟瑟发抖，他掏出10元钱给老人，让她不要找了。明白了他的好意后，老人怎么也不要他的钱："你以为我很穷是不是？其实我每天的收入是相当可观的，能有七八十元钱呢！"

擦鞋真那么容易挣钱吗？罗福欢将信将疑。后来，他特地观察起街上擦鞋匠的生意，结果发现街上每个擦鞋匠都忙个不停。

他有了一种冲动，如果将自己所学的知识与擦鞋技术结合起来，也许会有更高的收入。产生这个想法之后，经过进一步的观察和分析，他发现，擦鞋市场也有广阔的前景，他向单位递交了辞职报告。家人并不赞同他辞职，但他觉得自己是对的。为了使自己的擦鞋事业做得与众不同，体现出知识含量，他决定将擦鞋做成一门产业，成为现代人消费生活的一个重要需求。

他开始踏实去做这件事。他特地制作了一块宣传板："星级擦鞋：美好生活从脚下开始！"并将接受自己服务的消费者定位于中高收入者，为此他买了进口鞋油和鞋蜡，擦鞋的价格也定位为每双鞋收费5元。

第一天，他迎来了自己创业生涯的第一位客人，赚到了5元钱。他的宣传板也给这位客人留下了深刻印象。

顾客非常满意他的服务并建议他："你应该到太升路去摆摊子，还可以分档次收费。"罗福欢茅塞顿开。第二天，他就将自己的移动擦鞋摊搬到了繁华的街道。生意明显好了许多。人们常是犹豫而来满意而去，之后成了他擦鞋技术和擦后效果的活广告。

随着时间的推移，有的消费者甚至驾车几个小时从外地将自己的名贵鞋子送来请他维护。一分劳动，一分收获，他的收入也十分可观，令普通擦鞋者羡慕不已。

生意火了之后，罗福欢又想到了开店。1998 年 3 月，他的"罗记星级擦鞋店"在寸土寸金的太升路开张了，他既是员工又是老板。就在他的擦鞋店开张之后不久，他又赢得了令人羡慕的爱情。

罗福欢的擦鞋店虽名为擦鞋店，但店中除摆放擦鞋所必需的鞋油、鞋蜡等材料外，还摆放了鲜花，令顾客感觉很温馨。秦慧这位漂亮女孩就是他忠实的消费者，也因为鲜花这个媒介，成就了他们的一段姻缘。接着，他注册了中国擦鞋品牌。好运也总是接踵而至。

"你认识我脚上这双鞋子吗？"一天，一位穿着考究的顾客坐在他专门为顾客准备的椅子上，对他说："如果你能回答得出来，我就请你给我服务。"

罗福欢只瞄了那双鞋子一眼，就对那位顾客侃开了："这双鞋子叫铁狮东尼，这是意大利生产的世界名牌皮鞋，大约 15 000 元一双……"

那位顾客满意地消费一次之后，从此就成了罗福欢的常客。一天，他对罗福欢说，他是意大利某著名品牌皮鞋的中国销售代理，虽然那种价格昂贵的皮鞋在中国销量不错，但他却因为中国没有优秀的皮鞋保养和维护美容师很苦恼，他向罗福欢和盘托出了欲与罗福欢的"罗记星级擦鞋店"合作的打算。罗福欢心花怒放，那可是一个双赢的事情呀！

经过一段时间发展以后，他设计了"罗记星级擦鞋店"的店徽，并向国家工商总局申请注册了"罗记"擦鞋商标，开创了一个普通的擦鞋匠向国家工商总局申请擦鞋注册商标的先河。如今已经在全国拥有 80 多家罗记擦鞋加盟店。

创业启示：罗福欢无疑是把小本经营做成了大事业，擦鞋擦出成功路。第一，成功离不开他的创业意识，不断地捕捉商机；看准市场，独辟蹊径，瞅准的是高档擦鞋市场。第二，技术要过硬，他不仅学习其他人的擦鞋经验，而且常到网上去搜寻有关皮鞋护理知识。第三，要有一颗平常心，不能好高骛远，他的成功离不开 5 年多摆地摊的磨炼。第四，有创新能力和独特的创意，有社会责任感和良好的沟通能力。诚信服务给他带来了财源滚滚。他说，世间不是缺少美，而是缺少发现美的眼睛，对商机也是如此。

（6）身体素质。所谓身体素质是指身体健康、体力充沛、精力旺盛、思路敏捷。现代小企业的创业与经营是艰苦而复杂的，创业者工作繁忙、时间长、压力大，如果身体不好，必然力不从心、难以承受创业重任。

项目三　开展创新创业实践

一、创新创业劳动

1. 概念

创新与创业是两个概念。创新既是一种思想也是一种行动；而创业就是一种行动，一种将创新思想落实到实践的活动。

儒家经典《大学》中说："大学之道，在明明德，在亲民，在止于至善。"这里的"亲"可以解释为"新"；它的"苟日新，日日新，又日新"则是明确提出了高等学校创新的宏大命题。不仅如此，而且振聋发聩地提高到"周虽旧邦，其命维新"的高度，将创新与民族的命运、国家的兴衰紧密地联系在一起。

关于创业，在我国远古时期的神农氏教人稼穑和盘古开天地，具有原始创业意义的神话色彩。自从 2010 年开始，我国官方文件将创新与创业合并使用，有的又称为"双创"。

在本书中所谓创新创业，就是指大学生尤其是高职学生利用所学的最新专业知识和技能，充分发挥"90 后"和"00 后"综合素质，创办前所未有的新的业务品种和公司的一种学习与经营活动。

2. 内涵

作为一种崭新的教学活动和经营活动，创新创业的内涵包括以下几个方面：

（1）创新创业就是在创新性专业教师的指导下，将院校教师的专利产品或最新的知识组合，加以创造性地改造，制造出将要投入市场的产品或过渡产品，如人工智能机器人的部分芯片、皮肤、材质等。

（2）为了扩大就业，增强自身的增产能力，结合最新的通信手段和工艺，在体制外从事传统的业务，如创办网约和扫码的租车公司。

（3）在传统产业和产品的基础上进行技术革新与工艺的改造，从而提高工作效率和生产效率。这主要是在原有公司和机构的基础上促进公司的业务增长及市场开拓。

（4）完全利用新的技术、新的理念组建一个从未有过的公司，或者制造市场上没有的新产品。例如，组建区块链职业技术学院，实现 4D 打印，进行 5G 手机软件的开发等。

3. 政策

为支持大学生创新创业，国家相关部委出台了《教育部关于大力推进高等学校创新创业教育和大学生自主创业工作的意见》（教办〔2010〕3 号）、《人力资源社会保障部、国家发展改革委员会、教育部等九部门关于实施大学生创业引领计划的通知》（人社部发〔2014〕38 号）、《财政部 税务总局 人力资源社会保障部 国务院扶贫办关于进一步支持和促进重点群体创业就业有关税收政策的通知》（财税〔2019〕22 号）等支持政策，涉及融资、开业、税收、创业培训、创业指导等诸多方面。

（1）大学毕业生在毕业后 5 年内自主创业，到创业实体所在地的工商部门办理营业执照，允许零资本办理营业执照。

（2）大学毕业生新办咨询业、信息业、技术服务业的企业或经营单位，经税务部门批准，免征企业所得税两年；新办从事交通运输、邮电通信的企业或经营单位，经税务部门批准，第一年免征企业所得税，第二年减半征收企业所得税；新办从事公用事业、商业、物资业、对外贸易业、旅游业、物流业、仓储业、居民服务业、饮食业、教育文化事业、卫生事业的企业或经营单位，经税务部门批准，免征企业所得税一年。

（3）各国有商业银行、股份制银行、城市商业银行和有条件的城市信用社要为自主创业的毕业生提供小额贷款，并简化程序，提供开户和结算便利，贷款额度在 2 万元左右。贷款期限最长为两年，到期确定需延长的，可申请延期一次。贷款利息按照中国人民银行公布的贷款利率确定，担保最高限额为担保基金的 5 倍，期限与贷款期限相同。

（4）政府人事行政部门所属的人才中介服务机构，免费为自主创业毕业生保管人事档案（包括代办社保、职称、档案工资等有关手续）2 年；提供免费查询人才、劳动力供求信息，发布招聘广告等服务；适当减免参加人才集市或人才劳务交流活动的收费；优惠为创办企业的员工提供一次培训、测评服务。

（5）鼓励创业风险投资优先投资大学生创业，国家对投资大学生创业的天使投资将给予更多税收优惠。国家财政资本参股的（如青年创业引领计划公益扶持基金、中小微企业扶持基金等）在选择投资对象时，应该把对大学生创业的投资放在首位。

二、劳动教育在创新创业中的重要性

教育与生产劳动相结合是马克思主义的经典论述，苏联教育理论家和实践家苏霍姆林斯基始终坚持，教育教学要与生产劳动相结合，同时，联合国教科文组织在北京召开的"面向 21 世纪教育国际研讨会"上，首次提出了"创业教育"的概念并指出"创业能力完全是从做中学来的，因此必须改变学习方式"，可见创新创业教育概念的阐发是基于"劳动"这一基本观点，这也对创新创业教育与劳动教育相结合做出根本要求。

在大学阶段开展创新创业教育，并不是要求大学生毕业后都成为创业者，而是要培养大学生创新思维、创新能力、创新精神、团队协作、领导和沟通能力。这些能力和精神是新时代大学生必备的基本素质。

在创新创业教育中，劳动扮演着重要的角色：完善人才培养体系，体现德智体美劳的全面发展教育，促进精益求精的敬业风气，推动劳动光荣的社会风尚。要做到"以劳创新"，需要把劳动教育摆在人才培养的重要位置，明确劳动教育目标，采取有效措施，强化推动部署，将劳动教育贯穿创新创业教育教学全过程，不断提高劳动教育的工作水平。

将劳动教育融入创新创业教育当中，有利于增强大学生思想层面教育的实效性。树立正确的劳动意识观念，对大学生创新意识、创业精神起着导向、激励和精神支撑作用，大学生创新创业目标的确立也是人生理想实现的外在表现。因此，将劳动教育融入创新创业教育中，既助力大学生在求职、创新、创业中拥有坚定的理想信念，又能从思想层面增强大学生实现个人发展的现实可能性。同时，劳动教育也有助于增强创新创业教育实践层面的实效性。开展创新创业教育时，通过学习和总结劳动教育中关于实践教学方面的理论与经验，结合大学生创新创业教育的现实情况，研究分析大学生创新创业的心理活动，从而有针对性地开展劳动教育教学工作，不仅可以充分调动大学生参加学校创新创业相关活动的积极性和自觉性，还能够在课堂学习和课外活动中提高大学生创新创业教育的实效性。

延伸阅读

创新创业训练项目简介

（1）"挑战杯"全国大学生系列科技学术竞赛。"挑战杯"全国大学生系列科技学术竞赛（以下简称"'挑战杯'竞赛"）是由共青团中央、中国科协、教育部、全国学联和地方政府共同主办的一项全国性的大学生课外学术实践竞赛，也是国内最早的国家级创业大赛，被誉为当代大学生科技创新的"奥林匹克"盛会。"挑战杯"竞赛共有三个并列项目，一个是"挑战杯"全国大学生课外学术科技作品竞赛（简称"大挑"），另一个是"挑战杯"中国大学生创业计划竞赛（简称"小挑"），这两个项目的全国竞赛交叉轮流开展，每个项目每两年举办一届；第三个是"挑战杯—彩虹人生"全国职业学校创新创效创业大赛（简称"职挑"），每两年举办一届。

（2）"互联网＋"大学生创新创业大赛。为贯彻落实《国务院办公厅关于深化高等学校创新创业教育改革的实施意见》（国办发〔2015〕36号），进一步激发高校学生创新创业热情，展示高校创新创业教育成果，2015年，教育部联合中央网络安全和信息化领导小组办公室、国家发展和改革委员会、工业和信息化部、人力资源和社会保障部等和吉林省人民政府共同主办，由吉林大学承办举办了首届中国"互联网＋"大学生创新创业大赛。

首届大赛以"'互联网＋'成就梦想，创新创业开辟未来"为主题，旨在深化高等教育综合改革，激发大学生的创造力，培养造就"大众创业、万众创新"的生力军；推动赛事成果转化，促进"互联网＋"新业态形成，服务经济提质增效升级；以创新引领创业、创业带动就业，推动高校毕业生更高质量创业就业。重在把大赛作为深化创新创业教育改革的重要抓手，引导各地各高校主动服务创新驱动发展战略，创新人才培养机制，切实提高高校学生的创新精神、创业意识和创新创业能力。

大赛设立组委会，负责大赛的组织实施。大赛设立专家委员会，由大赛组委会邀请行业企业、创投风投机构、大学科技园、高校和科研院所专家组成，负责参赛项目的评审工作，指导大学生创新创业。各省（区、市）可根据实际成立相应的机构，负责本地初赛和复赛的组织实施、项目评审、推荐等工作。

"互联网＋"大学生创新创业大赛参赛项目要求能够将移动互联网、云计算、大数据、物联网等新一代信息技术与行业产业紧密结合，培育产生基于互联网的新产品、新服务、新业态、新模式，以及推动互联网与教育、医疗、社区等深度融合的公共服务创新。

（3）全国职业院校技能大赛。全国职业院校技能大赛是由中华人民共和国教育部发起，联合国务院有关部门、行业组织和地方共同举办的一项全国性职业院校学生技能竞赛活动。大赛旨在充分展示职业教育改革发展的丰硕成果，集中展现职业院校师生的风采，努力营造全社会关心、支持职业教育发展的良好氛围，强化"崇尚一技之长、不唯学历凭能力"的现代职业教育理念，促进职业院校与行业企业的产教结合，更好地为中国经济建设和社会发展服务。全国职业院校技能大赛是专业覆盖面最广、参赛选手最多、社会影响最大、联合主办部门最全的国家级职业院校技能赛事。

三、在创新创业中培养劳动能力

1. 提升劳动品质

党的十九大报告指出，青年一代有理想、有本领、有担当，国家就有前途，民族就有希望。创新创业需要有敢于担当的责任、直面问题的勇气和脚踏实地的实践。在创新创业的实践过程中，学生可以扩大视野、培养跨学科意识，在劳动实践中克服重重困难，最终验证自己的想法和创意，创造出彩的人生。

将劳动精神融入创新创业活动中，有利于激励大学生善于学习、勤于求知，把劳动精神的内涵外化于创新创业的实践中，形成自己的创新思想，锤炼自己的创新品质，担当时代赋予的使命职责。

>> 案例

推动"中国制造"走向"中国智造"

宝钢股份热轧厂的技能专家王军在表彰大会间隙兴奋地对记者说："在诚实劳动、勤奋劳动的同时，要创造性劳动，发挥万众创新的精神，才能让未来充满希望。"

在多年的反复钻研和艰苦付出下，王军由一名普通的岗位辅助工成长为新时代的技术工人、国家科技进步二等奖获得者，累计总结先进操作法5项、技术秘密26项，获国家专利168项、PCT国际专利申请4项诸多创新成果，每年为宝钢创造直接经济效益超亿元。

发明和创新总是不易。层流冷却技术研发、高强度全密封精整矫直机支承辊技术……有的研发甚至花费王军10多年时间。但在他看来，乐于奉献的人并不是一般人口中的"傻子"，奉献是"聪明人更愿意做的事"。

"工人不是仅仅靠体力工作，更需要靠智慧工作，激发一线工人创新，'中国制造'走向'中国智造'的道路就会更快、更顺。"王军说，只要有创新意识，每个人都可以成为发明家。

2008年，王军创新工作室成立，这个由10名一线工人、5名现场技术人员组成的团队，在王军的全程指导下，近年来培育出3名宝钢工人发明家。

2. 增强职业竞争力

劳动精神体现的勇于创新、敢于创新的品质是职业竞争力的内核。大学生接受创新创业教育，参加创新创业实践，可以提升自身对社会的认知；同时，通过对创新精神、创业素质、创业能力的培养，增强了职业竞争能力。在培养创新创业能力的同时，劳动精神也将融入大学生对未来和事业不断追求的精神动能中，引导大学生自觉地在实践中发现问题、解决问题，主动挑战困难，勇于突破自我。

3. 弘扬劳动精神

劳动的一个内在要求就是培育爱岗敬业的职业精神。敬业是社会主义核心价值观的要求，也是公民职业道德的要求，是社会主义职业精神的充分体现。新时代大学生要深刻认识到，个人的命运与国家的命运紧密相连，个人的成长、社会的进步、国家的发展是一致的，需要每个人都有强烈的责任心和使命感，做到兢兢业业、踏实勤恳、爱岗尽责和无私奉献。新时代的发展既要求劳动者延续敬业奉献、精益求精、艰苦朴素的传统劳动精神，也要弘扬敢于创新、追求理想的新时代劳动精神，要力争把简单的工作做到"出类拔萃"，把复杂的工作做到"登峰造极"，把创造性的工作做到"前所未有"，不断突破岗位瓶颈，争取更优秀的成绩。

》》案例

姚凯：能做到"更好"绝不停留在"最好"

有人说，天蝎座的人喜欢评估自己的实力，为成功做准备。这种说法显然不具备普适性，但用在姚凯身上倒是挺合适的。作为一名从职业学校毕业的青年，他只用了短短4年，就成为同龄人羡慕的对象——月薪上万元，并且成为企业重点培养的干部。

姚凯来自大连瓦房店市的一个贫困家庭，从小就希望能学一门技术，从而改变全家的命运。为了尽快工作赚钱，他初中毕业后，没有上高中，而是直接就读大连市交通口岸职业技术学校，学习汽车驾驶与维修技术。

兴趣是最好的老师，也是姚凯前进的动力。除在学校刻苦学习理论知识和操作技能外，他经常利用周末时间往4S店跑，这等于他提前给自己安排了实习机会，一方面可以观察学习汽修实战中的作业，另一方面还可以通过主动帮忙获得动手操作的机会。更重要的是，通过这种"实习"，各家4S店的工人师傅都对这个勤奋谦虚的男孩产生了很好的印象。但姚凯深知这远远不够，他在学校学习的刻苦程度从来没有降低过标准。

2009年，20岁的姚凯在毕业之前取得了人生的第一次辉煌，通过学校的层层选拔，他进入学校出征全国职业院校技能大赛的团队。无数个通宵达旦练习技术，无数次废寝忘食与搭档钻研专业都没有白费，他一举夺得大赛的银奖。这个奖项，为他的就业敲开了方便之门。

获奖后的姚凯，被大连中升集团免试录取。中升集团是国内领先的全国性汽车经销商集团，拥有广泛的全国性4S经销店网络。姚凯一开始被安排在高档轿车集中的新盛荣奥迪4S店见习，他没有躺在奖牌上睡大觉，而是更加勤奋和努力。

在见习期间，姚凯曾独立完成了破损严重的奥迪轿车的机电一体修复，"等到师傅想要去修的时候，却发现已经被我修好了，而且没有任何问题"，这让师傅惊奇不已。由于姚凯谦虚好学，老师傅们都乐于帮他和带他，他的维修技术进步很快，解决了不少疑难技术问题，经常受到老师傅和客户的赞扬与肯定。这让他见习期满后，顺利成为中升集团正式员工。

姚凯在实践中积累了更加丰富的汽车维修经验，荣誉也接踵而来。他代表中升集团大连中升东本汽车销售服务有限公司参加第二届东风HONDA售后服务技能大赛，获得东北、华北第二名，全国第十五名；又代表中升集团大连新盛荣奥迪汽车销售服务有限公司参加大连市第一届"光洋科技杯"青年职业技能大赛并夺得金牌，被市政府授予"大连市优秀技术能手"称号。

"只有学会做人，才能生活得更好。"回想起当年在全国职业院校技能大赛取得的殊荣，姚凯说大赛教会他的不仅仅是技术本领，更多的是如何为人处世。在大赛备战时期，姚凯不仅要苦练专业技术，还要协调好与指导教师、团队成员等一系列的人际关系。"我一直很喜欢大赛时团队的氛围，大家拧成一股劲，奔着一个目标去，那种氛围真的太好了！"回想起那时的团队氛围，姚凯很是激动，现在已在管理岗位工作的他，也一直努力为自己的团队营造这样健康、积极向上的工作氛围。

大赛的经历也带给姚凯一个重要的"毛病"——追求完美。在工作中，姚凯总是严格要求自己的团队成员，能做到"更好"绝不停留在"最好"。"一开始，他们都很不习惯，还好我年纪也不大，大家沟通起来没'代沟'。渐渐地，他们也都接受了我这'毛病'，现在也染上了这'毛病'呢！"姚凯乐呵呵地说。

对姚凯这"毛病"，他的上司还曾打趣过他，"小姚，你是不是处女座的啊？""啊？不是啊，我是天蝎座的呀！""那你怎么这么追求完美呢？"对此，姚凯的回答是："谁说只有处女座的人才追求完美呢？"

四、积极投身大学生创新创业实践

1. 积极开展创新创业实践

实践对认识具有决定作用。实践是认识的来源，是认识发展的动力，是认识的最终目的和检验认识正确与否的唯一标准。大学生只有积极投身创新实践，才能培养创新能力，提高创新水平。

1）在日常学习生活中开展创新实践。创新是一种不断发现问题、解决问题的复杂过程。大学生在日常学习生活中，可在教师引导下，或自觉有意识地，本着不唯书、不唯上的科学探索精神，不断发现问题、分析问题、解决问题，在实践中提高创新能力。

2）注重参加创新创业实践平台练兵活动。目前各级高等院校大力开展创新创业教育活动，他们积极搭建大学生创新创业平台，在夯实基础教育的同时，潜心培育、建设大学生创新实践基地，设立特色鲜明的学科竞赛项目，引导大学生开展创新创业实践。大学生可以在学校积极参加活动，在实践中练兵，培育和提高创新能力。

3）顺应时代潮流，走向社会开展创新创业实践。知识经济时代，信息技术的发展深刻改变了人们的学习、生活和社会环境。2015年3月2日，国务院办公厅印发《关于发展众创空间推进大众创新创业的指导意见》（国办发〔2015〕9号），指出推进大众创新创业要坚持市场导向、加强政策集成、强化开放共享、创新服务模式。在用户创新、大众创新、开放创新、协同创新的创新新形势下，我国涌现出一大批各具特色的众创空间。例如，上海的新车间、深圳的柴火创客空间、杭州的洋葱胶囊、南京创客空间等。知识经济时代良好的政策环境和各种便利的创新要素的支持，为大学生创新实践提供了良好的生态环境。大学生要勇于把握时代脉搏，积极投身到"大众创业、万众创新"的时代洪流中开展创新实践活动。

>> 案例

邮票齿孔的故事

1840年，英国首次正式发行邮票。最早的邮票跟现在的不一样，每枚邮票的四周没有齿孔，许多枚邮票连在一起，使用时得用小刀裁开。

1848年的一天，英国发明家阿切尔到伦敦一家小酒馆喝酒。在他身旁，一位先生左手拿着一大张邮票，右手在身上翻着什么，看样子，他是在找裁邮票的小刀。那位先生摸遍身上所有的衣袋，也没有找到小刀，只好向阿切尔求助："先生，您带小刀了吗？"阿切尔摇摇头，说："对不起，我也没带。"

那个人想了想，从西服领带上取下了一枚别针，用别针在每枚邮票的连接处都刺上小孔，邮票便很容易地被撕开了，而且撕得很整齐。

阿切尔被那个人的举动吸引住了。他想：要是有一台机器能给邮票打孔，不是很好吗？于是，阿切尔开始了研究工作。很快，邮票打孔机被创造出来了。用它打过孔的整张邮票，很容易一枚枚地撕开，使用时非常方便。邮政部门立即采用了这种机器。直到现在，世界各地仍然在使用邮票打孔机。

阿切尔很注意对生活当中一些微小事件进行观察、思考和钻研，从中找到解决问题的方法和思路，成就了其创新产品的成功。这告诉人们一个道理，留意生活中许多不起眼的小事，勤于思考，会增长许多智慧，获得一些创新发明。

2. 大学生创新创业评价

大学生可以根据自身专业特点和兴趣特长，以团队方式参与学校组织的各类创新创业活动和比赛，包括教育部主办的"互联网+"大学生创新创业大赛、科技部主办的中国创新创业大赛、人社部主办的"中国创翼"创新创业大赛、团中央主办的"创青春"青年创新创业大赛、湖南省教育厅主办的黄炎培职业教育奖创业规划大赛等。学生创新创业实践项目任务评价表见表5-1。

表 5-1　学生创新创业实践项目任务评价表

姓名：		性别：	班级：	学院：	
劳动实践项目名称：					
评价维度	评价内容			配分	评分
项目质量	A.项目的创新性、推广性			8分	
	B.项目的可操作性			8分	
	C.项目的可持续性			8分	
	D.项目同专业结合的联系性			6分	
项目执行过程	A.职业劳动作风（吃苦耐劳、开拓进取精神）			8分	
	B.团结协作能力			8分	
	C.分析、解决问题的能力			8分	
	D.组织执行能力			6分	
项目执行效果	A.社会效益			8分	
	B.经济效益			8分	
	C.获奖情况			8分	
	D.成果经验借鉴			6分	
自我评价				10分	
教师评价				总分	
说明：评价等级分为优秀、良好、合格、不合格，大于等于90分为优秀等级，大于等于75分小于90分为良好等级，大于等于60分小于75分为合格等级，小于60分为不合格等级					

娄底职业技术学院在第七届湖南省"互联网+"大学生创新创业大赛中获佳绩

2021年8月26—28日，由湖南省教育厅联合湖南省委统战部等10个部门共同主办，省大中专学校学生信息咨询与就业指导中心等3家单位联合承办的第七届湖南省"互联网＋"大学生创新创业大赛决赛在湖南开放大学落下帷幕。

"互联网＋"大学生创新创业大赛是全省参赛面最广、覆盖高校最全、参赛团队最多、参赛水平最高、影响最大的创新创业盛会，本次大赛以"我敢闯 我会创"为主题，吸引了全省121所高校的153 897个项目和21万余名大学生报名参赛。娄底职业技术学院的2个项目荣获三等奖（见图5-2）。

图5-2 创新创业大赛获奖团队

石磊、邓明亮、游骏老师指导，农林工程学院学生李德才的《星星点灯2021》项目荣获青年红色筑梦之旅赛道公益组三等奖；严朝成、李明、聂进老师指导，土木工程学院学生张锦明的《凭"栏"而安——新一代可防二次伤害的隔离护栏系统领跑者》项目荣获职教赛道创意组三等奖。

近年来，娄底职业技术学院积极响应国家"大众创业、万众创新"的号召，高度重视大学生创新创业工作。本次大赛成绩的取得，得益于校内各部门的大力支持，以及所有参赛项目指导教师、学生们的辛勤付出，也充分体现了娄底职业技术学院坚持以大学生创新创业大赛为抓手，以赛促教、以赛促学，积极推进创新创业教育改革的信心和决心。

1. 创新能力包括哪些内容？结合自身来谈谈如何培养创新能力。

2. 以个人或小组为单位，设计一个创新创业项目或参加一项创新创业实践，介绍自己所参与项目的项目特色与创新性、实施计划及意义等。

模块六

循劳动之矩

知识 导航

知识目标：

1.了解劳动者的权利与义务。

2.熟悉劳动法律、法规、政策。

素质目标：

1.具备安全劳动意识。

2.具备劳动保护素养。

技能目标：

提高劳动保护能力。

课程 引入

　　小陈进入某酒店工作前，被酒店以服装费的名义收取了600元。两个月后，小陈提出辞职并要求结算工资和退还服装费，但酒店方面表示，只有做满一年才可以退服装费。小陈向当地的劳动部门投诉。

　　劳动监察机构经过调查认为该酒店确实存在以服装费的名义收取劳动者押金的问题，于是责令该酒店退还小陈押金。

　　温情提醒：用人单位不能要求劳动者提供担保或以其他名义收取财物。相关条款规定，向劳动者收取押金、保证金等费用的，责令退还给当事人，并按照其收取金额总数的2倍以上3倍以下处以罚款。

项目一　学习劳动法律、法规

一、劳动保护法律、法规

劳动保护法律、法规是指国家为保护劳动者在生产过程中的安全和健康而制定的各种法律、法规，一般包括《中华人民共和国劳动法》（以下简称《劳动法》）、《中华人民共和国劳动合同法》（以下简称《劳动合同法》）、《中华人民共和国劳动争议调解仲裁法》（以下简称《劳动争议调解仲裁法》）、《中华人民共和国社会保险法》（以下简称《社会保险法》）、《中华人民共和国妇女权益保障法》（以下简称《妇女权益保障法》）、《中华人民共和国未成年人保护法》（以下简称《未成年人保护法》）、《中华人民共和国工伤保险条例》（以下简称《工伤保险条例》）等。

（一）《劳动法》

《劳动法》是为了保护劳动者的合法权益，调整劳动关系，建立和维护适应社会主义市场经济的劳动制度，促进经济发展和社会进步，根据宪法制定的法律。《劳动法》于1994年7月5日第八届全国人民代表大会常务委员会第八次会议通过；根据2009年8月27日第十一届全国人民代表大会常务委员会第十次会议《关于修改部分法律的决定》第一次修正；根据2018年12月29日第十三届全国人民代表大会常务委员会第七次会议《关于修改〈中华人民共和国劳动法〉等7部法律的决定》第二次修正。

《劳动法》明确把劳动者权益放在第一位，确立了劳动关系的基本制度、基本原则；确立了自主招工、自主择业，协商建立劳动关系的劳动合同制度，集体协商民主审议、及时调整劳动关系的集体合同制度；建立了工时、工资、休息休假、安全卫生等法定劳动基准，劳动监察制度，劳动争议的调解仲裁和诉讼制度，社会保险制度等，为保护劳动者合法权益提供了法律遵循。

延伸阅读

《劳动法》目录

第一章　总则

第二章　促进就业

第三章　劳动合同和集体合同

第四章　工作时间和休息休假

第五章　工资

第六章　劳动安全卫生

第七章　女职工和未成年工特殊保护

（二）《劳动合同法》

《劳动合同法》是为了完善劳动合同制度，明确劳动合同双方当事人的权利和义务，保护劳动者的合法权益，构建和发展和谐稳定的劳动关系制定的法律。《劳动合同法》于2007年6月29日第十届全国人民代表大会常务委员会第二十八次会议通过，根据2012年12月28日第十一届全国人民代表大会常务委员会第三十次会议《关于修改〈中华人民共和国劳动合同法〉的决定》修正。《劳动合同法》既坚持了《劳动法》确立的劳动合同制度的基本框架，又对《劳动法》确立的劳动合同制度做出了较大修改，使之进一步完善。《劳动合同法》更加强调对劳动者的保护，同时也对保护用人单位合法权益给予了必要的关注，做出了相应的规范。

延伸阅读

《劳动合同法》目录

（三）《劳动争议调解仲裁法》

《劳动争议调解仲裁法》于2007年12月29日第十届全国人民代表大会常务委员会第三十一次会议通过，自2008年5月1日起施行。《劳动争议调解仲裁法》规定了适用的劳动争议范围、举证责任，规定了劳动争议调解组织、调解员构成、调解申请形式、调解流程、调解协议书的效力及履行保障，规定了劳动争议仲裁委员会的设立和构成，规定了劳动争议仲裁的申请和受理条件、开庭和审理流程，规定了仲裁裁决的效力等，并且规定劳动争议仲裁不收费。

（四）《社会保险法》

《社会保险法》是为了规范社会保险关系，维护公民参加社会保险和享受社会保险待遇的合法权益，使公民共享发展成果，促进社会和谐稳定，根据宪法制定的法律。《社会保险法》于 2010 年 10 月 28 日第十一届全国人民代表大会常务委员会第十七次会议通过；根据 2018 年 12 月 29 日第十三届全国人民代表大会常务委员会第七次会议《关于修改〈中华人民共和国社会保险法〉的决定》修正。《社会保险法》规定了职工应当参加基本养老保险、基本医疗保险、失业保险，由用人单位和职工共同缴纳；规定职工应当参加工伤保险和生育保险，由用人单位按照国家规定缴纳；并对用人单位的各项社会保险职责做出了相应规定。

（五）《妇女权益保障法》

《妇女权益保障法》是为了保障妇女的合法权益，促进男女平等，充分发挥妇女在社会主义现代化建设中的作用，根据宪法和我国的实际情况制定的法律。《妇女权益保障法》第四章"劳动和社会保障权益"中集中规定了妇女的劳动权益。

延伸阅读　　**《妇女权益保障法》第四章　劳动和社会保障权益**

第二十二条　国家保障妇女享有与男子平等的劳动权利和社会保障权利。

第二十三条　各单位在录用职工时，除不适合妇女的工种或者岗位外，不得以性别为由拒绝录用妇女或者提高对妇女的录用标准。

各单位在录用女职工时，应当依法与其签订劳动（聘用）合同或者服务协议，劳动（聘用）合同或者服务协议中不得规定限制女职工结婚、生育的内容。

禁止录用未满十六周岁的女性未成年人，国家另有规定的除外。

第二十四条　实行男女同工同酬。妇女在享受福利待遇方面享有与男子平等的权利。

第二十五条　在晋职、晋级、评定专业技术职务等方面，应当坚持男女平等的原则，不得歧视妇女。

第二十六条　任何单位均应根据妇女的特点，依法保护妇女在工作和劳动时的安全和健康，不得安排不适合妇女从事的工作和劳动。

妇女在经期、孕期、产期、哺乳期受特殊保护。

第二十七条　任何单位不得因结婚、怀孕、产假、哺乳等情形，降低女职工的工资，辞退女职工，单方解除劳动（聘用）合同或者服务协议。但是，女职工要求终止劳动（聘用）合同或者服务协议的除外。

各单位在执行国家退休制度时，不得以性别为由歧视妇女。

第二十八条　国家发展社会保险、社会救助、社会福利和医疗卫生事业，保障妇女享有社会保险、社会救助、社会福利和卫生保健等权益。

国家提倡和鼓励为帮助妇女开展的社会公益活动。

第二十九条　国家推行生育保险制度，建立健全与生育相关的其他保障制度。

地方各级人民政府和有关部门应当按照有关规定为贫困妇女提供必要的生育救助。

（六）《未成年人保护法》

《未成年人保护法》是为了保护未成年人身心健康，保障未成年人合法权益，促进未成年人德智体美劳全面发展，培养有理想、有道德、有文化、有纪律的社会主义建设者和接班人，培养担当民族复兴大任的时代新人，根据宪法制定的法律。《未成年人保护法》第四章"社会保护"中规定了关于未成年人的劳动保护规定，主要集中在用工方面。

延伸阅读　　　　　**《未成年人保护法》第四章　社会保护**

第六十一条　任何组织或者个人不得招用未满十六周岁未成年人，国家另有规定的除外。

营业性娱乐场所、酒吧、互联网上网服务营业场所等不适宜未成年人活动的场所不得招用已满十六周岁的未成年人。

招用已满十六周岁未成年人的单位和个人应当执行国家在工种、劳动时间、劳动强度和保护措施等方面的规定，不得安排其从事过重、有毒、有害等危害未成年人身心健康的劳动或者危险作业。

任何组织或者个人不得组织未成年人进行危害其身心健康的表演等活动。经未成年人的父母或者其他监护人同意，未成年人参与演出、节目制作等活动，活动组织方应当根据国家有关规定，保障未成年人合法权益。

（七）《工伤保险条例》

《工伤保险条例》是为了保障因工作遭受事故伤害或者患职业病的职工获得医疗救治和经济补偿，促进工伤预防和职业康复，分散用人单位的工伤风险制定的条例。《工伤保险条例》于2003年4月27日由中华人民共和国国务院令第375号公布，并根据2010年12月20日《国务院关于修改〈工伤保险条例〉的决定》进行修订。修订后的《工伤保险条例》扩大了工伤保险的适用范围；调整了工伤认定范围；简化了工伤认定、鉴定和争议处理程序；提高了部分工伤待遇标准；减少了用人单位支付的待遇项目，增加了由工伤保险基金支付的待遇项目。

延伸阅读　　　　　**《工伤保险条例》第三章　工伤认定**

第十四条　职工有下列情形之一的，应当认定为工伤：

（一）在工作时间和工作场所内，因工作原因受到事故伤害的；

（二）工作时间前后在工作场所内，从事与工作有关的预备性或者收尾性工作受到事故伤害的；

（三）在工作时间和工作场所内，因履行工作职责受到暴力等意外伤害的；

（四）患职业病的；

（五）因工外出期间，由于工作原因受到伤害或者发生事故下落不明的；

（六）在上下班途中，受到非本人主要责任的交通事故或者城市轨道交通、客运轮渡、火车事故伤害的；

（七）法律、行政法规规定应当认定为工伤的其他情形。

第十五条　职工有下列情形之一的，视同工伤：

（一）在工作时间和工作岗位，突发疾病死亡或者在 48 小时之内经抢救无效死亡的；

（二）在抢险救灾等维护国家利益、公共利益活动中受到伤害的；

（三）职工原在军队服役，因战、因公负伤致残，已取得革命伤残军人证，到用人单位后旧伤复发的。

职工有前款第（一）项、第（二）项情形的，按照本条例的有关规定享受工伤保险待遇；职工有前款第（三）项情形的，按照本条例的有关规定享受除一次性伤残补助金以外的工伤保险待遇。

第十六条　职工符合本条例第十四条、第十五条的规定，但是有下列情形之一的，不得认定为工伤或者视同工伤：

（一）故意犯罪的；

（二）醉酒或者吸毒的；

（三）自残或者自杀的。

>> 案例

隐瞒在校大学生身份签订劳动合同，法院：无效！

张某为上海某高校一名成绩优异的在读大学生。为减轻家里负担，赚取生活费，张某隐瞒自己的大学生身份与某教育培训机构签订劳动合同。合同约定，张某为该机构物理学科教师，每周任课，月薪为基本工资 3000 元＋课时费。

张某在某日的下班途中发生了交通事故。张某认为下班后合理往返于公司和住所地，且交通事故非自己负主要责任，应属于工伤，遂向人力资源和社会保障局申请工伤认定。

然而，教育培训机构在事发后调查得知，张某采取欺诈方式隐瞒自己在校大学生真实身份与其签订劳动合同，于是向劳动人事争议仲裁委员会申请仲裁，要求确认与张某签订的劳动合同无效。

　　劳动人事争议仲裁委员会经调查后做出决定书，以张某不具有与用人单位建立劳动关系的主体资格，撤销了该劳动争议一案。

　　张某不服，向金山法院提起诉讼，要求确认上述劳动合同有效。张某认为自己和培训机构签订合同时，双方均具有完全民事行为能力，是双方真实意思的表示，且该劳动合同也未违反法律的强制性规定，因此，该劳动合同合法有效。

　　另外，自己系适格的劳动合同主体，其身份并非劳动合同依法应排除的对象。在发生"工伤"后，教育培训机构应为自己申请工伤认定及办理其他工伤相关事宜，而其为了逃避工伤理赔义务，要求确认劳动合同无效的行为，侵害了自己的合法权益。

　　培训机构认为张某到上海高校就读前已经获得了一份大学毕业证书，但考虑到学校不理想，后来重新高考来上海就读。而张某在填写入职登记表时，仅填写了之前的教育经历，未写明目前仍是大学生的情况，构成欺诈隐瞒行为。因为张某目前为在校大学生，受学校管理，不具有劳动关系主体资格，因此，劳动合同无效。请求法院驳回张某诉请。

　　法院经审理认为张某虽然已获得了一份大学毕业证书，但目前仍属于在校大学生，其隐瞒了自己是在校大学生的身份。鉴于从事有收入劳动的在校学生，并不属于建立劳动关系范围的人员，故张某要求确认其与教育培训机构签订的劳动合同有效，法院不予支持。

　　张某不服上诉，二审维持原判。

　　法官提醒：在校大学生的身份具有特殊性，在应聘时应如实陈述自己在校大学生的身份。若用人单位并无招录在校生的意愿，大学生为获取就业机会，隐瞒了尚未毕业等真实情况，则直接影响劳动合同的效力。

二、劳动者的权利与义务

（一）劳动者的权利

　　《劳动法》规定了劳动者在劳动关系中的各项权利，主要有以下几个方面：

　　（1）劳动者享有平等就业的权利。劳动者享有平等就业的权利是指具有劳动能力的公民，有平等地获得职业的权利。劳动是人们生活的第一个基本条件，是创造物质财富和精神财富的源泉。劳动就业权是指有劳动能力的公民获得参加社会劳动和切实保证按劳取酬的权利。公民的劳动就业权是公民享有其他各项权利的基础，如果公民的劳动就业权不能实现，其他一切权利也就失去了基础。

　　（2）劳动者享有选择职业的权利。劳动者享有选择职业的权利是指劳动者根据自己的意愿选择适合自己才能、爱好的职业。劳动者拥有自由选择职业的权利，有利于劳动者充分发挥自己的特长，促进社会生产力的发展。劳动者在劳动力市场上作为就业的主体，具有支配自身劳动力的权利，可根据自身的素质、能力、志趣和爱好，以及市场资讯，选择用人单位和工作岗位。选择职业的权利是劳动者劳动权利的体现，是社会进步的一个标志。

（3）劳动者享有取得劳动报酬的权利。随着劳动制度的改革，劳动报酬成为劳动者与用人单位所签订的劳动合同的必备条款。劳动者付出劳动，依照合同及国家有关法律取得报酬，是劳动者的权利；而及时定额地向劳动者支付工资，则是用人单位的义务。用人单位违反这些应尽的义务，劳动者有权依法要求有关部门追究其责任。获取劳动报酬是劳动者持续地行使劳动权必不可少的物质保证。

（4）劳动者享有获得劳动安全卫生保护的权利。这是保证劳动者在劳动中的生命安全和身体健康，是对享受劳动权利的主体切身利益最直接的保护，包括防止工伤事故和职业病。如果企业单位劳动保护工作欠缺，其后果不仅是劳动者某些权益的丧失，而且会使劳动者健康和生命直接受到伤害。

（5）劳动者享有休息的权利。我国宪法规定，劳动者享有休息的权利，国家发展劳动者休息和休养的设施，规定职工的工作时间和休假制度。

（6）劳动者享有社会保险和福利的权利。疾病和年老是每一个劳动者都不可避免的。社会保险是劳动力再生产的一种客观需要。我国《劳动法》规定，劳动保险包括养老保险、医疗保险、工伤保险、失业保险、生育保险等。但目前我国的社会保险还存在一些问题，社会保险基金制度不健全，国家负担过重，社会保险的实施范围不广泛，发展不平衡，社会化程度低，影响劳动力合理流动。

（7）劳动者享有接受职业技能培训的权利。我国宪法规定，公民享有受教育的权利和义务。所谓受教育既包括受普通教育，也包括受职业教育。公民要实现自己的劳动权，必须拥有一定的职业技能，而要获得这些职业技能，越来越依赖于专门的职业培训。因此，劳动者若没有职业培训权利，那么劳动就业权利也就成为一句空话。

（8）劳动者享有提请劳动争议处理的权利。劳动争议是指劳动关系当事人，因执行《劳动法》或履行集体合同和劳动合同的规定引起的争议。劳动关系当事人，作为劳动关系的主体，各自存在着不同的利益，双方不可避免地会产生分歧。用人单位与劳动者发生劳动争议，劳动者可以依法申请调解、仲裁、提起诉讼。劳动争议调解委员会由用人单位、工会和职工代表组成。劳动仲裁委员会由劳动行政部门的代表、同级工会、用人单位代表组成。解决劳动争议应该贯彻合法、公正、及时处理的原则。

（9）法律规定的其他权利。法律规定的其他权利包括依法参加和组织工会的权利，依法享有参与民主管理的权利，依法享有参加社会义务劳动的权利，从事科学研究、技术革新、发明创造的权利，依法解除劳动合同的权利，对用人单位管理人员违章指挥、强令冒险作业有拒绝执行的权利，对危害生命安全与身体健康的行为提出批评、举报和控告的权利，对违反劳动法的行为进行监督的权利等。

延伸阅读 　　　　　　　　　　劳动保障案例分析

　　2008 年 6 月 1 日，刘某入职某大型连锁酒店有限公司担任分店经理，并签订 2 年期的劳动合同。2012 年 1 月 16 日，该公司以电子邮件方式告知刘某因其分店销售业绩和服务质量在区域中排名持续靠后，决定解除其劳动关系，按照《劳动合同法》相关规定支付经济补偿金、代通知金合计 5 个月工资 35 000 元，并附上离职表、解除劳动合同协议要求刘某签名回寄。刘某收到邮件后，曾多次以电子邮件方式与公司沟通拒绝接受解除劳动关系事宜，未果。3 月初，刘某的代理人梁某多次到公司吵闹，称公司在 2010 年 5 月 31 日合同期满后并未与刘某续签劳动合同，现在还单方面强迫解除劳动关系，且刘某已有 2 个多月身孕，公司无故解聘造成刘某情绪极度抑郁，要求公司支付刘某 1—3 月工资、工资滞纳金、违法解雇的双倍经济补偿金、法定年假工资、法定节假日工资、孕期哺乳期工资、加班工资、未续签劳动合同的双倍工资及精神损失费等合计 46 万余元。3 月 30 日，某中队接"110"联动通报，梁某再次来到公司吵闹，某中队立刻派员到场协调。在协调过程中，公司人事总监曹某表示，公司愿意继续履行原合同，或者在合情合理合法的前提下与刘某协商补偿问题。多次协商后，由于刘某所提出的赔偿标准远远超出公司预期，公司因财务审计方面的原因无法继续同意刘某所提出的条件，表示希望能通过劳动仲裁解决此纠纷。梁某表示，是否通过法律途径解决是他们应有的权利，并不需由用人单位或政府部门决定，如用人单位不愿意私下协商解决，只要用人单位出具一份签发日期为 3 月 30 日的解除劳动关系通知书，剩下的法律程序他们自己会走。

　　案例分析：

　　一、解除劳动关系的时间存在争议

　　在本案例中，用人单位认为他们已于 1 月 16 日以电子邮件形式通知劳动者解除劳动合同，并将补偿方案一并发给劳动者，劳动者也对邮件进行了回复。在此之前，人事部也以电话形式与刘某进行过沟通，不存在说刘某不清楚公司解除与其的劳动关系。由于行业的特点，用人单位下属的酒店分布全国各地，日常的工作沟通主要是通过电子邮件和电话进行，解除劳动关系通知书通过邮递或纸质方式会存在时间误差的问题，难以实际操作，故双方劳动关系应在 1 月 16 日终止。劳动者认为 1 月 16 日只是用人单位单方面提出解除劳动关系，双方并未就赔偿问题达成一致，还处于协商阶段，且用人单位并未出具纸质的解除劳动关系通知书，双方劳动关系的解除应当按纠纷协商完结之日为止。

　　根据《劳动合同法》及《中华人民共和国劳动合同法实施条例》有关规定，用人单位应当在解除或者终止劳动合同时出具解除或者终止劳动合同的证明，并写明劳动合同期限、解除或者终止劳动合同的日期、工作岗位、在本单位的工作年限。随着信息技术的日益发展，电子邮件系统广泛应用在日常的工作当中。在此案例中，用人单位以电子邮件方式通知劳动者解除劳动关系应视为正式解除，但事后应书面送达劳动者。

二、解除劳动关系合法性的争议

在本案例中，用人单位以劳动者分店销售业绩和服务质量在区域中排名持续靠后为由，决定解除其劳动关系。

《劳动合同法》规定："劳动者不能胜任工作，经过培训或者调整工作岗位，仍不能胜任工作的"，用人单位才能解除劳动关系。而且劳动者称自己已有2个月身孕，《劳动合同法》规定："女职工在孕期、产期、哺乳期的，用人单位不得解除劳动合同"。本案例中，用人单位涉嫌违法解除劳动合同，应按《劳动合同法》向劳动者支付赔偿金。虽然用人单位表示愿意继续履行合同，但由于劳动者自身原因，不愿继续履行，用人单位还是要按《劳动合同法》规定支付双倍补偿金。

思考建议：用人单位随着员工增多，进行裁减属于企业的内部事务。但裁减之前，须慎重考虑。无论是劳动者违反单位规章制度，还是不能胜任工作的，都必须按照国家法律、法规进行处理。用人单位不要盲目按照自身规章制度执行，对自身的违法行为茫然不知。在解除劳动关系之前，应该聘请专业人员分析其中的利弊，在事前想好对策，不应该在事后找理由推脱自身责任。能够协商尽量协商，以减少矛盾的发生。

（二）劳动者的义务

劳动者的义务是指劳动者必须履行的义务。劳动义务是指《劳动法》规定的对劳动者必须做出一定行为或不得做出一定行为的约束。权利和义务是密切联系的，任何权利的实现总是以义务的履行为条件，没有权利就无所谓义务，没有义务就没有权利。劳动者有劳动就业的权利，而劳动者一旦与用人单位发生劳动关系，就必须履行其应尽的义务，其中最主要的义务就是完成劳动生产任务。这是劳动关系范围内的法定的义务，同时也是强制性义务。劳动者不能完成劳动义务，就意味着劳动者违反劳动合同的约定，用人单位可以解除劳动合同。《劳动法》规定了劳动者的各项权利，同时也要求劳动者履行以下基本义务：

（1）完成劳动任务——最基本的义务。

（2）提高职业技能。

（3）执行劳动安全卫生规程。

（4）遵守劳动纪律。

（5）遵守职业道德。

权利与义务的关系：在社会主义制度下，劳动者的权利与义务是统一的，每一位劳动者都是国家的主人。劳动者的主人翁地位是由劳动者享有的基本权利和劳动者履行的基本义务构成的，是通过劳动者的权利和义务体现出来的。劳动者的权利和义务是相互依存、不可分离的，任何权利的实现总是以义务的履行为条件，没有权利就无所谓义务，没有义务就没有权利。劳动者在享受法律规定的权利的同时，还必须履行法律规定的义务。只有坚持权利和义务的统一，才能充分体现劳动者的主人翁地位。

（三）劳动者权利的主要实现方式

一般来说，从实力对比看，劳动关系的两个主体为劳动者和用人单位。劳动者往往处于弱势，用人单位则处于相对的强势。为了使法律规定的劳动者权利得到切实的实现，我国采取了工会和职工代表大会的组织形式，由其代表职工和组织职工参加国家及社会事务的管理，以及在企业中组织和代表职工参与企业的决策与管理。显然，工会和职工代表大会是代表与维护劳动者权益的主要组织，是劳动者实现劳动权利的主要途径之一。

从工会和职工代表大会的作用和地位看，职工代表大会可代表劳动者具体行使下列职权：

（1）听取和审议企业领导人关于企业的经营方针、年度计划、基本建设方案、重大技术发行方案、职工培训计划、留用资金分配和使用方案、承包和租赁经营责任制方案的报告，提出意见和建议。

（2）审查同意或否决企业的工资调整方案、奖金分配方案、劳动保护措施、奖惩办法及其他重要的规章制度。

（3）审议决定职工福利基金使用方案等有关职工生活福利的重大事项。

（4）监督企业各级行政领导干部，提出奖惩和任免建议。

（5）根据政府主管部门的决定选举企业领导人，报政府主管部门批准。

项目二　签订劳动合同

一、订立劳动合同

（一）订立劳动合同应当遵守的原则

劳动合同是在市场经济体制下，用人单位与劳动者进行双向选择、确定劳动关系、明确双方权利与义务的协议，是保护劳动者合法权益的基本依据。

《劳动合同法》规定，订立劳动合同，应当遵循合法、公平、平等自愿、协商一致、诚实信用的原则。用人单位招用劳动者，不得要求劳动者提供担保或者以其他名义向劳动者收取财物，不得扣押劳动者的居民身份证或者其他证件。

微课：劳动合同

（二）劳动合同的种类

《劳动合同法》规定，劳动合同分为固定期限劳动合同、无固定期限劳动合同和以完成一定工作任务为期限的劳动合同。

1. 劳动合同期限

劳动合同的期限是指劳动合同的有效时间，是劳动关系当事人双方享有权利和履行义务的时间。它一般始于劳动合同的生效之日，终于劳动合同的终止之时。

劳动合同期限由用人单位和劳动者协商确定，是劳动合同的一项重要内容。无论劳动者与用人单位建立何种期限的劳动关系，都需要双方将该期限用合同的方式确认下来，否则就不能保证劳动合同内容的实现，劳动关系将会处于一个不确定状态。劳动合同期限是劳动合同存在的前提条件。

2. 固定期限劳动合同

固定期限劳动合同是指用人单位与劳动者约定合同终止时间的劳动合同，即劳动合同双方当事人在劳动合同中明确规定了合同效力的起始和终止的时间。劳动合同期限届满，劳动关系即告终止。固定期限劳动合同可以是 1 年、2 年，也可以是 5 年、10 年，甚至更长时间。

3. 无固定期限劳动合同

无固定期限劳动合同是指用人单位与劳动者约定无确定终止时间的劳动合同。无确定终止时间的劳动合同并不是没有终止时间，一旦出现了法定的解除情形（如到了法定退休年龄）或者双方协商一致解除的，无固定期限劳动合同同样可以解除。

用人单位与劳动者协商一致，可以订立无固定期限劳动合同。有下列情形之一，劳动者提出或者同意续订、订立劳动合同的，除劳动者提出订立固定期限劳动合同外，应当订立无固定期限劳动合同。

（1）劳动者在该用人单位连续工作满 10 年的。

（2）用人单位初次实行劳动合同制度或者国有企业改制重新订立劳动合同时，劳动者在该用人单位连续工作满 10 年且距法定退休年龄不足 10 年的。

（3）连续订立两次固定期限劳动合同，且劳动者没有《劳动合同法》第三十九条和第四十条第一项、第二项规定的情形，续订劳动合同的。需要注意的是，按照《劳动合同法》规定，用人单位自用工之日起满 1 年不与劳动者订立书面劳动合同的，则视为用人单位与劳动者已订立无固定期限劳动合同。

4. 以完成一定工作任务为期限的劳动合同

《劳动合同法》规定，以完成一定工作任务为期限的劳动合同是指用人单位与劳动者约定以某项工作的完成为合同期限的劳动合同。

（三）劳动合同的基本条款

劳动合同应当具备以下条款：

（1）用人单位的名称、住所和法定代表人或者主要负责人。

（2）劳动者的姓名、住址和居民身份证或者其他有效身份证件号码。

（3）劳动合同期限。

（4）工作内容和工作地点。

（5）工作时间和休息休假。

（6）劳动报酬。

（7）社会保险。

（8）劳动保护、劳动条件和职业危害防护。

（9）法律、法规规定应当纳入劳动合同的其他事项。

劳动合同除上述规定的必备条款外，用人单位与劳动者可以约定试用期、培训、保守秘密、补充保险和福利待遇等其他事项。

（四）订立劳动合同应当注意的事项

1. 建立劳动关系即应订立劳动合同

用人单位自用工之日起即与劳动者建立劳动关系。根据《劳动合同法》规定，建立劳动关系，应当订立书面劳动合同。已建立劳动关系，未同时订立书面劳动合同的，应当自用工之日起 1 个月内订立书面劳动合同。用人单位未在用工的同时订立书面劳动合同，与劳动者约定的劳动报酬不明确的，新招用的劳动者的劳动报酬按集体合同规定的标准执行；没有集体合同或者集体合同未规定的，用人单位应当对劳动者实行同工同酬。用人单位与劳动者在用工前订立劳动合同的，劳动关系自用工之日起建立。

合同有书面形式、口头形式和其他形式。按照《劳动合同法》的规定，除了非全日制用工（即以小时计酬为主，劳动者在同一用人单位一般平均每日工作时间不超过 4 小时，每周工作时间累计不超过 24 小时的用工形式）可以订立口头协议外，建立劳动关系应当订立书面劳动合同。如果没有订立书面合同，不订立书面合同的一方将要承担相应的法律后果。劳动合同文本由用人单位和劳动者各执一份。

2. 劳动报酬和试用期

《劳动合同法》规定，劳动合同对劳动报酬和劳动条件等标准约定不明确，引发争议的，用人单位与劳动者可以重新协商；协商不成的，适用集体合同规定；没有集体合同或者集体合同未规定劳动报酬的，实行同工同酬；没有集体合同或者集体合同未规定劳动条件等标准的，适用国家有关规定。

劳动合同期限 3 个月以上不满 1 年的，试用期不得超过 1 个月；劳动合同期限 1 年以上不满 3 年的，试用期不得超过 2 个月；3 年以上固定期限和无固定期限的劳动合同，试用期不得超过 6 个月。同一用人单位与同一劳动者只能约定 1 次试用期。以完成一定工作任务为期限的劳动合同或者劳动合同期限不满 3 个月的，不得约定试用期。试用期包含在劳动合同期限内。劳动合同仅约定试用期的，试用期不成立，该期限为劳动合同期限。

劳动者在试用期的工资不得低于本单位相同岗位最低档工资或者劳动合同约定工资的80％，并不得低于用人单位所在地的最低工资标准。在试用期中，除劳动者有《劳动合同法》第三十九条和第四十条第一项、第二项规定的情形外，用人单位不得解除劳动合同。用人单位在试用期解除劳动合同的，应当向劳动者说明理由。

3. 劳动合同的生效与无效

劳动合同由用人单位与劳动者协商一致，并经用人单位与劳动者在劳动合同文本上签字或者盖章生效。双方当事人签字或者盖章时间不一致的，以最后一方签字或者盖章的时间为准；如果一方没有写签字时间，则另一方写明的签字时间就是合同生效时间。

《劳动合同法》第二十六条规定，下列劳动合同无效或者部分无效：

（1）以欺诈、胁迫的手段或者乘人之危，使对方在违背真实意思的情况下订立或者变更劳动合同的。

（2）用人单位免除自己的法定责任、排除劳动者权利的。

（3）违反法律、行政法规强制性规定的。

劳动合同部分无效，不影响其他部分效力的，其他部分仍然有效。劳动合同被确认无效，劳动者已付出劳动的，用人单位应当向劳动者支付劳动报酬。劳动报酬的数额参照本单位相同或者相近岗位劳动者的劳动报酬确定。

对劳动合同的无效或者部分无效有争议的，由劳动争议仲裁机构或者人民法院确认。

（五）集体合同

企业职工一方与用人单位通过平等协商，可以就劳动报酬、工作时间、休息休假、劳动安全卫生、保险福利等事项订立集体合同。集体合同草案应当提交职工代表大会或者全体职工讨论通过。集体合同由工会代表企业职工一方与用人单位订立；尚未建立工会的用人单位，由上级工会指导劳动者推举的代表与用人单位订立。企业职工一方与用人单位还可订立劳动安全卫生、女职工权益保护、工资调整机制等专项集体合同。集体合同中劳动报酬和劳动条件等标准不得低于当地人民政府规定的最低标准；用人单位与劳动者订立的劳动合同中劳动报酬和劳动条件等标准不得低于集体合同规定的标准。

集体合同订立后，应当报送劳动行政部门；劳动行政部门自收到集体合同文本之日起15日内未提出异议的，集体合同即行生效。依法订立的集体合同对用人单位和劳动者均具有约束力。

用人单位违反集体合同、侵犯职工劳动权益的，工会可以依法要求用人单位承担责任；因履行集体合同发生争议，经协商解决不成，工会可以依法申请仲裁、提起诉讼。

>> 案例

三方协议无法替代书面劳动合同

小沈在大四下学期与拟录用公司、学校签订了三方协议。毕业当天，小沈收到了入职通知书。现在，小沈到公司上班已经2个月了，可公司迟迟不提签订劳动合同一事。为此，小沈去公司人事部门询问。对方答复说："之前签订的三方协议已确认了其劳动关系，具有劳动合同的效力，无须另行订立劳动合同。"

事实果真如此吗？

点评：三方协议无法代替劳动合同。

三方协议书由教育部统一印制，它是明确毕业生、用人单位、学校三方在毕业生就业工作中权利和义务的书面协议，是编制毕业生就业计划方案和毕业生派遣的依据。其内容主要是毕业生如实介绍自身情况，表示愿意到用人单位就业，用人单位表示愿意接收，学校予以推荐和派遣。而劳动合同是双方合同，它由劳动者和用人单位两方的劳动权利义务构成，并且应具备法定的基本条款。由此可见，二者在签订主体、具体内容等方面均不相同。如果因三方协议发生争议，不能适用劳动法调整处理，只能由民法予以调整处理，故三方协议只是民事合同，不能视为劳动合同。

本案中，小沈任职公司的说法是错误的。如果该公司坚持己见，不纠正错误，小沈有权要求公司向其支付两倍工资。

二、履行和变更劳动合同

劳动合同一经依法订立便具有法律效力。用人单位与劳动者应当按照劳动合同的约定，全面履行各自的义务。当事人双方既不能只履行部分义务，也不能擅自变更合同，更不能任意不履行合同或者解除合同，否则将承担相应的法律责任。

1. 用人单位应当履行向劳动者支付劳动报酬的义务

《劳动合同法》规定，用人单位应当按照劳动合同约定和国家规定，向劳动者及时、足额支付劳动报酬。

劳动报酬是指劳动者为用人单位提供劳动而获得的各种报酬，通常包括三个部分。

（1）货币工资，包括各种工资、奖金、津贴、补贴等。

（2）实物报酬，即用人单位以免费或低于成本价提供给劳动者的各种物品和服务等。

（3）社会保险，即用人单位为劳动者支付的医疗、失业、养老、工伤等保险金。

用人单位和劳动者可以在法律允许的范围内对劳动报酬的金额、支付时间、支付方式等进行平等协商。劳动报酬的支付要遵守国家的有关规定。

（1）用人单位支付劳动者的工资不得低于当地的最低工资标准。

（2）工资应当以货币形式按月支付劳动者本人，即不得以实物或有价证券等形式代替货币支付。

（3）用人单位应当依法向劳动者支付加班费。

（4）劳动者在法定休假日、婚丧假期间、探亲假期间、产假期间和依法参加社会活动期间，以及非因劳动者原因停工期间，用人单位应当依法支付工资。

《劳动合同法》规定，用人单位拖欠或者未足额支付劳动报酬的，劳动者可以依法向当地人民法院申请支付令，人民法院应当依法发出支付令。

2. 依法限制用人单位安排劳动者加班

用人单位应当严格执行劳动定额标准，不得强迫或者变相强迫劳动者加班。用人单位安排加班的，应当按照国家有关规定向劳动者支付加班费。

3. 劳动者有权拒绝违章指挥、冒险作业

《劳动合同法》规定，劳动者对危害生命安全和身体健康的劳动条件，有权对用人单位提出批评、检举和控告。

劳动者拒绝用人单位管理人员违章指挥、强令冒险作业的，不视为违反劳动合同。

4. 用人单位发生变动不影响劳动合同的履行

用人单位变更名称、法定代表人、主要负责人或者投资人等事项，不影响劳动合同的履行。

用人单位发生合并或者分立等情况，原劳动合同继续有效，劳动合同由承继其权利和义务的用人单位继续履行。

5. 劳动合同的变更

《劳动合同法》规定，用人单位与劳动者协商一致，可以变更劳动合同约定的内容。变更劳动合同，应当采用书面形式。变更后的劳动合同文本由用人单位和劳动者各执一份。

变更劳动合同时应当注意：

（1）必须在劳动合同依法订立之后，在合同没有履行或者尚未履行完毕之前的有效时间内进行。

（2）必须坚持平等自愿、协商一致的原则，即须经用人单位和劳动者双方当事人的同意。

（3）不得违反法律、法规的强制性规定。

（4）劳动合同的变更须采用书面形式。

三、解除和终止劳动合同

劳动合同的解除是指当事人双方提前终止劳动合同、解除双方权利义务关系的法律行为，可分为协商解除、法定解除和约定解除三种情况。劳动合同的终止是指劳动合同期满或者出现法定情形以及当事人约定的情形而导致劳动合同的效力消灭，劳动合同即行终止。

1. 劳动者可以单方解除劳动合同的规定

《劳动合同法》规定，劳动者提前 30 日以书面形式通知用人单位，可以解除劳动合同。

劳动者在试用期内提前 3 日通知用人单位，可以解除劳动合同。

《劳动合同法》第三十八条规定，用人单位有下列情形之一的，劳动者可以解除劳动合同：

（1）未按照劳动合同约定提供劳动保护或者劳动条件的。

（2）未及时足额支付劳动报酬的。

（3）未依法为劳动者缴纳社会保险费的。

（4）用人单位的规章制度违反法律、法规的规定，损害劳动者权益的。

（5）因《劳动合同法》第二十六条第一款规定的情形致使劳动合同无效的。

（6）法律、行政法规规定劳动者可以解除劳动合同的其他情形。

用人单位以暴力、威胁或者非法限制人身自由的手段强迫劳动者劳动的，或者用人单位违章指挥、强令冒险作业危及劳动者人身安全的，劳动者可以立即解除劳动合同，不需事先告知用人单位。

2. 用人单位可以单方解除劳动合同的规定

《劳动合同法》在赋予劳动者单方解除权的同时，也赋予用人单位对劳动合同的单方解除权，以保障用人单位的用工自主权。

《劳动合同法》第三十九条规定，劳动者有下列情形之一的，用人单位可以解除劳动合同：

（1）在试用期间被证明不符合录用条件的。

（2）严重违反用人单位的规章制度的。

（3）严重失职，营私舞弊，给用人单位造成重大损害的。

（4）劳动者同时与其他用人单位建立劳动关系，对完成本单位的工作任务造成严重影响，或者经用人单位提出，拒不改正的。

（5）因《劳动合同法》第二十六条第一款第一项规定的情形致使劳动合同无效的。

（6）被依法追究刑事责任的。

《劳动合同法》第四十条规定，有下列情形之一的，用人单位提前 30 日以书面形式通知劳动者本人或者额外支付劳动者 1 个月工资后，可以解除劳动合同。

（1）劳动者患病或者非因工负伤，在规定的医疗期满后不能从事原工作，也不能从事由用人单位另行安排的工作的。

（2）劳动者不能胜任工作，经过培训或者调整工作岗位，仍不能胜任工作的。

（3）劳动合同订立时所依据的客观情况发生重大变化，致使劳动合同无法履行，经用人单位与劳动者协商，未能就变更劳动合同内容达成协议的。

裁减人员时，应当优先留用下列三种人员：

（1）与本单位订立较长期限的固定期限劳动合同的。

（2）与本单位订立无固定期限劳动合同的。

（3）家庭无其他就业人员，有需要扶养的老人或者未成年人的。

用人单位在 6 个月内重新招用人员的，应当通知被裁减的人员，并在同等条件下优先招用被裁减人员。

3. 用人单位不得解除劳动合同的规定

为了保护一些特殊群体劳动者的权益，《劳动合同法》第四十二条规定，劳动者有下列情形之一的，用人单位不得依照该法第四十条、第四十一条的规定解除劳动合同。

（1）从事接触职业病危害作业的劳动者未进行离岗前职业健康检查，或者疑似职业病病人在诊断或者医学观察期间的。

（2）在本单位患职业病或者因工负伤并被确认丧失或者部分丧失劳动能力的。

（3）患病或者非因工负伤，在规定的医疗期内的。

（4）女职工在孕期、产期、哺乳期的。

（5）在本单位连续工作满 15 年，且距法定退休年龄不足 5 年的。

（6）法律、行政法规规定的其他情形。

用人单位违反《劳动合同法》规定解除或者终止劳动合同，劳动者要求继续履行劳动合同的，用人单位应当继续履行；劳动者不要求继续履行劳动合同或者劳动合同已经不能继续履行的，用人单位应当依照《劳动合同法》第八十七条规定向劳动者支付赔偿金。赔偿金标准为经济补偿标准的 2 倍。

4. 劳动合同的终止

《劳动合同法》第四十四条规定，有下列情形之一的，劳动合同终止。

（1）劳动合同期满的。

（2）劳动者开始依法享受基本养老保险待遇的。

（3）劳动者死亡，或者被人民法院宣告死亡或者宣告失踪的。

（4）用人单位被依法宣告破产的。

（5）用人单位被吊销营业执照、责令关闭、撤销或者用人单位决定提前解散的。

（6）法律、行政法规规定的其他情形。

但是，在劳动合同期满时，有《劳动合同法》第四十二条规定的情形之一的，劳动合同应当续延至相应的情形消失时终止。但是，在本单位患有职业病或者因工负伤并被确认丧失或者部分丧失劳动能力的劳动者的劳动合同的终止，按照国家有关工伤保险的规定执行。

《工伤保险条例》规定：

（1）职工因工致残被鉴定为 1 级至 4 级伤残的，即丧失劳动能力的，保留劳动关系，退出工作岗位。

（2）劳动者因工致残被鉴定为 5 级、6 级伤残的，即大部分丧失劳动能力的，保留与用人单位的劳动关系，由用人单位安排适当工作；也可以经工伤职工本人提出，该职工可以与用人单位解除或者终止劳动关系。

（3）职工因工致残被鉴定为 7 级至 10 级伤残的，即部分丧失劳动能力的，劳动合同期满终止。

分店被撤销，用人单位与劳动者解除劳动合同

张某于2010年4月与某大型连锁超市建立劳动关系，合同期限至2022年3月31日止。入职时，张某被安排至该超市的桥西店工作。2020年6月15日，张某被安排至连锁超市另一分店中华店工作。

2020年7月1日，桥西店因经营困难，停止经营。2020年7月3日，该连锁超市以桥西店闭店、客观情况发生重大变化、劳动合同无法履行为由，决定与张某解除劳动合同。

张某认为，桥西店闭店前，自己已经被调到中华店工作。桥西店闭店，并不必然导致其劳动合同无法履行，超市可以根据调整工作岗位的方式安排自己的工作。2020年11月13日，张某以连锁超市违法解除劳动合同为由，向石家庄市劳动仲裁委申请仲裁，要求超市为其安排工作岗位，继续履行劳动合同。

对于张某的主张，连锁超市表示，公司无法为张某安排岗位和继续履行劳动合同，将张某安排到中华店，是安排其学习而非正常工作。然而，庭审中，连锁超市并未提交相关证据证明学习与正常工作之间的区别。

庭审中，仲裁委认为，张某所在的桥西店停止经营，是否属于客观情况发生重大变化，是本案的争议焦点之一。

关于认定客观情况发生重大变化，我国法律、法规是如何规定的？

《劳动合同法》第四十条第三款规定，劳动合同订立时所依据的客观情况发生重大变化，致使劳动合同无法履行，经用人单位与劳动者协商，未能就变更劳动合同内容达成协议的，用人单位提前30日以书面形式通知劳动者本人或者额外支付劳动者一个月工资后，可以解除劳动合同；原劳动和社会保障部《关于〈劳动法〉若干条文的说明》中规定，"客观情况"是指发生不可抗力或出现致使劳动合同全部或部分条款无法履行的其他情况，如企业迁移、被兼并、企业资产转移等，并且排除《劳动法》第二十七条（注：经济裁员）所列的客观情况。

由此可以看出，劳动合同解除中"客观情况发生重大变化"，其关键是"客观"和"重大"。

石家庄市劳动仲裁委认为，"客观"是指不以一方的主观意志为转移，且是双方当事人无法预见的情形，如地震、水灾等自然灾害或其他外部因素形成的不可抗力。"重大"是指变化本身达到导致劳动合同无法履行的程度。从上述法律规定及分析来看，企业主张客观情况发生重大变化的，必须同时满足上述两个条件。

企业的经营过程必然伴随着经营风险。因此，法律赋予企业一定的经营自主权。

例如，企业经常依据经营状况，对组织架构做出调整，增设或撤销某些部门或岗位，这种情况是企业因自身原因做出的经营性调整，属于正常的经营风险，是企业的一种资源配置优化，不属于法律意义上的发生不可抗力或企业迁移、被兼并等情况，不应认定为客观情况发生重大变化。但如果受国家政策调整，订立劳动合同所依据的法律、法规已经修改或者废止，某一行业整体需要转型升级等因素影响，企业不得不调整经营策略，且该变化导致原劳动合同全部或者部分条款无法履行，那么该种情形应认定为客观情况发生重大变化。

正确把握企业经营性调整的性质是认定"客观情况发生重大变化"的关键。如果该行为是企业因自身原因主观决定且又不是在重大情况下，通常不应认定为客观情况发生重大变化；如果因不可抗力、政策调整等因素导致企业调整经营策略，且原劳动合同履行失去可能性，则可认定为客观情况发生重大改变。这也需要企业承担更多的举证责任，以充分说明其经营性调整的必要性和不可预知性，以及该调整对劳动合同履行的影响程度。

本案中，该连锁超市桥西店因经营困难闭店，是该企业自身原因导致的，不符合《劳动合同法》第四十条规定的内容，且连锁超市对张某的岗位进行了相关调整，并不必然导致劳动合同无法履行。据此，劳动仲裁委认为，该连锁超市以"客观情况发生重大变化"为由与张某解除劳动合同不符合法律规定。

因客观情况发生重大变化而解除劳动合同需要履行法律程序。

为了避免某些用人单位以"客观情况发生重大变化"为由随意与劳动者解除劳动合同，《劳动合同法》对用人单位依据"客观情况发生重大变化"解除劳动合同做出了程序上的约束。

劳动仲裁委认为，客观情况发生重大变化是企业可以解除劳动合同的法定情形之一，但该情形并不构成解除劳动合同的充分条件。企业依据此情形解除劳动合同，需要同时满足必要的程序性规定。

根据《劳动合同法》第四十条第三款的规定，用人单位首先应依法与劳动者协商变更劳动合同。客观情况发生重大变化以后，用人单位无法按照原劳动合同给劳动者安排工作，先要与劳动者进行协商变更。协商过程为合法解除劳动合同的先决条件，只有协商不能达成一致时，用人单位才能单方解除劳动合同。

另外，用人单位以客观情况发生重大变化为由解除劳动合同，还需提前30日以书面形式通知劳动者本人或者额外支付劳动者一个月工资。该规定赋予了用人单位选择权，用人单位可以选择提前30日以书面形式通知劳动定为者，也可以选择立即与劳动者解除劳动合同，但需要支付相当于一个月工资的代通知金。

本案中，连锁超市与张某解除劳动合同前，既没有与张某进行协商，也没有提前

30 日书面通知张某本人或额外支付一个月工资。其解除劳动合同违反了法律的程序性规定。

据此，石家庄市劳动仲裁委认为，桥西店为该连锁超市的分店之一，该分店闭店并不必然导致张某的劳动合同无法履行。作为用人单位主体的连锁超市及其他分店仍正常经营，且在桥西店闭店前，张某已经在其他分店提供正常劳动，该连锁超市有条件为张某安排适当的工作岗位，应继续履行劳动合同。因此，仲裁委裁决支持了张某的请求。

四、处理劳动争议

劳动争议（又称为"劳动纠纷"）是指劳动关系当事人之间因劳动的权利与义务发生分歧而引起的争议。

1. 劳动争议的范围

按照 2007 年 12 月颁布的《劳动争议调解仲裁法》的规定，劳动争议的范围主要包括以下内容：

（1）因确认劳动关系发生的争议。

（2）因订立、履行、变更、解除和终止劳动合同发生的争议。

（3）因除名、辞退和辞职、离职发生的争议。

（4）因工作时间、休息休假、社会保险、福利、培训以及劳动保护发生的争议。

（5）因劳动报酬、工伤医疗费、经济补偿或者赔偿金等发生的争议。

（6）法律、法规规定的其他劳动争议。

2. 劳动争议的解决方式

《劳动法》规定，用人单位与劳动者发生劳动争议，当事人可以依法申请调解、仲裁、提起诉讼，也可以协商解决。调解原则适用于仲裁和诉讼程序。

（1）调解。劳动争议发生后，当事人可以向本单位劳动争议调解委员会申请调解。在用人单位内，可以设立劳动争议调解委员会。劳动争议调解委员会由职工代表、用人单位代表和工会代表组成。劳动争议调解委员会主任由工会代表担任。劳动争议经调解达成协议的，当事人应当履行。

（2）仲裁。对于调解不成，当事人一方要求仲裁的，可以向劳动争议仲裁委员会申请仲裁。劳动争议仲裁委员会由劳动行政部门代表、同级工会代表、用人单位方面的代表组成。劳动争议仲裁委员会主任由劳动行政部门代表担任。按照《劳动争议调解仲裁法》的规定，劳动争议申请仲裁的时效期间为 1 年。仲裁时效期间从当事人知道或者应当知道其权利被侵害之日起计算。前款规定的仲裁时效，因当事人一方向对方当事人主张权利，或者向有关部门请求权利救济，或者对方当事人同意履行义务而中断。从中断时起，仲裁时效期间重新计算。因不可抗力或者有其他正当理由，当事人不能在本条第一款规定的仲裁时效期间申请仲裁的，仲裁时效中止。从中止时效的原因消除之日起，仲裁时效期间继续计算。劳动关系存续期间因拖欠劳动报酬发生争议的，劳动者申请仲裁不受本条第一款规定的仲裁时效期间的限制；但是，劳动关系终止的，应当自劳动关系终止之日起 1 年内提出。

2016 年 1 月颁发的《国务院办公厅关于全面治理拖欠农民工工资问题的意见》（国办发〔2016〕1 号）规定："充分发挥基层劳动争议调解等组织的作用，引导农民工就地就近解决工资争议。劳动人事争议仲裁机构对农民工因拖欠工资申请仲裁的争议案件优先受理、优先开庭、及时裁决、快速结案。对集体欠薪争议或涉及金额较大的欠薪争议案件要挂牌督办。加强裁审衔接与工作协调，提高欠薪争议案件裁决效率。畅通申请渠道，依法及时为农民工讨薪提供法律服务和法律援助。"

（3）诉讼。《劳动法》规定，劳动争议当事人对仲裁裁决不服的，可以自收到仲裁裁决书之日起 15 日内向人民法院提起诉讼。一方当事人在法定期限内不起诉又不履行仲裁裁决的，另一方当事人可以申请人民法院强制执行。

3. 集体合同争议的解决

因签订集体合同发生争议，当事人协商解决不成的，当地人民政府劳动行政部门可以组织有关各方协调处理。

因履行集体合同发生争议，当事人协商解决不成的，可以向劳动争议仲裁委员会申请仲裁；对仲裁裁决不服的，可以自收到仲裁裁决书之日起 15 日内向人民法院提起诉讼。

项目三　保障劳动安全

劳动安全是指在生产劳动过程中，防止中毒、车祸、触电、火灾、爆炸、机械外伤等危及劳动者人身安全的事故发生。劳动安全是劳动者享有的在职业劳动中人身安全获得保障、免受职业伤害的权利。

一. 劳动安全宣传

（1）定义。劳动安全是指在生产劳动过程中，防止中毒、车祸、触电、塌陷、爆炸、火灾、坠落、机械外伤等危及劳动者人身安全的事故发生。

（2）意义。劳动安全关系到人民群众身体健康、生命安全，关系到其家庭的切身利益，关系到与其发生劳动关系企业单位的安全生产和财产安全，关系到国家改革开放、经济发展和社会稳定。我国的安全生产事故中很大比例是人的不安全行为造成的，人民群众在劳动实践中必须提高安全生产意识，积极学习安全生产知识，关注工作单位的安全生产管理制度和操作规程，以及工作场所和工作岗位存在的危险因素，掌握事故预防措施和应急处理方法，杜绝安全生产隐患。

（3）预防措施。

1）触电事故原因及处理方法。

原因：缺乏安全用电知识；违反安全用电操作规程、违章作业；电路老化电线裸露、电气设备接地出现问题等。

处理方法：一旦发生触电情况应首先迅速切断电源。人体触电后，由于痉挛或缺失知觉等，会出现紧抓带电体不能自行摆脱电源的情况，抢救触电者首先应使触电者尽快脱离电源，即立即拉闸或将插头拔掉以彻底切断电源；找不到开关或插头时，可用干燥木棒、竹竿、绝缘手套等使触电者脱离电源；用绝缘工具（如绝缘电工钳、木柄斧头等）砍断电线以切断电源；遇高压触电事故，要注意跨步电弧，应立即通知有关部门停电救援。

2）消防事故原因及处理方法。

原因：抽烟或乱扔烟头引燃易燃物；未定期检查电路老化情况、电线超负荷；未及时关闭电器，导致长时间发热，引发高温起火；电器操作不慎或使用不当；易燃物品保管或使用不当；实验进行中违反规程擅自离开。

处理方法：一旦发生了火灾，千万不要惊慌，首先应立即切断室内一切火源和电源，再根据不同情况进行灭火。

常用的灭火剂有水、黄沙、泡沫灭火器、干粉灭火器、二氧化碳灭火器和四氯化碳灭火器等，应根据具体情况正确地采取对应措施进行抢救和灭火。

在可燃液体燃着时，应立即采取隔绝措施，拿开着火区域内的一切可燃物质，关闭通风器，防止扩大燃烧。若着火面积较小，可用抹布、湿布、铁片或沙土覆盖，采用隔绝空气方法灭火，同时要注意进行覆盖时要轻拿轻放，避免碰坏或打翻盛有易燃溶剂的玻璃器皿，导致更多的溶剂流出引发更大的火灾。酒精及其他可溶于水的液体着火时，可用水灭火；汽油、乙醚、甲苯等有机溶剂着火时，应采用石棉布或黄沙等隔绝空气方法灭火，切不可用水灭火，避免引发更大的火灾。

若衣服烧着，切忌乱跑，可用大衣或毛毯等包裹身体或就地打滚进行灭火。

若遇电线起火，立即切断电源，用黄沙或二氧化碳、四氯化碳灭火器灭火，禁止用水或泡沫灭火器等导电液体灭火。

发生火灾时应注意保护现场。发生较大的着火事故应立即拨打119报警。

可根据起火的原因选择使用不同的灭火材料进行灭火，详见表6-1。

表 6-1　不同材料火灾的灭火器选择

材料	灭火器
金属钠、钾、镁、铝粉、电石、过氧化钠等着火时	应使用干沙灭火
易燃液体如汽油、苯、丙酮等着火时	应使用泡沫灭火器灭火
有灼烧的金属或熔融物着火时	应使用干沙或干粉灭火器灭火
电气设备或电路着火时	应使用二氧化碳或四氯化碳灭火器灭火

3）劳动卫生保护。

①防止粉尘危害。粉尘通过呼吸道、眼睛、皮肤等多种途径进入人体，其中呼吸道是主要途径。长期吸入高浓度粉尘将导致尘肺（肺尘埃沉着病）等，如长期接触、吸入镍、铬、铬酸盐、放射性矿物等粉尘将导致肺癌。

防护粉尘对人体危害的主要方法：依据不同粉尘的种类，佩戴不同类型的防口呼吸器、防毒面具等，防止粉尘进入呼吸系统；通过穿戴护目镜、头盔、工作服、防护服等隔绝粉尘与皮肤的接触；不在粉尘作业现场饮水、抽烟、进食等，防止粉尘进入人体。

②防止可燃气体爆炸危害。乙烯、乙炔、乙醇、乙酸、乙酯、苯、丙酮、氢气、一氧化碳和氨气等可燃气体与空气混合是非常危险的，当混合浓度达到爆炸极限，只要有热源就会引发爆炸；过氧化物、高氯酸盐、硝酸铵、三硝基甲苯等属于易爆物质，震动或受热都有可能发生热爆炸。

操作可燃性气体时，应禁止使用明火，杜绝开启能产生电火花的电气设备，并确保通风。

③防止声和强光的危害。噪声、强光对人体的听觉和视觉器官可造成损伤，长期的噪声、强光不仅能导致听力减退、视力下降，还可引发高血压、心脏病、白内障，造成不可逆转的身体伤害。

为预防噪声和强光危害，一方面要主动减少与噪声源、强光源的直接接触；另一方面通过消声器、强光遮挡板控制噪声和强光的传播，主要还是要自觉加强个人防护，可通过耳罩、墨镜等器具减弱危害源的直接影响。

二、校园劳动实践安全

1. 劳动岗位安全

（1）门岗安保劳动安全。做好个人防护安全，穿着合适的运动鞋和运动服，防止在劳动时受伤。工作时注意使用礼貌用语，避免与别人发生冲突。小心来往车辆，注意交通安全。检查好安保器材，如发现器材损坏，要及时报告。安保器材具有一定危险性，要在指导下使用，严禁使用安保器材玩耍打闹。安保器材使用后，要进行清洁并放回原位。

（2）公寓宿管劳动安全。工作开始前，应做好工作交接。查看公寓大门的门锁是否有问题，宿舍钥匙是否齐全，消防器材是否完好有效，总电闸、水闸是否正常运行。在工作中应穿着工作服，佩戴好工作胸牌，表明工作身份。外出巡查时，应随手关闭值班室，并在值班室明显位置标明"外出巡查，有事联系"的字样。

（3）图书管理劳动安全。整理图书前，检查工具是否准备妥当。摆放图书前，应检查书架等图书摆放处是否牢固。重点检查图书集中摆放处的消防安全隐患，做到不在附近接电线、存放易燃物品，避免图书在阳光下曝晒。将图书摆放至高处时，应有同伴协同，谨防跌倒或书本掉落被砸伤。避免误服或过量使用防霉驱虫用品。

（4）绿化修剪劳动安全。绿化修剪前检查工具是否齐全完好，如有损坏应及时更换；检查作业环境中是否有危害性生物，如蛇、蜈蚣等。佩戴好劳保手套、护目镜，穿包裹性较好的胶质劳作鞋，衣着覆盖全身，做好防蚊虫准备。使用园林修剪刀时切勿使双手离开刀把处。

（5）食堂垃圾分类劳动安全。事先勘察食堂，了解从事食堂垃圾分类服务的地点，熟知食堂应急疏散通道，合理规划应对各种突发情况时的安全撤离方法和具体路线。了解垃圾分类服务过程中可能存在的危险，如手被坚硬的鱼刺划伤、手被烫伤等，做好预案并学习紧急处理办法。

（6）垃圾清运劳动安全。了解和熟悉清运设备，检查清运设备是否完好无损，在清倒垃圾过程中应注意垃圾中的一些碎玻璃、石头等，防止对自己造成伤害。

（7）专用教室或实验室劳动安全。了解教室或实验室的功用特点，检查设施设备是否断电，在清洁卫生时不要随意移动室内设施设备，防止设备损坏或出现一些不必要的损伤。

2. 劳动过程安全

（1）劳动前到指定地点有秩序地领取劳动工具，不要哄抢，不要拿劳动工具玩耍打闹，劳动结束后要及时按指定地点存放好劳动工具。

（2）劳动过程中应注意避让过往人员，避免把垃圾扫到过往人员身上，造成不必要的矛盾。

（3）劳动过程中不要乱倒垃圾，特别是在高楼层劳动时，不能将垃圾扔到楼下，避免造成二次污染或砸伤路人。

（4）劳动过程中应严格遵守防火制度，不得焚烧垃圾或有其他动用明火的行为，以免发生火灾。

（5）清洁窗户玻璃时，应站在室内，使用擦玻璃专用工具擦拭窗户玻璃，不要站在窗台上擦拭或将身子探出窗外，以免发生意外事故。严禁学生擦拭高层教室或实验室的玻璃。

（6）擦拭风扇、灯管、计算机等电气设施设备时，应事先切断电源，并在电源周边设置安全标识，清洁过程中用干布擦拭。

（7）清洁楼梯或台阶时应注意防止踩空，导致摔伤。

（8）在劳动中需要喷洒清洁剂或相关清洁药物时，要戴好口罩、手套，并站在上风处操作。

（9）高温天气注意防暑。

三、专业实训安全

学生在开展专业实训的过程中，一定要听从教师的指导，严格遵守实训基地的管理制度，尤其要遵守相关的安全生产操作规程。

（1）重视实训前的安全教育，学习并掌握有关的安全操作知识和技能。

（2）服从领导，虚心向技术人员、工人师傅学习，不违反各项规章制度。

（3）工作前，应了解并掌握设施设备、工具的性能与特点、安全装置和正确的操作程序、维护方法等。

（4）操作前，认真检查设备，不使用不符合安全要求的工具，发现问题应及时维修更换。

（5）进入实训场地后，应按规定穿工作服、戴工作帽、着防护鞋等，不要穿拖鞋、高跟鞋，女生应将头发放在安全帽里面。

（6）实训过程中应多看多问，严禁私自动手操作设备开关、按钮。

（7）实训期间，严格遵守安全操作规程。不做与实训工作无关的各类活动，注意力一定要集中，切不可一边操作一边嬉笑打闹。

四、专业实习安全

《中华人民共和国安全生产法》第二十八条规定："生产经营单位应当对从业人员进行安全生产教育和培训，保证从业人员具备必要的安全生产知识，熟悉有关的安全生产规章制度和安全操作规程，掌握本岗位的安全操作技能，了解事故应急处理措施，知悉自身在安全生产方面的权利和义务。未经安全生产教育和培训合格的从业人员，不得上岗作业。""生产经营单位接收中等职业学校、高等学校学生实习的，应当对实习学生进行相应的安全生产教育和培训，提供必要的劳动防护用品。学校应当协助生产经营单位对实习学生进行安全生产教育和培训。"

学生在实习过程中，要树立"安全第一"的意识，遵守实习单位劳动纪律和各项安全操作规程，保障个人和实习单位人员生命安全及财产安全，为实习单位营造安全生产的良好工作氛围。

（1）学校应根据学生健康状况，提出不宜外出实习的学生名单；学生管理部门根据对实习单位综合情况的调查，提出各个实习点的重点管理目标对象、重点时段、重点场所及必要的措施。

（2）实习单位要加强学生生产实习期间的劳动保护，严格执行《劳动法》《未成年工特殊保护规定》，防止生产实习过程中发生意外事故。如果实习单位不具备有关法规所规定的条件，学生可以依法拒绝参加实习训练。

（3）在实习中学生要树立起"安全第一"的观念，自觉接受岗位安全教育和安全技术培训，遵守实习安全上岗制度。

（4）学生进行各工种实习时，要接受本工种安全操作规程教育，按不同岗位的不同要求穿戴好防护用品。工作服必须紧袖；留长发的同学必须戴工作帽，不准穿高跟鞋、裙子上岗；男同学不准穿背心、短裤上岗；不准穿拖鞋。

（5）学生实习操作时，不得动用他人的设备、器具。在操作过程中如发现不正常现象，应及时向实习指导教师报告。

（6）每个实习组进行编组时，要注意男、女生混合编组，尽量避免女教师、女学生单独编组，禁止一人单独进行野外实习。

（7）准确了解厂矿、企业内特殊危险工区、地点及物品，避免发生意外事故。

（8）在实习现场，严禁同学间相互嬉戏，以防发生交通事故、高空坠落、机械伤害等恶性事故，造成人员伤亡。

（9）在实习现场，严禁进入任何废弃的设备内，以防发生窒息死亡事故。在实习现场行走时，要随时注意头顶的管道和脚下的阴沟与地槽。

（10）在没有可靠的安全保障的条件下，不准随便登高。

（11）在实习现场时，不要随便触摸裸露的管道与设备，以防烫伤；更不要随便触摸现场的阀门与按钮，以防发生紧急停车、物料放空等生产事故，造成重大经济损失。

（12）当日工作完毕，应认真清理作业场地，将用过的设备和工具按要求进行整理，并放回原处。关闭电源，经实习指导教师同意后方可离开场地。

（13）各类实习有其他特殊规定的，必须按其规定严格执行。

>>> 案例

学生实习期受伤该由谁担责？

2018年5月，某职业技术学校的大三学生张某与所在学校、实习单位三方签订《实习协议书》，约定录用张某到实习单位进行跟岗实习，期限自2018年5月25日起至2019年7月1日止。2019年2月某日，张某在实习单位工作过程中不慎摔伤。受伤后张某被送往医院救治，花费医疗费若干。伤后经鉴定，张某视神经损伤，后遗右眼盲目五级，颅脑损伤行开颅术后，伤残等级属八级、十级。后张某与实习单位、学校就赔偿事宜无法协商一致，故诉至区人民法院。

法院审理后查明，张某与实习单位签订了《学生实习协议书》，约定实习单位负责张某的日常管理和工作安排，对张某进行安全防护知识、岗位操作规范教育，不安排张某从事跟岗内容以外的危险工作等，并应指派专业指导人员负责其实习期间的技术指导工作。但本案中，张某在从事实习单位工作中滑落摔伤，实习单位未能尽到协议书约定应尽的职责，应负主要责任。学校作为张某实习期间的间接管理人，未能通过对学生的安全教育及与企业的沟通协商尽到控制和防范风险职责，缺乏应尽的监管和沟通，应负次要责任。故法院判决，实习单位承担本次事故80%的责任，学校承担20%的责任。

五、社会实践安全

社会实践活动是大学生在大学期间利用课余时间接触、认识社会的一项有意义的活动。通过参加社会实践，可以了解国情、认识社会、增长才干、锻炼毅力、培养品格。在社会实践活动过程中要加强安全意识，树立"预防为主、安全第一"的观念，将安全意识牢固树立在心中。

（一）交通安全

（1）无论是校内还是校外，发生交通事故最主要的原因都是思想麻痹、安全意识淡薄，所以把无当有、把不可能当可能，加强交通安全意识，才是保证交通安全的根本方法。

（2）除提高交通安全意识、掌握基本的交通安全常识外，还必须自觉遵守交通法规，主要须遵守《中华人民共和国道路交通安全法》，才能保证安全。

（3）驾驶机动车辆时，必须保持注意力的高度集中，不得酒后驾车，不得接听电话，要留意观察前方道路，留意来往人员及车辆，更应注意交警的手势及交通指示灯的指示。

（二）住宿安全

1. 消防安全

住宿区作为日常生活起居的重要场所，要确保消防安全必须做到以下几点：

（1）进入一个新的环境，首先必须了解和熟悉距离最近的逃生路线。

（2）注意用电安全，不违规用电，不乱拉乱接电线电源。

（3）选用合格电器产品，严禁使用劣质电器、电源插销及插座。

（4）宿舍中不可存放汽油、酒精等易燃易爆物品，不擅自使用煤炉、液化炉、酒精炉等灶具。

（5）爱护楼内消防设施和灭火器材。

（6）发现安全隐患，及时向管理人员或有关部门报告。

>>> **案例**

缺乏自救常识

　　某高校的一名同学旅游途中住在宾馆，当夜，住处突发大火。该生惊醒后，发现变形的门锁已经无法打开，惊慌之中他在房间内不断地狂呼乱叫。救援人员赶到后破门而入，却奇怪地发现，该生烧伤并不严重，却因吸入了过多烟雾窒息而亡。就当时房屋中的烟雾来看，专家分析，该生若能保持正常呼吸，没有狂呼乱喊，也许还有生还的可能。如果略有一点自救常识，在这种情况下，用棉被泡水后将自己头部罩住，推开或打破离火源较远的窗子，将脸部贴近缺口，身体短时间内并不会被烧到，呼吸也不会受阻，这样便可为营救工作争取一些时间。

2. 煤气中毒

　　煤气中毒通常指的是一氧化碳中毒。住宿区特别是出租房屋是煤气中毒的高发区，主要是因为出租房屋设施陈旧、管道破损，直排式燃气热水器的使用仍然较多。为了防止悲剧发生，需要注意以下几点：

　　（1）检查屋内的天然气管道是否破损、有无漏气现象。

　　（2）查看使用的热水器是否为已经明令淘汰的直排式热水器。

　　（3）检查排烟管道是否畅通、有无堵塞物。

　　（4）睡觉前确认天然气已经关闭。

　　（5）不在室内使用蜂窝煤炉等炉具。

（三）社交安全

　　（1）洁身自好，不贪钱财，不要流连于酒吧、歌厅。

　　（2）保持距离，谨慎交友，防人之心不可无。

　　（3）外出或晚归最好有人陪伴，至少要向同学或朋友说明自己的去向。

（四）财物安全

　　外出社会实践，不应随身携带过多现金，尽量使用网络支付。保管好银行卡、支付宝、微信等的支付密码，勿向身份不明人员透露个人信息。个人证件不外借，对通过短信、电话、网络、传单等形式进行的汇款、转账、押金交付、退票、低息或无息贷款、消费分期等要注意识别，以免上当受骗。如果不幸被电信、网络诈骗或物品被盗窃，应立即向当地公安机关报案，并积极配合公安机关开展侦破工作。

（五）避免传销陷阱

　　传销是指组织者或经营者发展人员，通过对被发展人员以其直接或间接发展的人员数量或销售业绩为依据，计算和给付报酬，或者通过要求被发展人员以缴纳一定费用为条件取得加入资格等方式牟取非法利益，扰乱经济秩序，影响社会稳定行为。预防传销要做到以下几点：

（1）消除快速致富的心理。

（2）正确对待就业困难。

（3）学会用《禁止传销条例》保护自己。

（4）杜绝非法传销渗透的空间。

（5）尽快脱身，防止越陷越深。

（6）主动配合打击。

（六）防范校园贷

校园贷，又称校园网贷，是指一些网络贷款平台面向在校大学生开展的贷款业务。校园消费贷款平台的风控措施差别较大，个别平台存在学生身份被冒用的风险。另外，部分为学生提供现金借款的平台难以控制借款流向，可能导致缺乏自制力的学生过度消费。防止卷入"校园贷"的深渊应做到以下几点：

（1）树立正确的消费观，不攀比、不追求超出自己经济能力的物品，珍惜自己的学习机会。

（2）不要听信校园贷的宣传，不要怀揣侥幸心理，谨记古训贪"小便宜吃大亏"。

（3）有额外开销、花费要与父母、家人协商，征求父母、家人的意见，避免上当受骗，防止落入校园贷的陷阱。

（4）要有防范意识，裸贷一般其中会有高利贷的陷阱，这些都是不合法的。

（5）保护好个人信息，慎重外借身份证。对一切要求透露个人信息（如身份证、学生证、家庭信息）的代办证件的事项要慎重对待。

（6）一旦陷入非法"校园贷"，第一时间找公安机关及金融消费者权益保护机构寻求解决办法。

话 题 讨 论

近年来，校园安全、实践活动中频频出现意外，且责任争议大，让部分学校不得已压缩学生课外活动实践，以期减少对学生和学校的伤害。但是也有人认为学校不应以安全为由将学生课外活动挡在门外。对此你有什么看法？

思 考 题

1. 劳动者的权利与义务有哪些？

2. 列举保护劳动者合法权利的相关案例，并谈谈当你的劳动权益受到侵害时会怎么做。

3. 结合实际情况谈一谈，在开展劳动实践过程中，应如何保障劳动安全？

参 考 文 献

[1] 徐文智．标准打造"羊倌"的美好生活［EB/OL］．（2021-8-16）［2022-12-08］．
https://www.ccn.com.cn/Content/2021/08-16/1719261252.html.

[2] 从外来工到全国劳模［EB/OL］．（2020-7-20）［2022-12-08］.http://www.
workercn.cn/350/202007/20/200720070851223.shtml.

[3] "三秦楷模"赵梦桃小组：传承"梦桃精神"坚守纺织报国初心使命［EB/OL］．
（2020-03-26）［2022-12-15］.http://news.cnwest.com/bwyc/a/2020/03/26/18598192.html.

[4] 张胜，王斯敏，耿建扩，等．"劳动是一种尊严，也是最好的证明"［EB/OL］．
（2020-4-30）［2022-12-17］.http://epaper.gmw.cn/gmrb/html/2020-04/30/
nw.D110000gmrb_20200430_4-07.htm.

[5] 迟忠波．"老干妈"陶华碧：保持善良，上天会加倍补偿你的苦难！［EB/OL］．
（2018-11-15）.https://www.fx361.com/page/2018/1115/4489084.shtml.

[6] 刘涛．梁增基：黄土地上的育种人［EB/OL］．（2015-10-14）［2022-12-21］.
http://news.cnr.cn/native/city/20151014/t20151014_520143008.shtml.

[7] 胡冰心，戴勇，范翊．他们，用劳模精神绣好"城市管理之花"［EB/OL］．
（2020-7-2）［2022-12-27］.http://character.workercn.cn/350/202007/02/2007020
95124516.shtml.

[8] 徐金鹏，肖思思，王攀，等．敢医敢言，生命至上——记"共和国勋章"获得者
钟南山［EB/OL］．（2020-9-9）［2022-12-29］.https://baijiahao.baidu.com/s?id=
1677363159799468089&wfr=spider&for=pc.

[9] 张群．大国工匠鹿新弟："活的"机器能奏出动听的旋律［EB/OL］．（2016-10-3）
［2023-01-03］. http://qclz.youth.cn/znl/201610/t20161003_8713596.htm.

[10] 苏万明．"干就干一流，争就争第一"——"大国工匠"许振超的筑梦之旅
［EB/OL］．（2019-01-10）［2023-01-06］.http://www.xinhuanet.com/
politics/2019-01/10/c_1123973332.htm.

[11] 魏梦佳．王选：高科技应"顶天立地"［EB/OL］．（2018-12-22）［2023-01-09］.
http://www.xinhuanet.com/politics/2018/12/22/c_1123890024.htm.

［12］王少伟，邹太平，侯颗.袁隆平：不曾停歇的"90后"［EB/OL］.（2019-9-20）
　　　　［2023-01-12］.http://politics.people.com.cn/n1/2019/0920/c1001-31364569.html.

［13］魏永刚.申纪兰：劳动是信仰，劳动最光荣［EB/OL］.（2020-7-4）［2023-01-16］.
　　　　http://www.workercn.cn/350/202007/04/200704114855990.shtml.

［14］战嘉琦.徐虎：辛苦我一人 方便千万家［EB/OL］.（2019-9-29）［2023-02-04］.
　　　　http://cpc.people.com.cn/n1/2019/0929/c428852-31379435.html.

［15］侠克.屠呦呦：与青蒿结缘 用中医药造福世界［EB/OL］.（2019-9-24）
　　　　［2023-02-07］.http://www.xinhuanet.com/2019-09/24/c_1125035304.htm

［16］史庆明：46年顾客零投诉的记录是这样实现的［EB/OL］.（2018-4-20）
　　　　［2023-02-09］.https://baijiahao.baidu.com/s?id=1598234731562427684&wfr=spi
　　　　der&for=pc.

［17］优秀的团队是成功的一半［EB/OL］.（2019-7-5）［2023-02-12］.https://
　　　　www.sohu.com/a/325006245_100273029.

［18］付国艳：用非遗"锦绣"织就巾帼致富路［EB/OL］.（2019-9-2）［2023-02-11］.
　　　　http://news.cctv.com/2019/09/02/ARTIqzUAxYHVPlnJ2uZPGC1j190902.shtml.

［19］大国工匠王军：宝钢"蓝领科学家"为机器装上"中国心脏"［EB/OL］.（2016-
　　　　7-25）［2023-02-21］.http://news.youth.cn/gn/201607/t20160726_8345742.htm.

［20］中国制造呼唤大国工匠精神［EB/OL］.（2017-6-13）［2023-02-27］.https://
　　　　theory.gmw.cn/2017-06/13/content_24769647.htm.

［21］巾帼女"匠"盖立亚：让中国智能机床冲击世界一流［EB/OL］.（2019-5-
　　　　15）［2023-03-02］.http://news.cctv.com/2019/05/14/ARTI1DyVp7yLZ9QX
　　　　vyNfsVB2190514.shtml.

［22］传统工匠的没落 不是传承的问题［EB/OL］.（2017-4-6）［2023-03-05］.
　　　　http://book.ce.cn/news/201704/06/t20170406_21753290.shtml.

［23］50万元！杭州重奖世界技能大赛冠军［EB/OL］.（2018-1-19）［2023-03-07］.
　　　　http://zjnews.zjol.com.cn/zjnews/zjxw/201801/t20180119_6401774.shtml.

［24］铁轨工匠信恒均：21年苦心钻研成"土专家"［EB/OL］.（2016-12-2）［2023-03-12］.
　　　　http://news.cctv.com/2016/12/02/ARTIp6e1Hn2ufk32lnWrVLbQ161202.shtml.

［25］北斗三号开通之日，习近平为何提出"新时代北斗精神"［EB/OL］.（2020-

8-2）［2023-03-13］.http://news.cnr.cn/native/gd/20200802/t20200802
525190283.shtml.

［26］工科男花300元将寝室变成天空之城 被赞"最美男寝"［EB/OL］.（2015-4-28）.
http://qclz.youth.cn/znl/201504/t20150428_6603393.htm.

［27］这伙骗子盯上的不是钱，是微信号［EB/OL］.（2021-07-21）［2023-03-15］.
https://oss.gjfzpt.cn/preventfraud-static/h5/news/20210721/20220107161621680260
9120546818.html?rd=440551&nodeId=431302.

［28］湖南百校千场万名大学生普法志愿者送法下乡活动全面启动［EB/OL］.
（2022-7-12）［2023-03-17］.http://legalinfo.moj.gov.cn/pub/sfbzhfx/zhfxpfxx/
pfxxpfjj/202207/t20220712_459611.html.

［29］隐瞒在校大学生身份签订劳动合同，法院：无效！［EB/OL］.（2021-4-16）
［2023-03-18］.https://baijiahao.baidu.com/s?id=1697168016905207305&wfr=spi
der&for=pc.

［30］这4种情形能否视为签订书面劳动合同？［EB/OL］.（2022-8-15）［2023-03-21］.
https://m.thepaper.cn/baijiahao_19462437.

［31］"客观情况发生重大变化" 不是用人单位随意解除劳动合同理由［EB/OL］.
（2021-8-10）［2023-03-24］.https://baijiahao.baidu.com/s?id=17076978213108
22429&wfr=spider&for=pc.

［32］穆青.十个共产党员［M］.北京：新华出版社，2021.

［33］王琳，吴志远，张承安.劳动教育与职业素养［M］.北京：外语教学与研究出
版社，2019.

［34］刘向兵，等.新时代高校劳动教育论纲［M］.北京：社会科学文献出版社，2019.

［35］张建.顶岗实习指南［M］.2版.北京：中国人民大学出版社，2019.

［36］吴顺.工匠精神——传承与创新［M］.北京：中共党史出版社，2018.

［37］黄震.工匠精神［M］.北京：北京工业大学出版社，2017.

［38］向德荣.劳模精神职工读本［M］.北京：中国工人出版社，2016.

［39］韩剑颖.大学生劳动教育教程［M］.北京：清华大学出版社，2021.

［40］俞立军，李慧萍.职业院校劳动教育教程［M］.北京：北京师范大学出版社，2021.

［41］邱同保.大学生劳动教育［M］.北京：机械工业出版社，2021.